珍藏本
纪念版

汉译世界学术名著丛书

为英国人民声辩

〔英〕约翰·弥尔顿 著
何宁 译

商务印书馆
SINCE 1897
The Commercial Press
2017年·北京

Joannis Miltoni

ANGLI

PRO POPULO ANGLICANO DEFENSIO

CONTRA

CLAUDII ANONYMI, ALIÀS SALMASII

Defensionem Regiam.

PRO POPULO ANGLICANO DEFENSIO II^{da}

CONTRA

INFAMEN LIBELLUM ANONYMUM, CUI TITULUS,

Regii sanguinis clamor ad cœlum,

adversus parricidas Anglicanos.

汉译世界学术名著丛书
（120 年纪念版·珍藏本）
出版说明

2017 年 2 月 11 日，商务印书馆迎来 120 岁的生日。120 年前，商务印书馆前贤怀揣文化救国的理想，抱持“昌明教育，开启民智”的使命，立足本土，放眼寰宇，以出版为津梁，沟通中西，为中国、为世界提供最富智慧的思想文化成果。无论世事白云苍狗，潮流左右激荡，甚至战火硝烟弥漫，始终践行学术报国之志，无改初心。

迻译世界各国学术名著，即其一端。早在 20 世纪初年便出版《原富》《天演论》等影响至今的代表性著作，1950 年代后更致力于外国哲学和社会科学经典的译介，及至 1980 年代，辑为“汉译世界学术名著丛书”，汇涓为流，蔚为大观。丛书自 1981 年开始出版，历时三十余年，迄今已推出七百种，是我国现代出版史上规模最大、最为重要的学术翻译工程。

丛书所选之书，立场观点不囿于一派，学科领域不限于一门，皆为文明开启以来，各时代、各国家、各民族的思想与文化精粹，代表着人类已经到达过的精神境界。丛书系统译介世界学术经典，引领时代思想，为本土原创学术的发展提供丰富的文化滋养，为推动中国现代学术和现代化进程做出了突出的贡献。

为纪念商务印书馆成立120周年，我们整体推出“汉译世界学术名著丛书”120年纪念版的珍藏本，寄望既利于文化积累，又便于研读查考，同时向长期支持丛书出版的译者、编者和读者致以敬意。

两甲子后的今天，商务印书馆又站在了一个新的历史时间节点上。我们不仅要铭记先辈的身影和足迹，更须让我们的步伐充满新的时代精神。这是商务人代代相传的事业，更是与国家和民族的命运始终紧密相连的事业。我们责无旁贷，必须做好我们这代人的传承与创造，让我们的努力和成果不仅凝聚成民族文化的记忆，还能成为后来人可以接续的事业。唯此，才能不负前贤，无愧来者。

商务印书馆编辑部

2017年10月

反封建的革命斗士
——英国伟大的诗人和政论家弥尔顿

高　崧

弥尔顿(1608—1674)是英国伟大的诗人和政论家,十七世纪英国资产阶级革命的斗士。他出生在伦敦一个钱业公证人的家庭,父亲是一个虔诚的清教徒(即纯洁的教徒,是反对英国官方教会的一个基督教支派),有一定的文学修养,并擅长音乐。家庭教育对弥尔顿的思想有深邃的影响,他从小就爱读书,特别爱好文学。以后又接触了弗兰西斯·培根的哲学,坚信知识就是力量,主张依凭理性认识世界。他十六岁入剑桥大学学习,对学校中开设的中世纪的陈腐课程和烦琐哲学颇为厌恶,便把兴趣寄托在文学的研究上,并决定要做个伟大的诗人,使自己成为"一首真正的诗"。在这个理想的驱使和鼓舞之下,弥尔顿孜孜不倦地勤学苦读,在课余之暇,常常燃上一支蜡烛,置于案头,吟咏名人的诗集,有时甚至彻夜不眠,不管严寒酷暑,始终不辍。就在他求学的时候,他已开始写诗和哲学论文,这些作品中充满了清教徒的道德精神,也反映出他对古代文化和民间创作的传统的热爱。1632 年,弥尔顿在剑桥大学毕业,父亲原希望他去做教会的牧师,他看到当时的官方教会十分反动,官教的教士都是一些荒淫堕落的人,他不愿与这班家伙为伍，于是在家自修，专心致志于诗的创作，并研习希腊文和拉丁文。

弥尔顿的早期作品，著名的有“愉快的人”、“幽思的人”、“力息达斯”和“科马斯”等抒情诗，特别是“力息达斯”，这是英国文学中有名的三大哀歌之一。弥尔顿虽然是一个清教信奉者，但是他并不像一般的清教徒那样，对人生抱着拘谨、禁欲，甚至对欢乐采取敌意的态度，他热爱生活，歌颂爱情，尤其是纯洁高尚的爱情，表现出他是一个具有人文主义思想的独具一格的诗人。弥尔顿对希腊的古诗有极高的造诣，他的诗体和风格有许多是仿自希腊古诗人的，但是弥尔顿的诗绝不是希腊古诗的摹版，他的诗富有独创精神。弥尔顿的拉丁文素养，在求学时期已为人所称道，经过多年的自修和研习更为精通，他后来就在革命政权克伦威尔政府中担任拉丁文秘书的职务，“为英国人民声辩”和其他一些政论、小册子就是用拉丁文写的。

1638 年，弥尔顿取道巴黎到当时文化中心的意大利去旅行，在意大利，他会见了被天主教囚禁的当时著名的科学家和哲学家伽利略，伽利略坚持真理的精神给了弥尔顿很深的印象。在弥尔顿正准备继续东去漫游希腊的时候，国内传来革命即将爆发的消息，他立刻打消旅行的计划，载欣载奔，赶回国土参加斗争。

弥尔顿选择了政论和小册子作为他的战斗武器，他首先向封建王朝的支柱——官方教会开火，回国不到一年多的时间，他就写了五本有关宗教自由的小册子，给王党和官方教会以有力的打击。

英国的资产阶级对封建王朝的不满，是从两个方面表现出来的，以后也就从这两方面的斗争逐渐发展成为革命运动：一个方面是反映新兴资产阶级要求的宗教“异端”——清教反对钳制人民信仰自由和思想自由的官方教会；另一个方面就是代表资产阶级和资产阶级化了的地主阶层利益的议会议员，为限制和削弱查理王朝的权力（特别是关于税收、专卖等直接触犯资产阶级财产的权力）而进行的斗争。前一个斗争是思想战线上的斗争，后一个斗争则是直接的政治对垒。弥尔顿在回国初期，参加革命斗争暂时还只是在思想斗争方面。

议会与国王政府的政治斗争，很快地转为公开的武装冲突。当时国内支持国王的力量只是一些经济比较落后的区域，而议会却拥有许多人口稠密、经济发达和富足地区的支持，力量的对比对于资产阶级十分有利。但是，资产阶级革命内部的力量却不团结，代表大资产阶级和“新地主”最富有阶层的长老派（即教会改革拥护者，是清教中的右派）在议会中拥有多数，而且领导着军队，他们惧怕民主运动甚于惧怕国王政府，所以，他们只是消极地、勉强地同国王进行着斗争，一有机会就企图和国王妥协；对人民却采取抑制的态度，以种种借口控制人民的宗教和政治思想。具有高度革命热情和坚强斗志的弥尔顿，眼看着当时革命的主要危险，并不是来自对面的敌人——王党，而是来自革命内部的妥协派——长老派，他就写了一本“论出版自由”的小册子，向议会慷慨陈词，力争人民的言论、出版自由。他在书中说：“杀人只是杀死了一个理性的动物”，“而禁止好书则是扼杀了理性本身。”他的意思是说：长老派不给人民自由的罪恶，同查理王朝一样，为人民所深恶痛绝。弥尔顿警告长老派，不要过河拆桥，压迫革命的战友。

长老派因为不能代表整个资产阶级的动向和利益，很快就失势了，代之而起的是以克伦威尔为首的独立派（即宗教自由的拥护者）。弥尔顿并不是独立派成员，但是他的思想、主张很接近独立派，他竭力支持克伦威尔，参加争取共和制的斗争。

独立派执掌革命权力以后，在革命公众特别是农民的支持下，对查理王朝采取了比较坚决的革命措施，在内战重开时，他们一举击溃了王朝的武装，逮捕了国王查理一世，并在1649年1月将查理送上断头台。“真命天子”被处死刑，君主制废除了，成立共和国，这是历史上绝无仅有的破天荒的大事，在英国国内外的反动派中引起了极大的震动，继之而来的是对革命政权的谴责、污蔑和辱骂。当时流传着一本冒名查理一世本人写的书（后来查明是一个支持王党的主教戈登所作），叫做“神圣君主的偶像”，大肆反宣传，把国王美化为至贤至圣，污蔑革命公众杀死国王是大逆不道，这本书很能迷惑人心，因为人们在长期的封建统治下，对弑君的罪名还是十分畏惧的，于是举国上下都陷在惶恐的气氛之中。这时，迫切需要革命的坚决派站出来讲话，驳斥反动派的谰言，稳定革命公众的信心。弥尔顿就是这样的革命坚决派，他大义凛然地发表了“偶像破坏者”这本小册子，针锋相对地给予反动派以反击，并且严正地指出：人民完全拥有废除和处死暴君的神圣权利，这本小册子给革命政权以极其有力的支持。当时弥尔顿已经受革命政权的聘任在共和政府中工作，这是他参加革命政权工作以后，取得的第一批胜利。

反动派的威胁和谩骂，并没有因为弥尔顿的小册子出版，就马上销声匿迹。这固然表明了当时弥尔顿的声望，还不足以慑服那

班王朝的文人学士，更主要的原因，是在于革命政权尚未巩固，王党依然拥有一定的势力。查理一世被处死不久，王党就在爱尔兰和苏格兰拥立查理一世的儿子，称为查理二世的为国王，作为反革命活动的旗帜，他们并勾结大陆上的封建王国，主要是法国路易十四的王朝，企图扑灭共和政府，实行复辟。当时法国有一个颇有国际声望，然而却是反动无耻的拉丁文学者撒尔美夏斯，接受了查理二世的委托，充当污蔑和攻击英国革命政权的喉舌，发表了"为英王声辩"一书，公然为查理王朝和专制政体辩护，这本书比"神圣君主的偶像"具有更大的煽动性，它不仅混淆英国国内的视听，而且影响国际舆论，如果让这种反动宣传得势，刚刚诞生的英国共和政权就会处于极其不利的地位。弥尔顿为了拯救革命，保卫新政权，彻底摧毁敌人强词夺理的诡辩，在1651年和1654年先后用拉丁文写了"为英国人民声辩"和"再为英国人民声辩"两本小册子，给予他的论敌以坚决的、致命的反击。

这两本小册子是弥尔顿的精心杰作，也是他最著名的两篇战斗性的政论文献。弥尔顿为了写这两本小册子，可以说是用尽了他的学力和才力，在写作之前，他本已一目失明，第一本小册子写成之后，因劳累过度完全失明了。尽管诗人自己失却了光明，但给人民却扫除了黑暗，正如他自己在小册子中所估计到的，小册子的出版"大大地帮助人们在心理上解除一个大迷信"。

弥尔顿的这两篇政论，不仅显示出了他的崇高理想和革命热情，而且表现出了他的坚强不馁的斗争意志。他的爱憎极其鲜明，他一面痛斥撒尔美夏斯以及其他支持王党的人是流氓、无赖，一面尽情地歌颂革命、赞美自由。他说："对胆敢谩骂别人的人，也应当以其人之道还治其人之身。"弥尔顿并不是仅仅从义愤出发，以谩骂回答谩骂，他说："我坚信对方是充满了欺骗、奸诈、愚昧和妄测，而我们则掌握了真理，拥有理性之光，并且有最伟大的历史实践和理论作根据。"他为了彻底摧毁论敌的论据，给论敌以无可挽回的打击，他对于论敌所提出的论据、例证或掌故、史实几乎一无遗漏地作了深入的考察，他采用了"以子之矛攻子之盾"的笔法，从自然法到神律，从万国公法到各种经典，旁征博引论证人民完全有权执行对暴君查理一世的判决，把论敌的诡辩一一揭穿和驳倒。弥尔顿以他的禀赋和对革命的忠诚，完满地执行了这项光荣而艰巨的战斗任务，扫清了笼罩在人们心灵深处的一切阴霾和毒氛。

在这场紧张的战斗中，有这么一个插曲：他的论敌撒尔美夏斯被批驳得理屈词穷之后，在1653年竟羞愧而死。继续出来为垂死阶级效劳的是王党集团中的一个无耻文人莫鲁斯，他不敢暴露自己的名字，害怕一旦遭到反击，同撒尔美夏斯一样弄得声名狼藉，便匿名写了"王族向上天控诉英国的弑君者"一本小册子，企图进行垂死的挣扎，弥尔顿的"再为英国人民声辩"，就是针对这个论敌而写的。莫鲁斯比撒尔美夏斯更是不学无术，在人格上更加下流卑污，他对英国革命已经找不到任何可以攻讦的论据，于是对弥尔顿的失明进行人身攻击，并捏造弥尔顿的经历加以中伤。弥尔顿为了粉碎论敌的无耻诽谤，在他的答辩中用了一小部分篇幅作了自叙（为了更好地了解弥尔顿的生平，可以先看一下这一段，在本书的258页到265页），并且对为论敌所攻击的其他革命同志，特别是弥尔顿所最敬仰的人——克伦威尔作了声辩。这第二回合的战斗,可以说是轻而易举地就把他的论敌击溃了,王党分子的挣扎就这样以彻底失败而告终。

弥尔顿对于承担这项斗争任务,感到莫大的光荣。他说:"对于这些谰言,战场上的坚甲利兵是无能为力的,所以他们(指革命公众——引者)委托我用完全另外一种武器来捍卫他们在上帝指示下完成的光荣事业。我当然认为他们的决定对我个人是一个极大的荣誉。"

胜利的喜悦盖过了失明给诗人所带来痛苦,他毫不后悔在写作时没有听从医生的忠告,他早就坚决地表示过:"我情愿为自由而牺牲我的目光。"他所感到美中不足的和遗憾的,是由于自己身体的孱弱,没有能及早地写好他的"声辩",因而使得反动小册子竟能逞凶于一时。失明之后的诗人,对革命依然充满了热情和信心,他在给他的学生西里亚克·斯金纳的一首诗中说:

> 我还能勇往直前,
> 忍受着一切。
> 你要问什么在支持我?
> 朋友,是一种认识:为保卫自由,
> 为完成这全欧闻名的崇高任务,
> 我才累得失明。即使我没有
> 更好的指引,这种思想就足以
> 支持我了此尘缘,虽失明而无疚。

这里所谓的"全欧闻名的崇高任务"就是指撰写"为英国人民

声辩”这本小册子。斗争是取得胜利了,但革命政权并没有巩固下来,这对于我们的诗人来说,真是万万料想不到的。暴君已被推上了断头台,支持暴君的主党已受到了致命的打击,按理革命应该从此一帆风顺,可是历史的发展是曲折的,对于资产阶级革命来说,更是如此。在克伦威尔死后,国内又出现了纷乱的局面,掌握了政权的大资产阶级,唯恐革命继续深入下去,对他们不利,就急于结束革命。在这个时候,他们所感到的主要危险已不是封建王朝,而是革命的人民了。于是他们转而与已经被推出历史舞台的王党结成同盟,把矛头对准他们曾赖以取得政权的革命公众——广大的农民和起义士兵,就这样,查理王朝复辟了。

革命坚决派的弥尔顿,对这样的历史,更正确地说,对这样的现实,自然表现出无比的愤怒,1660 年 3 月他发表了“建设自由共和国的简易办法”一篇论文,希望挽救革命,可是复辟已成事实,这篇论文除了表现诗人对革命的忠诚和坚强的斗志外,已经不能发挥它应有的作用。复辟的王朝,对这位反对“为英王声辩”,而却为“英国人民声辩”的革命斗士自然不会轻轻放过,弥尔顿被复辟政府逮捕了。

在这艰难的岁月,对革命者的忠诚是更好的考验,许多曾经也喊过反对王党,拥护共和的人,现在竟背弃共和而去谄媚王朝,这些投机分子、无耻之徒是变节了;而诗人弥尔顿不管面临什么样的灾难,毫不妥协,他坚持自己崇高的革命理想,继续挺身为自由和共和而战斗。复辟王朝对他竟是无可奈何,他们以为他已经失明,对复辟王朝不会再有什么危害,最后不得不把他释放。

诗人在这二十年的革命斗争年代里,只写了一二十首的十四行诗,他的主要精力是放在写战斗性的政论和小册子上去了。在革命失败后,他的晚年,才又致力于写诗,用诗作武器继续战斗。

弥尔顿的著名诗篇"失乐园"、"复乐园"和"力士参孙",就是王朝复辟以后,他在失明的状态下自己口诵,请别人笔录写成的。在"失乐园"和"复乐园"诗篇中,他通过当时英国独树一帜的古典圣经文体,利用圣经的形象反映出革命人民对王朝复辟的愤慨心情,以及他对君主政体和封建压迫的深恶仇恨。在"力士参孙"这部悲剧中,弥尔顿刻画了一个用生命的代价战胜敌人的力士形象,力士参孙是个盲人,正是他自己的写照。他以此号召人民参加反抗复辟的斗争。

1674 年 11 月 8 日,伟大诗人与世长辞。他来不及看到他在这些诗篇中所鼓吹的坚持革命思想,在 1688 年"光荣革命"时期所起的影响。其实,弥尔顿的革命理想和战斗精神不仅在当代有极大的影响,在一百多年以后,美国的独立运动和法国的大革命甚至 1905 年的俄国革命也都从弥尔顿的政论和诗篇里得到许多启发和鼓舞。

弥尔顿的一生经历了十七世纪的四分之三。这个时期欧洲大陆还基本上沉睡在封建的铁链之下,荷兰尽管已经走上资本主义道路,它的影响并不显著,英国的资产阶级革命才敲开了近代史的门槛。弥尔顿处在这样一个历史转变时期,作为一个资产阶级的思想家,在反封建斗争中表现出如此坚强不屈的精神,为英国资产阶级革命作出如此巨大的贡献,无愧是他的时代的巨人。作为文学家的弥尔顿,他在发展英国进步文学的传统上,更是起了极其伟大的作用。革命的浪漫主义者雪莱和英国宪章运动时期的诗人，都曾给予弥尔顿以崇高的评价。

1958年9月为纪念世界文化名人弥尔顿而作

目　　次

英国人弥尔顿为英国人民声辩，驳斥克劳底斯·撒尔美夏斯的“为英王声辩”

序　言

绝大多数人都认为撒尔美夏斯的“为英王声辩”是一本堆砌辞藻，言之无物的书。我在这本“为英国人民声辩”里如果也像他那样的话，便显然也应当被称为一个喋喋不休和愚拙不堪的辩护者了。但任何人即使在写一个极平凡的题目时，也不会匆匆忙忙地不写一个结合内容的开场白。现在我写的几乎是所有的题目中最伟大的一个，我当然不会把序言省掉，同时也不会写得过于简短。我希望达到的只是两个迫切要求的目标：第一，为英国人民辩护的事业是全人类震烁古今的和最值得纪念的事业，我愿竭尽所能，并愿不致捉襟见肘。第二，我曾指责我的论敌愚拙不堪、堆砌辞藻，但愿我本身能不蹈此覆辙。

我所要说的并不是卑微琐屑的事，而是一个最凶暴的国王如何蹂躏法律，摧残宗教。他临政时是如何纵欲狂乱，并如何在战场上终于被他奴役已久的子民所俘获。此后他又如何被监禁，并且在他的言行都让人认为忍无可忍而感到失望时，终于被我国枢密院判处死刑，绑赴他的宫廷门前当众枭首。此外我还要说明这一判决是根据哪一系统的法律，尤其是根据哪一种英国法律作出的和执行的。这一点可以大大地帮助人们在心理上解除一个大迷信。我们英勇而高贵的同胞对世界一切国家和人民都有极大功劳，我将十分自如地为他们声辩，并驳斥国内外一切谩骂者的恶毒污蔑，其中特别要驳斥这个胸无点墨的诡辩家，他竟充当了这帮人的头目。试问世界上一切高高在上的君主有谁的至尊权位曾像英国人民的这样光辉灿烂呢？我们摆脱了世代相沿、长期统治的迷信之后，用审判的方式镇压了由从前的国王变成现在的敌人的人；让他作法自毙，用他自己制订的法律惩处他。原先在兆民之中唯独他自称有神圣权利，可以不受法律惩罚。但他自己要是发现有他那样行为的人也一定会加以极刑，所以我们也就照样毫不犹疑地把他这个罪犯处以极刑。

我们人民到处都异口同声地证明，这事情是在上帝亲临监督下进行的；那么我为什么说这是人民自己作出的呢？上帝常常根据自己无穷的智慧将骄横不可一世和放纵无度的国王推翻，并把他全家连根斩绝。至于我们则是清楚地听到上帝的命令，才下决心挽救已经濒于危殆的自由与安全。我们只尊奉上帝为领导人，遵循他到处留下的神圣足迹。因此我们所走的路不是黑暗的而是光明的。我们遵循他的指引。如果我认为仅仅通过我个人目前的辛勤劳动，就可以十分完满地说明这些事实，并且为这些事实留下一个万世传诵的史册，那我就大错而特错了。谁能有这样雄伟磅礴的辩才，谁能有这样洋溢纵横的才情来担当这样一个伟大的任务呢？许多世纪以来，世界上只有我国找到了一个人配得上记述这些伟大的英雄人物和强大的国家的业绩，这种光辉而神奇的事业决不是人力所能达成的，这显然是全能上帝的业绩。试问这样一个人能不能目空一切地说单凭他自己的文笔和言词就能记述这桩事业呢？

我们共和国的杰出人物却多方勉励我承担这个事业。希望把这个仅次于事业本身的工作托付给我,让我捍卫这个事业,驳斥那些诽谤中伤的谰言。对于这些谰言,战场上的坚甲利兵是无能为力的。所以他们委托我用完全另外一种武器来捍卫他们在上帝的指示下完成的光荣事业。我当然认为他们的决定对我个人是一个极大的荣誉。他们特意从众人中把我挑选出来,让我一往直前地襄助我国英勇的解放者。我自幼就燃烧着一股热情的火焰,它一直在敦促我;叫我如果不能自己去完成一个伟大的事业,至少也要歌颂一个伟大的事业。但我不敢自信这些有利条件,于是便祈求神助,我祈祷一切恩惠的赐与者——伟大而神圣的上帝。我们光荣的自由先驱者在战场上击败了骄横的王权和不可一世的暴君,最后又用深得人心的审判彻底地结束了暴政。不久以前,我也曾体无完肤地驳倒了国王本人;他就像从坟墓里爬出来似的,在他死后发表的书里,当着人民面前用奸猾邪僻的字眼大声喊叫*。因此,我祈祷上帝,让我现在也同样获得庇佑,彻底驳斥并摧毁这个外国修辞家的谩言谰语。

他是一个外国人,同时又是一个文法家,而自己还一再否认是个文法家。他不满足于文法家的赈济金,而要来管人家的闲事,他装腔作势地瞎过问国事,甚至还是外国的事。然而除开他的装腔作势和文法以外,他既不能缓和这桩事情,也没有带来使人谅解的其他东西,根本他就不值得这样过甚其事地审定。如果他在我国

* 查理受刑后十天,曾出现一部名为"神圣君主的偶像"(Eikon Basilike)的书,据传是他本人的日记。后来发现是主教戈登的伪作。弥尔顿曾针对这书,写了一部名著"偶像破坏者"(Eikonoklastes)加以驳斥。——译者注

用英文把他现在用拉丁文写的东西发表出来,我想谁都会认为根本不值一驳。一方面因为这些都是屡遭破产和极为平庸的,另方面纵使是赞成国王的人,对这些声名狼藉的"专制经"也将退避三舍;连最卑贱的奴隶也不能甘心忍受。然而他现在却把这些人神共愤的东西向外人传布。他们完全不了解我们的事,因此得到了一个完全虚假的印象。所以我们就必须把事实充分地告诉他们。同时,对胆敢谩骂别人的人,也应当以其人之道还治其人之身。

假如有人问我们为什么竟容忍他在这样长的一段时间里,大摇大摆地悠来晃去而没有受到一点损害,当我们默不作声的时候,却眼见着他洋洋得意地陶醉在胜利里?关于这一问题,旁人怎么说我可不知道,至于我个人则可以肯定地声明:像这样一桩正义的事业决不难找出词句和理由来声辩。要是我有功夫,而且身体又能让我操劳执笔的话,我早就写了。但由于我体力仍然十分孱弱,所以只能断断续续地写,几乎每一个钟头都要中断,而这个题目却又需要心神专注地加以研究。我国的救星,我们光荣同胞的不朽事业已经是名震全球了,如果我因为体弱而不能拿起号角来参加仪仗队的行列歌颂他们,至少我也希望自己能自如地来为我们的事业声辩说理,反击这个可恶的村学究,驳斥他的谰言以及其从职业性口吻中发出的狂吠。如果自由十分沉寂,而奴役制度却大放厥词;假如暴君能够找到辩护者,而力量强大足以征服暴君的人却找不到,那么自然法则和法律就遭殃了。如果上帝赐与人类的理智不能为人类的生存、获救和合乎自然的平等找出更多的理由,而只能为人类被独夫压迫、摧残等事找出理由,那么事情就非常可悲了。但我可以精神焕发地来从事这个崇高的事业,因为我坚信对

方是充满了欺骗、奸诈、愚昧和妄测，而我们则掌握了真理，拥有理性之光，并且有最伟大的历史实践和理论作根据。

以上所说的都是引言。但我们的任务既然是批判，那么就让我们首先考察一下他这部杰作的名称吧。这书名说明什么问题呢？"查理一世至查理二世王室辩护书。"你从父亲一直辩护到儿子？这真是一桩伟大的事业，不论你是谁，你要是不把这事辩赢了才怪哩！撒尔美夏斯，当初你用一个假名躲过了一场官司，现在你竟根本不署名，但我却要把你召唤到另一种法庭和另一种法官面前来。在这里你可不能像往常在课堂里一样拼命地讨得人家叫"好"或"别闹，听着"。但这篇王室辩护书为什么要献给国王的儿子呢？这根本用不着我们拷问，他自己就直认不讳："费用是国王支付的。"好一个贪婪而知道要价的讼棍！要是国王不给钱，你就不会给你所谓的"圣明"国王查理一世和最穷困的国王查理二世写辩护，不是吗？你这个老流氓！你假用"国王辩护书"这个名称，一定是想不让自己遭受耻笑。你既然已经出卖了这本书，当然它就不再属于你了。按照法律来讲，它的确应当属于国王。这本书是一百金雅可布*成交的，这对一个穷困的国王说来，已经是一笔可观的款项了。我说的事大家并不是不知道。是谁提着一个珠子做的钱袋把这一百个金币送到你家里去的，我很清楚。我也知道是谁看到你伸出一双贪婪的手，假装去拥抱送礼的宫廷牧师，而实际上则是紧紧地抱住了这一宗礼物。你得了这一笔钱之后，国王的金库就空了。

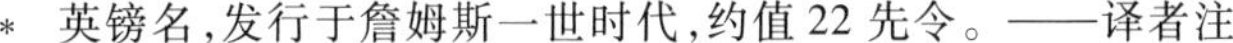

* 英镑名，发行于詹姆斯一世时代，约值 22 先令。——译者注

那时某人亲自出台了,只见门响处,主角姗姗地走将出来:

各位看官请听着;

细听我乾纲不振的人*说分明。

不管你是怎么一回事,那回你比往常都显得趾高气扬。“不久以前,我们听说英国竟有一帮人神共怒的东西用该遭咒骂的阴谋犯下了弑君的滔天罪行。这一可怕的消息不但骇人听闻,而且震动人心,给我们留下了深深的伤痕。”传播这一惊人消息的人必定有一支剑,比彼得拔出的那支还长**,要不然听话的人就一定具有一种特别长的耳朵;因为事情相距得这样远,竟然也把他们伤了。其实除开笨蛋的耳朵以外,它不可能伤及任何人的耳朵。我们在国内把敌人和卖国贼处死,这对你们外国人又能有什么伤害呢?你们是不是有谁受了伤害呢?至于被处死的人是平民、是贵族还是国王岂不一样吗?撒尔美夏斯,你最好还是管管自己的事吧。我有一个“骇人的消息”要告诉你,如果这个消息不在所有的文法家和批评家的耳朵里留下更深的伤痕,就会使我吃惊了,因为这些耳朵非常娇嫩,而且很温顺。这消息就是“撒尔美夏斯可怕的粗鄙无知在荷兰杀死了‘亚里达古’***,犯下了弑君罪”。因为你这位伟大的批评家受了国王金钱雇佣来替国王写辩护,但你却作了一个令人作呕的开场白,听起来很像被人雇去哭灵的女人那种假号

* 撒尔美夏斯有惧内之名,这是作者讥笑对方。——译者注

** 据圣经约翰福音记载,犹大出卖耶稣后,有大祭司领仆人来捉拿耶稣,彼得曾拔剑削去仆人的一只耳朵。——译者注

*** 希腊文人名,原意是杰出的王子,此处是嘲笑对方在辩护时反而伤害了小查理。——译者注

啕,除了傻瓜以外,就没引起任何人的感伤。同时,你刚写到第一句末尾,你那举不胜举的粗鄙无知就逗得刚打开书的人哈哈大笑。请问什么叫"Parricidium in persona regis admittere(在国王的身份上犯了弑君之罪)"?什么叫"in persona regis(在国王的身份上)"?谁的拉丁文会用这样的字眼?除非你是在告诉我们说,有某一个假腓力——某一个伯金·瓦贝克*冒充国王在英国犯下了弑君罪,要不然,你就是说,有人对一个国王的扮演者或伪装者犯下了谋杀罪**。这句话,我认为你说的比你知道的情形还要巧。因为暴君并不能算真正的国王,他只是一种伪国王,只是国王的面具或牙笏。总而言之,你这种法国式的拉丁文错误到处都是。我倒不会来处罚你,因为我根本没有功夫,只好让你的同行文法家来处罚你。我将要把你送给他们作笑料,让他们用鞭子把你赶出去,这样对他们是有很大好处的。

我们最高官员下令对国王执行死刑,你竟说是"一帮人神共怒的东西用该遭咒骂的阴谋"干下的勾当。流氓啊!过去我们的王国是强大无比的,现在我们的共和国更是强大无比的;对我们的事业,实际上任何国王都没有说出什么有失恭敬的话,难道你就这样来给我们的议案和法令编排名目吗?

因此,清高的荷兰人,解放祖国的先烈的忠实后裔,把这篇危害一切民族自由的暴政辩护书用公告加以严厉贬责,这是完全正

* 十五世纪觊觎英国王位者,后因起兵称叛被击败,又因牵入夺取伦敦塔阴谋被绞杀。——译者注

** 拉丁文此处应用第五格,作 in personam。撒尔美夏斯用了第六格,所以便具有作者所指出的两种意义。——译者注

确的措施。至于对这辩护书的作者则应把他从一切自由国家驱逐出去,或不许入境:尤其是供养你这样一个不知感恩而与共和国为敌的人的那个国家更应当如此。他正像攻击我们一样在攻击这个共和国的基础和事业。实际上他企图用这一篇辩护书一举破坏我们两个国家,让我们全都彻底垮台。他在指着我们的名破口大骂那些杰出的自由战士。请你们自己想想尼德兰联省共和国最杰出的议会吧,想想是谁策动这个王权拥护者写文章,是谁在不久以前企图在你们中间立一个王,他们商量了一些什么,有些什么企图,最后在荷兰全国引起了什么骚乱。要不是那个鲁莽的青年人最近适时地死去了*,而使荷兰重新获得喘息的机会,试问目前的情形会变成什么样子?奴役的命运和新的君主是不是又给你们安排好了呢?你们经过多年战斗,争取到的自由是不是又将濒于危殆了呢?

可是我们这位先生还在继续大放厥词,扮演他那奇特的悲剧:“不论是谁听到这个消息”(无疑这是撒尔美夏斯所说的因粗鄙无知而弑君的消息),“马上就像被闪电击中一般。他们立刻震惊得毛发竖立,并哽泣难言”。这简直是自然哲学家闻所未闻的奇迹,被闪电击中了会使头发竖立起来!但谁又不知道这一伙卑鄙的胆小鬼一听到稍微大一点的声音,马上就像被雷击中了一样呢?谁不知道他们这时一定会流露出那惯常的一副傻相呢?他说有些人“不由得就哭起来了,”我想这些人都是一些娇弱的宫女和比她们

---

* 指西班牙腓力二世的兄弟唐·贺昂,1576 年任尼德兰总督,他重新挑起镇压尼德兰的战争,1578 年击败尼德兰军队,但在同年,唐·贺昂死于瘟疫,尼德兰人对西班牙专制制度的斗争才顺利地展开。——译者注

感情更加脆弱的人。撒尔美夏斯本人在这一伙人中经过一种新式的变形也已经成为撒尔美茜小姐了,他那连夜赶制的假泪水之泉,将要把他自己的男子气荡涤净尽了。因此,我提出警告,提醒大家注意:

撒尔美茜,依势胡为,
谁受愚弄,丈夫气微。
来时男子,去时女辈,
泪珠一滴,转眼娇媚。

他又说:"实际上他们更加勇敢了,"(我认为他说到勇敢的人时是不能不令人肉麻地做作一番的)"他们心中燃烧着愤怒的火焰,几乎难以自制。"这种疯子根本就不值得我们去理会。但我们将以能自制的真勇敢来击败你这种疯癫的狂吠。

"诚然,没有一个人不诅咒这种骇人听闻的恶行。"但你刚才又说,他们哽泣难言。如果你说的就是我国那些亡命徒,那么就让他们一直哽泣到今天而说不出话来吧!因为我们肯定地知道,经常挂在他们嘴边的没有旁的,只有诅咒。一切善良的人都厌恶他们,但并不惧怕他们。至于其他的人,尤其是自由人民,当国王就刑的消息传来以后,谁也不会奴性根深地诽谤我们或认为我们的事业是一种罪行,这是无法令人置信的。其实所有正义的人都说我们的事业完全是正义的,甚至还感谢上帝以这样卓越而辉煌的正义事例给所有的君主上了有益的一课。

我不知道那些"铁石心肠的野蛮人"到底是哭谁的"可悲可泣和旷古未有的谋杀"。我说,让他们和那一位巧言令色、愚笨不堪的代言人"从君主之名出现的时候起,开始去哭,尽情地痛哭吧!"

试问哪一个小学生哪一个隐修院的小辅理僧从这一个王室坍台的事件中所能作出的修辞学练习,会不比这位王室代言人的文章更流畅、更像拉丁文呢?

如果我这样通篇逐句地驳斥这个人的谩言谰语,那是完全不必要的;但一定叫我这样做我倒也很愿意,因为有人说他是十分趾高气扬、不可一世。不过他是连篇累牍、杂乱无章地写了一大本不堪入目的书,甚至把它当成自己的盾牌,就像特伦斯*所描写的士兵,缩在第一线后面一样。这真是他的一条妙计,纵使叫精力旺盛的人去指出所有细节来,也会感到疲劳不堪而无法驳斥他。但我在这个开场白中,至少还是举出了一个例子,让善于思考的读者在开始时就尝尝这个人的滋味。当我们在某一页中尝了这几道冷盘以后,就能知道往下他打算用怎样的山珍海味来款待我们。他竟写了这样洋洋大观一厚本,但在一开头(最不应当的地方)就表现出他是堆砌了多少愚蠢而又幼稚的废话。

往下我将非常称庆地撇开他那些废话连篇的喊叫。这些字纸只能拿去包鱼。同时,就我们的事件说来,我深信,我们议会所公布的一切,将比这个厚颜无耻的小人所说的谎言和诽谤更受到所有公正的外国人的重视。这个人受到我国亡命客和国家公敌的雇佣,当他们向他嚼了许多舌根并下令叫他动笔时,他就毫不犹疑地把这弥天大谎凑成了这本书。

他根本不问自己写的东西是真的还是假的,是神圣的还是邪恶的,他早把良心抛到九霄云外了。我完全用不着另请证人,只要

---

* 罗马喜剧家。——译者注

把撒尔美夏斯本人请出来,大家就可以看清这一点。他在自己所写的“论教皇的统治机构”一书中写道:“教会何以要从主教制回到使徒时代的”长老制的理由是非常充分的,因为主教制给教会带来了一种比以往可怕的分裂还坏得多的恶习气,主教制给教会带来的瘟疫,使整个教会匍匐在邪恶的专制主义之下,甚至还使国王和元首、长官处于被奴役之下。教会要是铲除整个神职体系,便比铲除一个为首的教皇要好得多(见该书 196 页)。铲除主教制和教皇制,对于教会的好处是很大的。主教制一废,以此为基础的教皇制便不攻自破了(见该书 171 页)。我认为在已经摒弃教皇制的国家中,尤其有理由铲除主教制,保留这种制度是完全没有道理的。一个改革如果在这方面没有完成,便是不彻底的。教皇至尊地位已经铲除了的地方,便无法提出任何理由或根据来说明主教制应当或可能予以保留(见该书 197 页)。

他在四年前,虽然写了这一套以及其他许多东西,可是现在当英国议会投票表决说,主教制“不但应当从上院中取消,而且应当彻底根除”时,他竟如此虚伪无耻,以致在这一段文章中猛烈地攻击英国议会。他甚至还用前述书中力斥主教制的那些理由来维护和宣扬主教制。他说:“主教是必须有的,”“必须想方设法加以保存,否则千百种瘟疫式的教派和异端就会在英国滋长起来。”狡猾的叛徒啊,你难道能无耻地在宗教问题上翻手为云覆手为雨吗?我说,你简直是在出卖教会!你大声疾呼地为教会的神圣教规辩护,其实是想等候有利时机给它更大的侮辱,甚至推翻它。

任何人都知道,当议会两院迫切希望按照其他教会的方式改革我们的教会时,曾决议废除主教制。但国王首先否决这一法案,接着又为这一主要原因而向我们开战。但最后证明失败的是他自己。现在让你去吹嘘你为一个国王作了辩护吧。你彻底地出卖了而且攻击了你原先所支持的事业——教会的事业,你应当受到教会最严厉的谴责。

现在我们不妨回过头来谈一谈英吉利共和国的政体。你这个一文不值的游方学究,你的桌子里和夹子里塞满了乌七八糟的陈篇废纸而又不去管它,其实你应当把它清理一下。但你却自讨没趣,要来管别人国家的闲事,那么我就对你,或者对比你更聪明的人提出这个简短的答复。我们的政体是我们这一时代的纷争所能容许的政体,这不是理想的形式,而是互相倾轧的恶徒能容忍的形式。但任何人在党争的痛苦中拿起武器保卫国家时,如果只和思想纯洁而没有受污染的一部分人发生关系,并进而排斥或铲除其余的民众或党人,甚至由于本身的惨痛经验而从此完全废除国王和上议院,那么他们的行为便是完全合乎正义的。

你大骂我们的"最高枢密院",甚至还大骂你自己想象出来的"枢密院主席"!你梦中虚构的这个最高枢密院根本就不是最高的,而是由议会当局指定40个议员组成的,它的存在也有一定期限。枢密院中的任何人都可以被选为主席。同时,我们的议会,即我们的元老院,他有一定成规,选派出少数的议员,赋予他们特权,可以在任何地方集会,并构成类似小元老院的机构。他们往往把最重大的事务托付给这些人,以便作更迅速而妥当的机密处理。例如海军、陆军、财政以及平时和战时的一切事项,都是这样处理的。这个机构不论是称为枢密院或其他什么名称,其名称虽新,实质上还是很古的。没有这个机构,任何共和国都不能合理地处理

政务。

关于国王的受刑以及我们的革命等问题,现在你不必叫嚷,你不必用那种绝妙的姿态来倾吐你的恶言恶语。在这方面我将和你对垒。你虽然仍作困兽之斗,我却要一章一章地证明“根据什么法律,什么权利系统和什么审判”(以上都是你自己的话)做出了这些事情?假如你坚持要问“什么权利、什么法律?”那我就要说,根据的是上帝和自然法则所指定的法律,一切为了共和国的安全而做的事情都应当认为是合理合法的。以往的贤哲们就这样答复过你这种人。

你虽然攻击我们不该“废除长期确定的法律”,但你却没有说这些法律究竟是好是坏。纵使你说了,也不值得一顾。欧娄斯先生*,我们的法律到底关你什么事呢?我们要废除许多法律,取消许多讼棍,那也是为了基督的事业。你恨得咬牙切齿,因为“任何张三李四,土里土气的农民、完全不是出身于贵族的人以及默默无闻的人,竟然都认为自己有资格做这些事情。”其实你应当记住,不止圣经上,而且连抒情诗人都告诉过你:

上帝的神力无边,
可将至尊者与至卑换位。
可使荣耀者受屈辱,
可使隐藏的财富重见天日。

同时我还要提醒你:你所谓“完全不是贵族”的人,有些决不次于你们国家的贵族,另外一些人则在创造门第,以勤恳和品德膺

* 拙劣的警句家。——译者注

得爵位，他们比任何高贵的贵族都可以当之而无愧。他们宁肯让人称他们为“土里土气的农民”（土地是他们自己的！）却要在自己国内辛勤地劳动，而不愿像你这个地无立锥、家无片瓦、一文不值的草包和纸老虎骑士，牺牲色相在人家的国家奉承人家的颜色，博取主人的恩赐来张罗度日。相信我的话吧，你要不是善于在陌生人中卖膏药、发小册子，并且知道小册子的行情，人家早就不让你在那里游荡，而把你赶回老家去了。

你攻击我们的官员，因为他们“容纳了各教派的渣滓”。他们为什么不能容纳这些人？教会可以把他们开除教籍，但只要他们不违犯国家法律，官吏就不必把他们驱逐出境。人们组成政体的目的是：“过安全和自由的生活，不受摧残和侵害”，而加入教会的目的则是：“过虔诚和敬神的生活。”政体所具有的是法律，教会所具有的是教义教规，两者迥然不同。正是由于政府和教会的裁判事宜浑然不分，才造成基督徒之间连年相互厮杀的惨境。也正是由于这一点，我们才不能忍受教皇制。我们与其说它是一种宗教，不如说它是披着宗教外衣的主教专制政体，它违反了基督本人的戒律而掠夺了许多世俗的权力。

至于说“独立教会派”的问题，在我们中间根本没有你所说的那种独立教会派，只是你才有这种看法。我们这里只有一些不承认在个别教会上还存在其他等级或宗教会议的人；同时也认为这种宗教会议，是神职人员体系的一个支派，甚至是它的主体，应当连根拔掉，这一点和你的见解是相同的。独立教会派的名称从这才流传下来。

我已经看出，你的企图是在煽动所有的国王和君主，使他们将来不但仇恨我们，而且还要对我们发动最残酷的战争。过去密司立德蒂企图煽动所有的国王反对罗马人*，他的理由虽然和你有所不同，但所用的诽谤却和你完全一样。他说罗马人企图推翻所有王室，不容许任何神圣和人间的事情妨碍他们。并说他们的一切从开始便都是用暴力夺来的，说他们是一群强盗，是王权的死敌。密司立德蒂写给阿尔萨斯的国王的信中就讲了这样的话。你本来只能在课堂上胡诌一些不伦不类的幼稚园修辞学，究竟是什么使你具有不自量力的信心，让你认为只要你吹起了战争的号角，就能不露面地怂恿一个乳臭未干的王子开仗呢？你的声音又是这样微弱难听，我想你纵然给荷马的老鼠当了号兵，它也不会向癞蛤蟆开战！

像你这样一个众所周知的孱头鬼，用枯燥无味的语言在外国国王中间蛊惑煽动，我们根本就不怕你能煽起什么战争的危机。你造谣（你大概是在讲笑话）说我们"拿国王的脑袋当球抛，拿皇冠当铁环滚，把王笏倒过来当丑角的笏杖"。你竟然认为用这样的幼稚语言就能激起国王和王子轻动干戈，你的傻瓜脑袋才最适合于装在一个笨蛋的笏杖上哩。你大声疾呼地向各国呼吁，但我很清楚，他们根本就不会理你。你甚至呼吁那些野蛮而丧失人性的爱尔兰渣滓帮助保王党，仅这一点就足以衡量你的恶毒和愚蠢，看出你在鲁莽、疯狂和不信宗教方面是超越一切人的。因为你竟然不惜叫一个狂热的民族助桀为虐。这种人都是以不信神这一点

* 密司立德蒂六世，公元前131—前63年间小亚细亚东北部的本都国王。——译者注

相交结的,他们满身沾满了无辜公民的血污,就连国王本人也望而生畏,或至少也要故作畏避。利用爱尔兰人的阴谋这一层,即使国王本人也都尽力掩饰,并尽力洗清这个残酷污点,但你这个两足动物中最卑鄙的家伙,却亵渎神灵玷污人类,竟然胆敢公开承认这一点。就这样干下去吧,把你的裤带紧一紧,加把油为你的国王去辩护,还有爱尔兰人做你的帮凶给你捧场哩!

一开始你就小心翼翼(凭良心说,这真是必要的小心)不让人家怀疑你企图抢夺图里(西塞罗)[①]或狄摩斯提尼[②]的演说家的桂冠,你在序言中说:"做得像个演说家是不恰当的。"你真聪明,一切办不到的事,你都能看出来是不适合你的!真正了解你的人谁又会认为你能当演说家呢?你从来没有把一句话说顺了,或者说明白了,同时你也没有说过一句饶有趣味的话,而却像第二个克利皮诺或腐朽的希腊人策策斯一样,一心想写而不问写得怎么样,其实你挖空心思也难写出好东西来。

你说:"这桩事业将在全世界面前受到审判,就像请全世界的人来开庭审判一样。"这正是我们切盼的;因为这样我就可以希望和我们出庭对簿的人通达事理而有智慧,不像你这样莽撞而笨拙。你真像拿着鞭子的厄甲克斯*一样,是个悲剧中的英雄,你竟嗫嚅地说:"我对这些人的不公、不敬、不信、不仁的罪行将向皇天后土呼吁,使他们在服罪之后再受后世谴责,我将揭露这些罪犯。"好

---

① 西塞罗(公元前106—前43年),罗马演说家、政治家和哲学家。

② 狄摩斯提尼(公元前385?—前322年),希腊雅典演说家和政治家。

* 特罗伊战争中的英雄,曾抢救出阿喀琉斯的尸体。后发疯,误认羊群为希腊战士,以鞭击之。清醒后因羞惭自杀。——译者注

一段画龙点睛的结语啊！你这个没头脑、没知识，狂吠乱叫的小讼棍，生来就只能拾人牙慧，抄袭剽窃。你难道真正自认为能写一些足以流传后世的文章吗？相信我的话吧，后代的人会把你和你这些东抄西袭的废纸一起送到垃圾堆里去；但你这篇王室辩护词倒可能会被人拿着对照我的答辩来看，因而在长期搁置之后，也许会有人去翻一翻。我要请求荷兰国尽快地从宝库中把这份宝贝——根本不是宝贝！——扔出去吧，让它爱流传到哪里就流传到哪里。只要我说明这里面究竟塞满了一些什么样的废话、蠢话和狂妄无知的疯话，我想它就会很快地湮没无余了。现在请看他将怎样“揭露”我们这些“罪犯”吧。

第　一　章

“趾高气扬，空虚无物”，撒尔美夏斯，你的为人就可以用这几个字来概括。大英帝国的国王是信仰的维护者，而你又是国王的保驾人，由于这一点，你也许会显得更加气焰万丈了。在我看来，你们二位的光荣头衔都非常合适：因为国王是这样地在维护着信仰，而你又是这样地替国王保驾，以致看来你们都把自己的事情毁了。这一点在以下各章，尤其是在本章中都将加以说明。你那篇序言的第12页告诉我们：“像这样一桩正义而又善良的事情是不需要任何辞藻上的烘托和渲染的，只要把事情的经过按照实际情况简单地说出来就是给国王作辩护了。”在这第1章中你刚许下用直截了当的方式把事实说出来，但是还没出这一章，你马上就变了卦。你既没有把事情的经过照实简单地说出来，同时又毫无顾忌地利用你所能运用的辞藻把事实加以烘托渲染。因此，即使按照你自己的说法，也显然说明国王的事情既不是善良的，又不是正义的了。

不过你应当注意，谁也没有认为你能把事情说得像高明的演说家那样好，你也不必自以为有这一份才能。你非但不够格当演说家和历史家，你甚至连一个受人收买的讼棍也够不上。你不过像是一个到处游荡的江湖术士，从一个市集赶到另一个市集卖膏

药。你在你那篇序言里面就是这样向人招摇撞骗,说第二天有多少好瞧的。但你可不是要实践你的诺言,说出你的事实。而是要把你葫芦里那些骗人的辞藻和夸大的句法尽量向读者推销。因为“当你要向我们叙述事情真相的时候”,你就感到“被一群妖怪似的新奇事物包围起来了,吓得魂不附体”,所以“头一步该做什么,第二步该做什么,最后又该做什么”,你全都茫然无所知了。难道这就是你简单的叙述吗?我倒可以把你本身所发生的问题告诉你。首先你感到被自己那些妖气冲天的谎言吓坏了,接着你就发现许多废话和谎言非但是把你那空虚的头脑“包围起来了”,而且还钻到你的脑子里去像翻江倒海般的翻腾。因此第一步该说什么,第二步该说什么,最后该说什么,你非但现在不知道,而且从来也没有知道过。

你说过:“这桩大逆不道的弥天罪恶诚然是难以笔墨形容,唯有一句话可以说明它。这话很简单,而且必须反复多说几遍,那就是光天化日之下从未见过这样无法无天的事。”我的好冬烘先生啊,天下事阁下没见过的还多着呢。不过你要是让事情常常见见天日,我们倒挺欢迎。只是当你这样做的时候脑子要放清醒一点,因为绝对必须见阳光的就是你那篇冷冰冰的辩护词,而不是我们的恶意。你说:“国王源生于新造的太阳。”老兄,我愿天上诸神赐给你一个冬至的阳光,让你暖和暖和自己。像你这种人,要是没有太阳的话就会连自己的脚都暖和不过来。

你大概不愿意让人家叫你做阴影笼罩下的博士吧!但是遗憾得很,你头上那一片阴影简直是一团漆黑!因为你根本没把父权和王权区别开来;而且当你说国王是“他们国家的父君”时,满以为你这样来一个词儿就能骗住人,让我相信我自己对父亲承认什么,对国王也一定要承认什么。其实父亲和国王是完全不同的两回事。父亲生我养我;而国王却没有生我,反倒是我们产生了国王。大自然把父亲赐给人民,而国王则是人民自己为了自己而拥上宝座的;所以不是人民为国王活着,而是国王为人民活着;父亲和国王即使全都粗暴而严厉,我们都同样忍耐;但要是暴虐无道的话,我们便连父亲也不会再容忍了。做父亲的如果杀掉了儿子,就该被判处死刑;国王如果残杀了臣民,为什么就不受同样正义的法律制裁呢?况且当父亲的永远不能不是父亲,而国王却很容易变成既不是父亲,又不是国王的人。假定如你所说的那样,"其次",把我们这种"行为从本质"来看的话,那么我是一个亲眼的见证人,而且又是一个本地人,你是一个外国人,而且对我们的事情完全不了解。我告诉你,我们"从我们当中去掉的"不是像你所说的那种"善良"、"正义"、"仁慈"、"虔诚"、"敬畏上帝"和"温良恭顺"的国王,而是十年来一直与我们为敌的人;他绝对不能成为父君,而是危害国家的人。

你不敢不承认,"这类事情一直都有人做,但不是新教徒对于新教国王所做的事。"你这话似乎是说这位国王称得起是一个新教徒。可是他写信给教皇时,却称教皇为至圣圣父,并且经常袒护旧教徒,而不理会正教徒。事情既然如此,新教徒从我们当中除去的人就是在他的家族里说来他也不能算是头一个。可不是吗!他的祖母玛利不就是一个被新教徒废黜、流放,终至于斩首的人吗?这事甚至连苏格兰的新教徒都没有感到难过呀。就算是我说苏格兰人积极支持这件事,也不能说我撒了谎。新教徒的国王真如风毛麟角。因此,如果从未见过新教徒国王被判处死刑,也就不足为奇了。废黜一个昏君或暴虐无道的国王,甚至按照他的行为科以应得之罪,这原是合理合法的,同时这也是以往领导宗教改革运动的伟大神学家们的见解。你若是敢于否认这点的话,你就否认吧!你也承认,许多国王都未得善终:有的死于刀下,有的服毒身亡,有的死于肮脏的监狱里,有的悬梁自缢。但是在你看来,如果一位国王被人捉到法庭审讯,"让他为自己的生命辩诉,接着又判处死刑,终于把他送上了断头台",这简直是天下最令人悲痛的事,并且是亘古未有的弑君之罪。糊涂透顶的人啊,请你答复一个问题:一种办法是,一个罪人不论他犯了什么罪,先把他押到法庭去受审,允许他为自己作辩护;如果根据法律必须严惩,便按他罪行判处死刑,使他有时间忏悔自己的罪过,或收拢一下心神。另一种办法是,逮捕之后不经审讯,马上就像宰牲口一样把他杀掉。请你说说吧,这两种办法究竟哪一种更人道、更公正、更合乎万国公法呢?任何罪犯,如果让他自己选择的话,谁不宁愿选头一种办法而不选第二种办法呢?如果国王处理臣民时,第一种办法被认为是较好的,那么当臣民处理国王时,为什么就不能这样说呢?同时,我们有什么理由认为国王本人不更喜欢第一种办法呢?你主张不用见证人,秘密地把国王杀掉。这样做,要不是企图使整个历史不能确立这个优良范例,便是企图使这光明磊落的行为带上罪恶的嫌疑,让人认为是由于缺乏任何法律或正义的依据而不敢公开。

此外,你又夸大其词地说,这件事情既不是由于贵族的党争所引起的骚乱,也不是由于士兵或民众的暴动;同时也不是由于仇恨或恐惧,更不是由于政治野心或盲目的冲动,而是蓄谋已久,处心积虑地干出来的事情。你做得可真妙啊！现在你由一个讼棍摇身一变而成为一位文法学家了！正如大家所说的，事情的外铄没有多大价值，你却先不问问事情本身是好是歹，马上就根据这些外铄大兴问罪之师。你且看看，这种论调我简直不费吹灰之力就可以驳倒。如果事情是正大光明的，那么人们丝毫不存私见，单纯地从道义出发而做了这件事，就更加光荣了；如果这件事是艰巨而重大的，那么进行的时候不单凭一时的冲动，而是根据事先周密的计划去行动，那么做这件事的人就越发值得赞扬了。我回想起当时全国军队以及全国各地绝大部分的人民像那样群情激愤和坚忍不拔的情况都是出人意料之外的。他们众口一词地指斥国王为万恶之源，并要求予以法办。想到这里我只能认为这件事情是出于天意。但无论如何，不管是官还是民，都从来没有人能像当时的人们那样具有高尚的勇气，并以冷静的头脑来从事这一无愧于英雄时代的杰出事业：关于头脑冷静这一点，甚至连我们的敌人也不得不承认。由于这一事件，增加了法律和司法的尊严，因而使人们从此恢复了平等。非但如此，他们也同样使正义本身得到了尊严，因此在这次轰动一时的审判以后，正义本身比原先更加光辉更加伟大了。

我们费了这么大的力气才说到了他第1章的第3页，但是我们还没有看到他所许下的简单的叙述。我们的理论是："如果国王暴虐无道，民怨沸腾，就满可以合理合法地予以废黜。"他却抱怨说："根据这种理论，即使当时他们有一位国王比原先的国王好一千倍，恐怕他们也不会饶他的命吧！"你这种推论真是到家了！除非你是说比我们国王好一千倍的人君临臣下时，仍然是暴虐无道、民怨沸腾，否则我倒要请教一下，你这话是从何说起的。这样一来，你就只落得一种结果：你把你千方百计地为之辩护的国王说成比那些临政苛虐而民怨沸腾的国王还要坏一千倍，换句话说，就是一切暴君中最无道的一个。国王们啊，但愿你们能有这样一个孜孜不倦的辩护人！

现在他开始言归正传了。“他们让国王受到各种折磨”；你说吧，到底是怎样折磨！“他们把国王从这个监狱解到那个监狱”。这也没有什么不合理的，因为他已经从一个暴君变成在作战中被俘的人民公敌了。“他们常常调换国王的看守者”，怕他们变了节。“他们有时给他恢复自由的希望，有时甚至给他以恢复王位的幻想，只要国王肯接受他们的条件。”这就说明将国王处死，并不像你前边说的是经过长期策划或蓄谋利用“各种机会和各种办法”来废黜我们的国王。在战争初期，当国王几乎把我们压倒了的时候，我们曾经向国王恳切要求过一些事情，这些事情如果不蒙允许，那么老百姓就没有任何希望获得自由和安全了。当国王战败成了阶下囚的时候，我们又提出了以前那些事情，一而再、再而三地向国王恳求；但是每次都遭到了拒绝。当我们认为国王完全无法和我们协调的时候，才通过国会下了那道高贵的命令，那就是决意从此不再向国王提出任何要求了。所以我们抛弃国王不是从他成了暴君之日起，而是从他变成不可救药那天起。但后来又有某些国会议员采取了新的措施，并且凑巧有个适当的机会使它得以实现。于是他们又向国王提出了条件。他们的恶意和愚蠢正与当日罗马的元老院议员相似，那些元老院议员不顾玛尔库斯·图里乌斯（西塞罗）以及其他一切正直人士的反对，擅自投票通过派遣代表去见安东尼；这次的事情也是一样，只是全能的主却愿意作

另一种安排——使他们沦为奴隶,而确保了我们的自由。虽然国王对于真正有利于保障和平与安定局势方面的事情并没有比以往稍加让步,而他们竟投票认为满意。议会中明智的议员发现自己和国家被人出卖了,于是才呼吁军队的援助,我们的军队是极勇敢而永远效忠于国家的。在这一问题上,我看到的只是一点,这话我感到很难说出口:那就是我们的士兵所作的判断比我们的议员还要高明。他们用武力拯救了国家,而议员们却用他们的表决权几乎把国家毁灭了。

他涕泗滂沱叙述一段冗长的伤心史,但讲得很没意思,因而看来好像是在哀求读者悲伤,而不能感动读者伤情。他一想到"任何国王受死刑的方式从来没有英王的死刑那样残酷",他就感到悲痛不止。但是他却一再肯定地说,从来也没有任何国王被判过死刑。昏聩的人啊,你根本拿不出什么事实来加以比较,难道你还能把这种方式和那种方式作比较吗?他又说:"国王像强盗、杀人犯、弑上者、卖国贼、暴君一样被处死刑。"你是在替国王辩护呢?还是宣布国王的罪状,给他定下一个比我们原先的判决更严厉得多的罪名呢?是谁忽然说服了你,叫你转变过来同我们一起向国王宣判呢?他又抱怨说:"躲在幕后的刽子手们把国王杀了。"我们对这样的人又有什么办法呢?他在上边抱怨说:"在国王身份上犯了杀人罪",而现在又抱怨说:"在刽子手的身份上犯下了杀人罪"*。

他其余的叙述有的是虚伪已极,有的是完全胡说八道,把它罗

* 作者此处嘲笑对方拉丁文错误,请参见本书序言第9页。——译者注

列出来是简直毫无意义。他一桩一桩地诉说道:“一个普通士兵对国王拳打脚踢,只消花上四个便士就可以叫他把人揍死。”这种说法只暴露了我们这位村学究的愚昧无知和胸襟褊狭,而远不能引起读者同情。小查理果然要哀悼他父亲的悲惨遭遇,还不如老老实实地雇一名跑江湖的,叫他在街角上向群众唱几支哀歌,这样比找这位可怜(恕我这样形容他)而又极其可笑的演说家来辩护强多了。这位演说家是如此的平淡无味,甚至连他流出的眼泪都不够咸。

现在他的叙述已经完了;我们很难说他下一步还要做些什么。他的论述简直是乱七八糟。他时而发怒,时而张口发呆,他信口开河,语无伦次,只是把同一件事重复上十几遍,而这些东西只说一遍就已经令人腻透了。老实说,我真不知道他那些信口雌黄的毫无意义的材料是否有写在纸上的价值;所以我认为这些话根本不值得正式答复。

主教们本来是教会的敌人和暴君,国王非但没有和他们分家,反而向教会宣了战。而他却盛赞如此国王为宗教的保护人。关于这一点,无需我多说了。国王本人已经做了主教们的奴隶,受着他们肮脏已极的传统和一切繁文缛节的束缚,试问这样的国王又如何能够保持“宗教的纯洁”呢?你又说我们“许多教派竟召集一些亵渎神明的集会,自由的范围未免太大啦”,连荷兰都没有给过这样的自由。那么我就请你指出这些教派的错误吧!其实没有一个人比你更亵渎神明,因为你自命你有充分自由,可以永远造谣污蔑,但是要知道,这是最坏的自由。你又说:“他们使共和国无主,危害邦国,莫此为甚。”卑贱的奴才啊,你在等着挨鞭子的时候也

该学着长进一点吧！如果不废弃君主，就会把共和国毁掉啦：有君主的国家是家天下的国家，并不是共和国。你又说，但是“牧师们痛恨他们的恶行，他们迫害牧师们，这未免太不公允了”。让我简单说几句，弄清他所说的牧师究竟是什么样的人。这些人就是口诛笔伐，宣传应当用武力去反抗国王的牧师；凡是不以武器、金钱或人力来支援这次战争的人，牧师们就像德波拉诅咒米罗兹*一样不停地斥责他们；这些牧师对群众宣称：这次作战不是为反对一位国王，而是为了对付一个比扫罗**或亚加伯***更坏的暴君，这个暴君甚至使残暴的尼禄都为之失色。这些牧师经常以多数派或以离开辖区的牧师们的名义来攻击主教和神甫们，而当这些主教和神甫被赶跑以后，牧师们很快地就把这些主教神甫们的职俸你两分、我三分地抓到自己手里：如所周知，这些牧师一朝堂而皇之地高踞于一般黎庶之上，竟卑鄙无耻地把自己的子民抛弃掉。任何羞恶之心以及忠于教义之情都不能约束他们疯狂的贪欲。不久以前他们还大声疾呼地痛斥神甫们。可是曾几何时他们自己竟在声名狼藉的教会之前公开蒙上了同样的羞辱。现在，这些牧师的贪欲还没有得到满足。那种欲壑难填的野心使他们专门到处煽动骚乱，破坏和平。因此他们像过去对付国王那样，疯狂地鼓动对现存政府发起叛乱；他们说：仁慈的国王被人们残酷地杀害了；而在不久以前，他们曾亲自百般诅咒国王，说他应当被褫夺王权，应当用

* 希伯来女先知德波拉帮助古以色列人从加南王统治之下解放出来后，曾痛斥米罗兹不帮助耶和华攻击敌人。——译者注

** 扫罗，以色列第一个国王。——译者注

*** 亚加伯，以色列第七个国王。——译者注

圣战来加以惩戒,说他落到国会手中完全是天意。他们抱怨说宗派还没有消灭。其实向当轴者要求这点是极荒唐的,因为贪欲和野心是教会中为害最烈的两个祸根,而当轴者至今还没有任何方法把上述两点从各派各级的牧师中彻底铲除。我很清楚,他们痛骂的宗派中,有些是不为人所知的。而他们自己所参加的宗派则是早已臭名远扬了。这些宗派远比其他宗派对于上帝的教会危害更深。这些宗派的魁首就是术士西门以及迪奥特雷菲斯。这些人虽然坏透了,我们也决没有迫害他们。我们知道他们对政府心怀不满,并在图谋不轨,但我们还是给予他们以极大的自由。

你这个法国流氓啊,你像狗一样嗥叫着:“英格兰人比他们自己的恶狗还要凶猛、还要残酷,因此完全不顾王位的合法继承人,不管国王的幼子,也不管波希米亚的王后”*。这一点用不着我多说,你自己就会答复自己。你曾说过:“一个国家的结构一旦从君主政体变成另外一个政体,在新政府中王位就不得承袭”(见“论教皇统治机构”)。你又说:“在三个王国中,只有其中一个的极小一部分人完成了这样的重大改革”,果然如此的话,那么这极小的一部分人就很够资格统治其余的部分,就像男人有足够的资格支配女人一样。你又说:“他们胆大包天,竟敢将王国旧制改成由多数暴君来把持的政府。”他们做得很对,而且也能造福于国家!玷辱天下一切文法家的人啊!你要是斥责他们,那你就会在道德上变成肮脏的野蛮人,在文辞上变得语无伦次。你又说:“英格兰人

* 查理一世之姊妹伊丽莎白嫁与选侯腓特烈为妻,腓特烈继承波希米亚王位后即成该国王后。——译者注

永远洗不清这个污点。”正好相反，你才正是学术界的污秽，你再臭，英国的荣誉和历代的光荣也永远不会被你所玷污！我们以旷古罕见的伟大魄力展开斗争，不但要消灭战场上的敌人，而且要摧毁民间带有敌意的异端邪说。因此我们才被尊为天下万世的救星。其他国家只有英雄豪杰的人物才完成的事业，在我们这儿一般群众就能够做出来了。

你问：“在这种情形下，新教徒和早期的基督信徒做了些什么或将要做些什么？”这一点等我们谈论事情的功过时再告诉你；免得也犯你那样的毛病，说话老是比巴都斯还啰唆。你说你简直不知道怎样代替我们答复耶稣会士。叛徒啊，你先管管你自己的事吧；教会已经为你而感到羞耻了，你对自己的罪行也应当有些羞愧之心吧！不久以前你还猛烈地攻击教皇的统治权，并攻击主教们。而现在你却变成了向主教们拍马屁的人。你承认“有些新教徒认为推翻暴君是合理合法的”，而你却不愿指出他们的名字来；但是，因为你说“他们比耶稣会士坏多了”，所以我就要把他们的名字说出来。他们不是别人，就是路德、济文格里、喀尔文、布塞尔、帕雷斯等人。你说：“虽然关于‘谁是暴君’这个问题他们曾援引了聪明而博学的人的判断，但是这几个人哪一点当得起这样的称号呢?！他们是聪明而博学的人么？从哪里证明他们显然十分高贵而具有美德呢?”让我告诉你吧，当人民的脖子上套着沉重的奴隶枷锁时，就可说是非常贤明、非常博学和非常高贵的。他们虽然没派人去请教一个外国人或文法家，也能明白对于一个暴君应当怎么处理。这个国王不但被英格兰和苏格兰的国会用言语和行动明确地宣布为暴君，就是两个王国的人民也几乎全都承认这一点；

直到主教们开始玩弄各种阴谋诡计时,人民才被分裂成两派。当上帝选出一批人在尘世上最有权威的万王之中执行自己的律令时,如果他像选择分享福音之光的人*那样选择,你又能怎样呢?"蒙召的、按照肉体有智慧的不多、有能力的不多、有尊贵的也不多……上帝也拣选了……那无有的、为要废掉那有的。使一切有血气的、在上帝面前一个也不能自夸"**。

你是什么人呢,竟敢对这一点妄加非议?你是博学之士吗?即使你到了老年,充其量也不过是翻阅过几本造句的书籍、字汇和辞典而已,哪里谈得上以批判的态度熟读某些好作品、吸取一些教益呢?所以除了一些手稿、粗糙的读物、支离破碎的章句以及一些滥竽充数的谬论而外,你什么也谈不出来;这说明,有价值的学说你连一滴都没有尝到过。难道你是贤明之士吗?像你这样的人配当贤明之士吗?你对于芝麻粒那么大点事都经常像乞丐那样争吵不休。你对于天文和医学一窍不通,竟然诬蔑高明而可靠的天文学家和医师;经你评阅的手稿,其中只要你勾改或补充一个小句子和一个字,如果有人提出异议,损害你一点点虚荣心,你就要不顾一切地攻击他。但是人家称你做文法家,你又大肆咆哮。哈孟只因为曾经称呼你为文法家,你就在一本乱七八糟的书里骂他做地痞。可是这人在不久以前已升为国王的宫廷牧师,很得国王的宠爱。我相信,如果你听说国王同意宫廷牧师对你的评语,那么你也一定会对国王发出同样的谩骂,而把你整个的辩护完全撤回了。

* 指教徒。——译者注

** 参见哥林多前书第2章。——译者注

你胆敢痛骂英国人，说他们疯狂，不学无术，下贱恶毒。请你听着，就凭我这样一个单独的英国人，我就在这样地鄙夷你、轻蔑你。因为如果英国大众对你这样的混虫都考虑一下的话，那么他们便会感到大大降低了身价。不论你怎样转过来掉过去、颠过来倒过去、翻过来覆过去，反正你就是一个文法家。除了文法家以外，再也不是别的。再者，也不知道你向哪一个神明许下了比迈达斯*还糊涂的愿，除了你在闹绝大的笑话以外，不论你摸什么，什么就变成了文法。我们的杰出人物有伟大的事业证明他们的贤明、美德和高贵，我决不至于污辱他们到这个地步，把你和他们或把他们和你作比较。我只说，你所痛斥的“平民的渣滓”中，不论是谁，只要遵循一个原则，确信自己生在世上不是为了国王，而是为了上帝和祖国，就应当认为远比你有学识、远比你贤明、远比你正直，在任何一方面来讲，都比你对社会各阶层能起更大的作用。他们是不识字的博学之士。你虽然识字，但什么也不懂；你会好几国语言，读过好多卷书，也写过许多又长又臭的文章，纵使有了这一切你仍然只是一个沐猴而冠的人。

* 希腊神话中英雄，曾由女神狄奥尼修斯赐与神指，能触物成金。后其食物也被触成金，不得已而复请女神允其洗去指上神力。——译者注

第二章

撒尔美夏斯在第1章的结尾说："如果所有的人都一致抱有某种看法，那么某件事情就会真正像大家所想的那样了。"他坚信这一说法是"天经地义的"。但如果把这个说法像他当时那样应用到"实际事物"上去，便变成了彻头彻尾的谬论。但我现在想讨论的是王权问题。我可以毫不含糊地把这话全部回敬他。他给国王这个名词下了一个定义（如果愈弄愈糊涂的事也能叫下定义的话）说："国王是集王国之大权于一身的人，他只对上帝负责，可以为所欲为，不受法律约束。"我不但要举出自己的理由和权威根据来论证，而且连他的也要举出来说明；任何知名的国家或民族（罗列所有外邦的例证是没有必要的）从来没有承认过"不受法律约束、可以为所欲为，只审判所有人民而不受他人审判"等等可以成为国王的权利或权力的。除开撒尔美夏斯以外，我也想不出任何民族中有人会这样奴颜婢膝，竟把暴君的滔天罪行说成是国王的权利。连我国的保皇党魁首都会把这种卑鄙的说法视为蛇蝎，甚至就是撒尔美夏斯本人在没有受贿以前的早期作品中也显然具有另一种看法。这种理论的精神和实质都是如此奴性根深，看来完全不像是一个自由国家的自由人写出的，更不像是在最文明的荷兰共和国中大名鼎鼎的大学里写出的，而像是在监房里或奴隶市

场上写成的。

“国王可以为所欲为”——令人发指的暴君安东尼努斯·卡拉卡拉[①]的继母朱丽叶和他自己发生烝淫关系时教给他的正是这一套道理，但连他那样的暴君也不能遽然接受。依照这种说法，古来就没有一个人能称为暴君了。因为国王纵使破坏了上帝和人间的一切法律，根据这种王法他仍然是无罪的。天下至尊的人，他能做出什么错事来呢？他不过是在自己的臣民身上使用自己的权利而已。任何国王在他的臣民身上造下任何令人战栗的暴虐行为，都不会有人指责他或抱怨他，说他逾越了王权。

你敢说这种“王权起源于万国公法或自然法吗?”你这个禽兽！你对人类这样残忍而没有人性，我为什么要称你做人呢？你竟然这样践踏和污蔑依照上帝圣象造成的全体人类，竟主张执迷不悟、无恶不作、懦弱无能，甚至奸诈欺蒙、危害邦国的暴君都是由人类仁慈温厚的母亲——自然——指定和安排的。你这种瘟疫似的理论使他们更加凶残了。你不但嗾使他们践踏一切无辜的人，并且用自然法、王法，甚至用人民自身的法律来武装他们，对付人民。这真是极尽愚蠢而狡狯的能事了。古时的狄奥尼修斯[*]从一个暴君变成了一个冬烘先生，你这个文法家就真该变成一个暴君了。这并不是叫你享有皇室的权利来过荒淫无耻生活，而是叫你不得善终。这样一来，你就会像关在卡普里的提庇留一样，你既然在自取灭亡，自然就会感到一天一天地完蛋了。

① 188—217 年，罗马皇帝。

* 叙拉古的暴君，后师事柏拉图。——译者注

我们不妨再细看一下你所说的这种王权。你说“这是东西两大世界的意识”。亚里士多德在“政治学”中、西塞罗在讲稿“论行省”中都曾写道:亚洲的人民容易服从奴隶制,而叙利亚人和犹太人则生来就过着奴隶生活。这两个人的可靠性决不下于任何其他权威。我现在先不引他们的话来答复你。我承认,渴望自由而善用自由的人只是大智大勇的少数,其余绝大部分人都宁愿有一个公正的君主。请你注意,我讲的是公正的君主。至于不公正和不可容忍的君主,则上帝也不会如此敌视人民,以致强令我们服从暴君。任何民族也不致这样缺乏意识,陷入这样绝望的深渊,以致主动在自己和后人身上套上这样一种残酷的法律。

你既然首先引了“传道书中智王的话”*,那么我们也可以引出神律来。这样,往后讨论到智王时,他的意见就能更容易理解了。我们不妨引上帝自己的话来看,如申命记第17章中说:“到了耶和华你上帝所赐给你的地,……若说:我要立王治理我,像四围的国一样。”**这一段我愿所有的人都不嫌重复、多看几遍。因为在这里上帝似乎亲自证明所有的民族和人民都可以按自己意志建立各种形式的政府,而且也可以把它变成自己所希望的形式。这一点上帝对希伯来人曾清楚地说过,对其他各民族也不否认。同时,按上帝的意旨,在人间的条件下,共和国这种政府形式比君主国更完善,对神的子民也更有好处。因为神自己首先建立的就是这种政府。至于君主制则是后来人们一再渎求才成立的。但他

* 据传说,圣经中的传道书是智王所罗门作的。——译者注

** 据圣经记载,以色列人原来是由上帝通过先知直接治理的,后来他们一再要求立王,上帝才在盛怒之下立扫罗为他们的王。——译者注

们力争的既是一个国王，上帝为了显示可以让人民自己选择统治方式，不论由一个人统治或由多数人共同统治，只要能把国家治理得公平就行，于是神便在没有出现国王的时候就规定了王法，叫他们“不可为自己加添马匹、多立妃嫔或多积金银”。* 这就是使国王知道，他本身不得侵犯任何人，同时在法律范围之外，对任何人也没有权力。于是国王便被命亲手转抄“一切法律的条文”，写出之后就要“谨守遵行这律法书上的一切言语和这些律例。免得他向兄弟心高气傲”**。这就证明，国王和人民同样都要受着法律的约束。

犹太民族法律的权威解释者约瑟夫斯对犹太政体十分精通，远远胜过许多不知名的犹太法学家。关于这一问题他在“犹太古代史”第4卷中写道：“贵族政体是最好的政府形式。因此，你们不必寻求其他的政府了，有上帝统治就够了。但你们既然这样殷切的期望，要求有一个国王，那么就让国王服从法律和上帝，而不要逞他自己的聪明。如果他要求的权利超过了管理你们事务的范围，就要让他受到约制。”约瑟夫斯对申命记中那一段文字就是这样解释的。

还有一个可靠的权威是约瑟夫斯的同时代人菲罗·犹底斯。他对摩西法曾下过许多功夫，并且对全部摩西法写过很详细的注释。他在自己的书中探讨创立帝王的过程时说：君王解除法律约制的问题就像是说敌人可以解除法律约制一样。他说：“那些掌

* 参见申命记第17章。——译者注

** 同上。

握大权,可以蔑视和蹂躏人民的人,不配称为国王,而应称之为敌人,因为他们的行为无异于不共戴天的敌人的行为。不仅如此,在政府的幌子下胡作非为的人甚至比公开的敌人还要凶狠。后者容易防备,而前者的狡猾则往往不易发见。"那么一旦被揭发出来,为什么不应把他们当作敌人处理呢? 在"法律寓言"第2卷中他说:"国王和暴君是截然相反的。"接着又说:"国王不但要发号施令,而且也要服从。"

也许有人会说:"这些都对,国王应当严格遵守法律。但如果他不遵守的话,又依据什么法律来惩治他呢?"我的答复是:用惩治其他人的同一法律来惩治他,我看不出有任何例外。事实上我们并没有明文规定惩治僧侣或职位低微的官吏的法律。他们不论犯了什么罪,都可以有同样的权利和理由要求免罪,因为没有正式的惩治条例。但他们并没有提出这样的要求。即使他们提出了要求相信也不会因此而答应他们之中任何一个人免罪。

如上所述,可见根据神律本身来说,国王必须服从法律,而不应当高高在上与众不同。这些人也是他的同胞。现在我们不妨看看传道书是否讲了不同的东西。第8章第2至4节说:"我劝你遵守王的命令。既指上帝起誓,理当如此。不要急躁离开王的面前。不要固执行恶。因为他凡事都随自己的心意而行。王的话本有权力,谁敢向他说,你做什么呢。"大家都知道,传道者*的箴言并不是对犹太高等参议院或议会讲的,而是对一般平民讲的。他叫人"遵守王的命令。既指上帝起誓,理当如此。"但除非国王本身对

---

* 即所罗门。——译者注

他自己的国家和神律发了誓，谁又会向他宣誓呢？所以流便人和迦得人表示服从约书亚时说："我们从前在一切事上怎样听从摩西，现在也必照样听从你。唯愿耶和华你的上帝与你同在，像与摩西同在一样"*这里关于服从问题显然存在着一个条件。传道书第9章又说："宁可在安静之中听智慧人的言语，不听掌管愚昧人的喊声。"接着又提醒我们说："不要固执行恶，因为他凡事都随自己心意而行。"他所行的事无疑是对怙恶不悛的坏人而发的，由于他有法律的权威为后盾，于是便可以任意采取仁慈的或严厉的手段。这里并没有任何暴君的口吻，也没有任何使善良的人害怕的地方。"王的话本有权力，谁敢问他说，你做什么呢。"但在撒母耳记上第13章中我们看到有人对国王不但说："你做什么呢。"而且说："你做了糊涂事了。"你也许会说撒母耳是一个非凡的人物。关于这一点我可以用你自己的话来答复你，大作第48页上说："扫罗和大卫又有什么特别的地方呢？"因此我也要说："撒母耳又有什么特别的地方呢？"你也许会说他是一个先知者。照这样说来，今天学习他的榜样的人便都是先知者了，因为往下在第50页上你自己也承认：他们是根据上帝的明令或默示而行动的。

因此传道者在这一节里只是很谨慎地劝告平民不要和国王冲突，因为和任何有权有势的人，甚至和富人冲突都是极危险的。那怎么办呢？如果一个君王施行暴政，贵族、官吏、以至于全体平民是不是都不敢开口了呢？他们是不是不能反对一个陷害一切善良人民的愚蠢、恶毒而凶狠的阴谋者呢？国王"这样不受法律约束，

* 参见约书亚记第1章。——译者注

任意胡为在他说来既然都合法的”，他们是不是不能阻止他践踏一切神圣与俗世的东西，免得他烧杀抢劫、蹂躏全国呢？你真是个卡帕多西亚奴隶市场上来的骑士！往后你要是再敢跑到一个自由人民中去，他们就要把你当成一个不祥之兆的怪物驱逐出境，并赶到天涯海角去。要不然就要把你这个堂堂的奴隶候选人送到磨坊里去推磨，并且郑重其事地宣誓，他们要是让你走了的话，他们自己就要到那个昏聩的暴君底下去代你推磨。对你这样的人，用什么样的字眼或借用什么样的话能说是太毒辣或太生硬，以致用得不恰当呢？

让我们往下看。“当以色列人向上帝要求一个国王时曾说，他们愿意由这个王依照其他具有君主政府的民族那样的法制来治理。但东方的君主具有最高的统治地位和无限的权威。维琪尔①的诗就可以证明这一点：

埃及啊，辽阔的吕底亚，
米太、波斯、海达泗帕。
牧人游居在河畔，
何曾如此敬君王。”

首先请问：这对我们有什么意思？以色列人希望的是哪一种国王？更要请你注意，上帝对他们发怒的原因还不止是他们没有按照他的法律要求国王，而按照其他民族的方式要求国王，更重要的是他们根本不应当要求有国王。当初撒母耳的儿子所领导的政府是受法律约束的，只是由于贪婪，以色列人才要求在一个国王之

① 维琪尔(Vivgil)，公元前70—19，罗马大诗人。

下去求庇荫。所以如果说他们所要求的国王是不公正和不受法律约束的,那就无法令人相信了。最后,你所引维琪尔这段诗并不能证明东方的君主是以"绝对的权威"进行统治的。因为维琪尔虽说这批群氓(蜜蜂)比埃及人和米太人更尊敬他们的国王,但这位诗人也证明这些群氓(蜜蜂)是:

生活在庄严的法律下

因此,他们便不是生活在一个不受任何法律约束的国王统治下的国家。但现在你可以看到我对你是完全没有恶意的。虽然绝大多数人都认为你是一个流氓,可是我认为你只是借了一个流氓的假面具戴在自己头上。你在"论教皇的统治机构"一书中说,特里腾宗教会议上某些神职人员还拿这些群氓(蜜蜂)来证明教皇的至尊地位。这些话是你用同样的恶意从他们那里搬来的。当你还老实的时候你曾答辩过他们,现在你变成流氓了,你自己原先那种答辩就该用来对付你自己。而且还要用你自己的手把这个流氓面具撕下来。你说:"这些蜜蜂有一个共和国,自然科学家也这样称呼他们的国家。他们有一个蜂王,但却是一个无害于人的王。这种王与其说是一个专制君主,倒不如说是一个领袖。他对于臣民既不鞭打、又不逮捕、也不杀害。"这就难怪老百姓要尊敬他了。你听我说,你和特里腾那帮人打交道真算是倒霉了。他们自己虽然只剩下三颗牙齿*,还要说你是一颗牙没剩的老昏聩。

最严谨的政治学理论家亚里士多德,把自己称赞的野蛮的亚

---

* "三颗牙齿"在拉丁文中是 Tridentinae,与特里腾(Tridentinos)同音,此处以同音字取笑天主教神职人员。——译者注

洲君主政体说成是依据法律的(见政治学第三章)。除此以外,他列举的五种君主政体虽然有四种被称为是根据法律产生的,并得到人民同意的政府,但他还是称它为暴君政府。因为这种政府虽得到了民众的承认,但政府的权力太大了。他说拉栖第梦人的王国倒可以真正称为一个王国,因为一切的权力并没有完全集中在国王身上。第五种王国他称之为绝对君主政体,唯有这一种他才说具有你所谓的王权,也就是任凭一己的意图治国的权力。但普天之下古往今来究竟流行过这种王国没有呢?他却没有提。他提出这种王国的目的,似乎只在于说明它是不公平、违反常情和彻头彻尾的专制国家。

你说当撒母耳阻止人民选出国王时“对这些人把国王的权力”摊开来讲明了。但关于王权的话他是从哪里得来的呢?是从上帝明文规定的法律中引用的吗?不是,我们已经看到,与法律规定的王权根本不同。这是上帝通过撒母耳的嘴说出来的吗?但上帝根本不赞成这个,而且责骂它,认为这是一种错误。因此,先知撒母耳所提出的并不是什么神授的王法,而只是一种最腐败的政府形式,是被国王的虚荣心和统治欲所控制的政府形式。他并没有说国王有权做什么,而只说那时国王喜欢做什么。因为他向人民说明国王的作风(规矩)时,就像他以往说明祭司(以利的两个儿子)的作风(规矩)一样,用的字眼也是同样(大作第 33 页上把这字的希伯来原文误写了)。撒母耳记上篇第 2 章,第 13 节中说:“这二祭司待百姓是这样的规矩。”肯定地说,是一种亵渎神明的、可恨的和专横的作风。它决不能说是一种权利,而只能说是一种伤害行为。

早期教父们对这一段的解释都是相同的。我只要举出萨尔庇修斯、色维奴斯就可以概见其余了。这人是圣·热罗尼莫的同代人，并受到热罗尼莫的推重，圣·奥古斯汀也认为他聪明过人而又学识渊博。他在自己所写的希伯来民族史中告诉我们说：撒母耳告诉人民的是君主的专制作风和专横的权力。专制作风与专横显然不能说是国王的权力。但根据萨勒斯特的说法，赐与国王保障自由，促进公共福利的合法权力和权威蜕化后就成了独断和专横的作风。一切正统派的神职人员，和解释这一章的法学家都持有这种看法。你从西卡图斯那里可以知道大多数的犹太法学家也持有这种看法。没有一个犹太法学家认为这一段所谈的是国王的绝对权利。往下，在第5章第106页上你自己也抱怨说：“在这一点上不只是亚历山大里亚的克列门，而且其他人全都错了。”只有你一个人对了。你居然反对所有的注释家，尤其是正统派的注释家，把上帝亲自严厉谴责的君主作风说成是王权，还在法律上找一种特殊的口实来加以维护。但你自己也承认，这种权利常被用在劫掠、侵害、侮辱和暴行之中，你这种说法是多么莽撞？多么愚蠢？

是不是有一个人能“不受任何拘束”，以致能取所欲取，为所欲为，悍然不顾一切，任意倒行逆施呢？罗马人是不是真正像你所说的那样，认为任何人“根据某种内在的权利可以这样做”？萨勒斯特在自己的书中痛骂护民官盖乌斯·曼米阿斯时曾指斥贵族的骄横，说他们犯了法可以逍遥法外。他诚然说过：“为所欲为，不畏惩罚，就会成为帝王。”你认为这很好，并且马上就把它拉到你的理论根据里面去。但只要你稍微清醒一点，你就知道这是完全没有用处的。他在这里说了国王的权力吗？他是在谴责平民不该麻痹大意，以致让贵族骑在自己头上而不受惩罚，使自己再度屈服于君王的淫威之下。他们的祖先实行独立权利时本来早就把这种王室淫威连同君王一起放逐出去了。他说的难道不是这个吗？你应当去问问图里(西塞罗)，他会告诉你怎样才能正确地解释萨勒斯特的话，甚至还能告诉你更好地解释撒母耳的话。他在一篇名为"为拉利阿辩护"的讲演中说："我们没有一个人不知道君主的作风(规矩)。他们那种睥睨一切的敕令口吻是这样：'仰各善体吾言、善从吾意'。"他还从各种诗集中引了许多其他的句子，其中不说国王的权威而说"国王的作风"，他主张我们应当仔细地阅读并顺从它。这不止是"为了自身的快乐，而且也是为了提高警惕以便躲避它"。你看看你在萨勒斯特手上栽了一个多大的斤斗？萨勒斯特是完全反对暴君的人，你却认为找出了一个支持自己暴君权力说的论据。相信我的话吧，王权已经是摇摇欲坠了，甚至已经是奄奄待毙了。就像一个快淹死的人抓到一根草也不放似的，它见到权威和例证就拿来支持自己。不这样做它也许能多苟延一会儿，这样一来就死得更快了。

你说："法权行使到极端就是莫大的祸害，这话在君王身上体现得最清楚。当他们把自己的权力使尽的时候，就会沦为撒母耳所说的那种王权。"现在你把这种罪恶的权力推到了绝境，你到底没法替它辩护，而只好说它是莫大的祸害了！这就是所谓行使到极端的法权。一个人如果追求法律公式，他就总是从字面上来抠法律，而不问其中的是非曲直，要不然就是把条文作出极其刁滑和恶意的解释。西塞罗说，格言就是由此而来的。一切权利肯定地说都来自公平之泉，而你竟说："一个国王不公正、贪婪、专横，以

致无恶不作”就是王权，并说这就是先知者教给平民的话。这事十足说明你是十恶不赦。不论是极端的权利还是松弛的权利，不论是成文法还是不成文法，哪里会有作恶的权利呢？你心里也许认为别人没有作恶的权利，但国王却不能这样说。我要举出一个人来反驳你，这个人我想也是一个王。他认为你那一套“国王权利论”是人神共愤的东西。诗篇第94篇说：“那借着律例架弄残害、在位上行奸作恶的、岂能与你相交么。”因此，请你不要这样污蔑上帝，以致认为他竟然主张恣睢暴戾是国王的权利。事实刚好相反，上帝本身告诉我们的是他极其厌恶与任何昏君相交。原因就是那些国王在王权的幌子下随意残害人民。你也不要诬赖上帝的先知。如果你说撒母耳在这一段话里提出了王权，那么你并没有抬出真正的撒母耳来，而是像法师般招引出一个幽灵来了。我个人完全相信，从地狱出来的撒母耳也不会那么不老实，以致不把你所谓的王权认为是暴君的逞性妄为。

我们在书上也念到过纵容罪恶的法律是什么，你自己也说：“滥用法律宽贷的权利便是不好的国王。”在上面我已经证明你所引用的毁灭人类的法律，绝不是来自上帝，而是来自魔鬼，这一点往后就可以看得更明白。你说：“如果你愿意的话，法律上这种宽贷也可以将权力赋予君王”，你还装腔作势地说，这是根据西塞罗的话。你所引的权威说的根据我是极愿意再引证的，因为你往往用自己的手打自己嘴巴。西塞罗在他的“反腓力”*第四讲中说：“出师之名还有什么比革除专制更正当的呢？因为在专制政体之

* 根据希腊演说家狄摩斯提尼“反腓力”一书得名。——译者注

下，纵使君主幸而不恶，但他可以为所欲为总是不好的。”他的话是说“君王可借暴力为所欲为”是不好的。如果西塞罗所说的是一种权利，那他就自相矛盾了，并且会把正义的战争说成非正义的事业了。因此，你所说的王权并不是王权，而是国王的暴政，是专制无道。

你从国王的宽贷与纵容又扯到平民身上来了，你说：“一个平民可能撒谎和不知感恩”，所以国王也可以如此，但国王可以如此又怎样呢？他们可不可以得到宽贷去奸淫、烧杀、劫掠财物而逍遥法外呢？人民如果被杀戮、劫掠和被奴役，从后果的严重性来看，罪魁是君王、是强盗还是仇敌，又有什么区别呢？毫无疑问，他们都是人民的仇敌，都危害了人类社会，都应当依同一法律流放或惩治他们。像这样惩治国王甚至更加公正。因为人民虽然赋予他如此的荣誉与享受，并且在他本人的宣誓之下把公众的安全托付给他了，然而他却出卖了他的任务。

最后你不得不承认：“摩西规定的法律虽然和撒母耳提出的权利不同，但以往被选出来的国王都应当依据这些法律来进行统治。”这话和你前面所说的话是加倍地矛盾了。一则前面你说国王完全不受法律约束，而这里你又承认他应受法律约束；再则你提出了两个不相容的法律或权利系统，一个是根据摩西提出的，另一个是根据撒母耳提出的，这简直是荒唐之至。

先知说：“你们也必作他（王）的仆人。”* 我即使不否认以色列人做了奴仆，但他们也不是根据王权成为奴仆的，而可能是由于

---

* 参见撒母耳记上第8章。——译者注

大多数国王的擅权和无道而成为奴仆的。因为先知者早就警告说，他们那种渎求会导致自己的受罪。这惩罚不是根据王权实现的，而是根据他们自己的罪过实现的。假如一个国王不受法律约束，可以得到宽容，为所欲为，那么他的权限就会远超越君权的范围，而人民则将沦为最卑贱的奴隶。因为一个外来的奴隶还有上帝的法律保护，使他不受奴隶主的侵凌，难道一个整个的民族，一个自由民族在受到侵害、剥削和打击时，在世界上就找不到任何保障，连任何法律都不能保护他们了吗？假如他们从埃及国王的奴役下解放出来，就是为了让自己受一个同胞蹂躏，那么他难道愿意选择一个更严酷的枷锁吗？这一切既不合乎神律，也不合乎常情。先知告诉人民的不是王权而是国王的作风，这是任何人都不会怀疑的。这甚至还不是一切国王的作风，而只是大多数国王的作风。

后来，你谈到犹太法学家，并引出两个人来作证。但这回你也跟以前一样倒霉。因为法学家约西斯说，有关国王并提到王权的那一章显然在申命记中而不在撒母耳记中。法学家犹大会确切地说：撒母耳的说法只是使人民恐惧。这和你的看法恰恰相反。除非你是用讽刺的口吻来讲权利便罢，否则像这样把绝顶错误的事情说成是权利，并且还要灌输给人民，这是非常丑恶的。关于这一点，撒母耳记上第8章第18节说得最恰当："那时你们必因所选的王哀求耶和华、耶和华却不应允你们。"是的，这正是由于他们不顾上帝的拒绝，坚持要求一个国王，因而就有这个惩罚在等待着他们。

但这些话并没有禁止他试用祈祷或其他方式来谋补救。人民既能依法向上帝指控他们的国王，那么他们就可以用一切其他光明正大的办法来革除暴君。试问一个灾难深重的人谁又会徒然对上帝呼喊,徒然作无补实际地祈祷,而不管其他的事呢?

然而不管怎样,这些话对王权或我们英国人民又有什么关系呢?我们既没有违反上帝的意旨要求一个国王,又没有从上帝手里得到一个国王,我们既没有顺从上帝的指示,也没有反对上帝的指示,而只是遵循一切民族的法权办事,根据我们自己的法律指派一个国王。情形既然如此,我倒看不出我们废黜了自己的国王为什么不能为我们的美德与荣誉增辉。事实上,以色列人要求一个国王才是一个污点。这问题已经得到事实的证明了。因为当我们有国王的时候,我们曾向上帝祈祷,而且也被上帝接受了,最后我们才得到了解救。但犹太人*则不然,他们没有国王而苦苦向上帝要求一个国王。于是上帝命令他们当奴隶,直到他们从巴比伦回来以后,才重新恢复原先的共和政府。

接着你又把你那犹太法学院打开了。但就这件事来说,你也没有交上好运。你想证明国王不应受审判,于是就引证了犹太高等参议院的条令说:“国王既不审判也不受审。”但这和犹太人自己的请求刚好相反,他们一再请求一个国王来替他们审判。你当然会说这些话都是对犹太人在巴比伦被掳归来**以后当权的国王说的,想牵强附会地迎合自己的说法,但这是徒然的。关于这一点梅孟乃底斯又正好和你相反,他说:“以色列和犹太的国王有这样一个区别;大卫的后裔不但审判别人,而且也受审。”但以色列的

* 犹太人是以色列人的一支,此处仍指以色列人。——译者注

** 据圣经所载古犹太人在公元六世纪时,曾被巴比伦王尼布甲尼撒掳去,从此犹太人就不能成为独立民族。——译者注

国王则既不审判别人,也不受审。你这是自己打自己的嘴巴,因为你反驳了自己和你的犹太法律家而为我作了辩护。你说这一点“不能应用在以色列最初几个国王身上”,因为撒母耳记上第7章第17节说:“你们也必作他的仆人。”这倒是实话,但成为仆人是由于国王的作风,而不是根据任何权利。如果是根据权利,也是为了要惩罚他们要求国王这件事。他们虽然不见得在这个或那个国王之下受到惩罚,但在大多数国王统治下都一直在受这个惩罚。所以你提出的理由根本离题万里。你根本用不着人家来反对,自己就不断打自己的嘴巴。你就像是在替我说话似的告诉人家说:首先是亚里士多波罗斯,接着是一个名叫亚历山大·詹尼斯的人,都没有从犹太高等参议院(王权的保卫者和解释者)手中接受自己的王权,而是违反元老院法令的意旨,逐步篡夺了王权。你说,为了取悦于这些篡夺者,高等参议院的议长被“加百列杀死”的小故事就是由于这事而提出来的。这样一说,你倒坦白出来了。你主要依靠的那个伟大的特权——“国王不受审”原来是根据犹太法学中一个比老太太的唠叨还要无味的传说捏造出来的。

但西卡图斯引证大量的犹太法学家的著作,证明这些希伯来王“可能受审判,甚至还可能受鞭笞”。这个作家是你旁征博引的渊源,但你却恬不知耻地叫嚣反对他。我们甚至还读到扫罗王承认自己也受亲手所定下的律令的约束。根据这种律令他还和他的儿子约拿单一起抽签,看看谁该先死。同样地,当亚撒利雅*被祭司们当成麻风病人赶出圣殿时,他就像臣民一样驯服,并从此失去

* 参见列王记下第15章。——译者注

了王位。假如他宣称王权不受法律限制,拒绝出圣殿,试问犹太人和他们的祭司会让他们的圣殿受到污辱,法律遭到破坏,让整个民族受到传染病的威胁吗?法律对一个麻风病的国王既然有效,对一个暴君难道就不适用吗?如果有法律条文来防范一个因病危害人民的国王,那么一个残暴不仁的国王,肆意蹂躏人民,使举国不宁,对这种更大的祸害难道就没有法律来解救吗?谁会疯狂或愚蠢到产生这种观点呢?

你说:"一个国王被传到法庭上并被判处死刑,这是史无前例的。"关于这个问题西卡图斯答复得最恰当。从他的话看来,这问题似乎会说成这样:皇帝从没有被传到选侯前去过。因此,宫廷选侯如果限期传皇帝出庭,皇帝无需去出庭或辩诉。虽然"黄金诏书"上清楚地规定查理四世本人及其继承者都必须服从那种法律的侦讯*。

当平民被剥削到陷于这个地步的时候,有钱有势的人虽然犯了重罪,仍然可以逍遥法外,这就难怪国王会这样放纵了。这种向任何人负责的情形,也就是"超然于一切人之上,对世界上任何人都不负责任"的情形,你说是君王的独有的,而亚里士多德在他的《政治学》第4卷第10章中却认为这是最专制、是自由人民所不能忍受的事。为了证明不能叫皇帝根据法律交代自己的罪行,你竟引证了罪恶盈贯,毁灭罗马共和国的暴君玛尔库斯·安东尼,这可以说是一个十分适当的根据了!但安东尼在进攻波斯的时候,曾把

* 神圣罗马帝国皇帝查理四世因王权废弛,曾下"黄金诏书",除承认文中述的事以外,还承认选侯在政治上完全独立,有权选举皇帝,并放弃对诸侯的内政作任何干涉。此后造成了德国的分裂。——译者注

希律召到自己的面前，叫他答复一桩谋杀的控告。人们认为要是这位国王没有用黄金行贿的话，纵使他有王者之尊也会被惩罚的。所以你这篇王室辩护书和安东尼的论断可以说是一丘之貉。

你说，这不是没有道理的，“因为国王的权威不是从其他人那里得来，而是从上帝那里得来的，所以只对上帝感恩。”我请问你这是指什么国王？我根本不承认有这种国王存在。以色列的第一个国王扫罗本不是国王，只是人民贸然违反上帝的意旨，要求设立国王。后来他虽然在米斯巴被拥戴为王，但他还是过着几乎和平民一样的生活，为他的父亲放牧，直到他在吉甲第二次被人民拥戴为王才变了质*。大卫又是怎样呢？最初他虽然被上帝膏**为王，但后来又在希伯仑被犹太族和整个希伯来民族先后膏为王，而且还是在他和整个人民之间立了约之后才受膏的（见撒母耳记下第5章、历代志上第11章）。事情难道不是这样吗？但契约就把王约束在一定的范围里了。你又说所罗门“坐在耶和华所赐的位上……众人也都”满意他（见历代志上第29章）。足见让大家满意是很重要的。祭司耶和耶大使约阿施为王，但他首先使他和人民立了一个约（见列王记下第11章）。我承认，这几个王和大卫的后代都是由上帝和人民共同指派的。但我敢肯定，其他各国的任何国王都是由人民单方面指派的。你除非是说，世间万事万物无论大小，都是由上帝创造的和安排的，否则我就敢跟你打赌，你拿不出什么根据来说明他们是上帝指派的。大卫的宝座在某种特

---

* 参见撒母耳记上第10、11两章。——译者注

** 据圣经记载，古代为王的人应先由上帝或人间的权威者用油瓶将油倒在头上以为礼，称为“膏”或膏礼。——译者注

殊情况下被称为“耶和华的宝座”,而其他国王的宝座如果要说是耶和华的宝座就无异说所有的东西都是耶和华创造的。这一点你在上述历代志那一章第11、12节中已经看到了吧!“凡天上地下的都是你的、国度也是你的。……丰富尊荣都从你而来,……在你手里有大能大力。”人们一再说,国王不应趾高气扬,同时应提出警告说:他们虽然以神自居,但却有一个上帝在他们之上,他们的一切都是从上帝那里得来的。诗人和犹太教诫行派人说:“国王是凭神来统治的,他们是从主神那里来的,”这话是不难理解的。因为所罗门本人是一个国王,他就认为较小的官吏,如法官等也是从同一个上帝那里来的(见箴言第8章、第15节及第16节)。荷马在他的伊里亚特第一篇中也有同样的看法,他说:“维护法律的法官也是从主神那里来的。”诚然,我们大家都属于上帝,都是上帝的子民。可是,上帝虽具有这种普遍的权利,却没有夺去人民任何权利。因此没有由上帝指派而登位的一切其他国王的权柄都是由人民赋予的,应当感谢人民。由此可见,国王的权柄是应对人民负责的。

一般人民虽然常常阿谀君王,但从荷马所说的好君王萨庇栋到抒情诗人所描写的那些暴君,都承认上面所说的这一点。

格劳喀斯,我们两人在利西亚何以会获得最高荣誉?

众人何以都把我们奉为神呢?

萨庇栋自己就答复了自己:“因为我们的勇气胜过他人,所以让我们英勇地战斗吧,”他说:“否则利西亚人就会说我们是懦夫了。”*

* 萨庇栋是宙斯与欧罗巴所生后代,为利西亚王,在特罗伊之战中阵亡,由宙斯将他的尸体携归,葬于利西亚。事见荷马,“伊里亚特”16章。——译者注

在这些话里说明了君王的王位来自人民,同时他们在战争中的行为也应当向人民负责。昏庸的君王诚然是为了使人民恐惧,于是宣称王权是上帝赐予的。但当他们私下祈祷时,却不尊敬其他的神,只尊敬命运之神。贺拉斯的名句可以说明这一点:

慓悍的达西亚人惧怕你,
游牧的西徐亚人惧怕你。
蛮族的暴君之母敬畏你,
紫袍的篡夺者心颤栗。
震怒之足啊!莫抬起,使我
巍峨的廊柱毁于地。莫使
千万人民啊,蜂拥起;莫使
顽惊懦立,拿起武器!莫使
我暴君权威,转瞬如烟灭!

因此,现在的君王如果是本上帝意旨来进行统治的,那么人民便也是本上帝意旨来伸张民权的。因为一切东西都属于上帝、依靠上帝。圣经上也有同样的证据说明君王的统治是出于上帝,他们被推下宝座也是出于上帝的意思。但不论是上台也好,被推下宝座也好,人民促成的次数比上帝要多得多。因此,不论人民的权利是怎样的,都和国王的权利同样来自上帝。如果任何民族没有上帝的具体安排能够指派一个国王的话,那么依据同一权利就可以把他推翻。废黜一个暴君显然比拥立一个暴君要更符合于神意。人民废黜一个昏庸无道的国王也比国王压迫无辜的人民更符合于神意。不,人民还得到了上帝的同意,可以审判昏君。根据诗篇第149篇,上帝把这个荣耀赐给了圣师。因为他们一方面称颂

基督是自己的王，而其他的异教国王（根据福音书中这些都是暴君）“则可以用链子把他们捆起来……对他们执行判决文”——甚至对那些自以为可不受法律或判决文约束的人也可以这样做！君王常常是最坏的人。谁也不会这样傻或这样坏，以致认为君王在上帝心目中具有极高的地位，全世界因此便要看承他的眼色，而且由于他们，神圣的人类（如果可以这样说的话）就应当被看成是卑贱的野兽。

说完这些之后，你还不甘寂寞，又发表文章，说你发现玛尔库斯·奥-理略也同情暴君，但你顶好还是别提他。我无法肯定他是否说过上帝是国王的唯一审判者。你谈到极权统治者时所引的希腓利鲁诚然说过：“对于一个统治者说来，唯有上帝有权审判。”但如果说这里的极权统治者和君主是同义语，我就不能同意了。我愈是念到前面的东西就愈是不能同意这一点。诚然，任何读者都会不明了这个外来的意见，莫名其妙地插在这段文章里怎能配合得来，并且也不知道这话的本意是什么。尤其说不通的是：玛尔库斯·奥-理略本是一个最圣明的君主。卡皮托利奴斯告诉我们说，从他对待臣民的态度看来，似乎罗马依然是一个自由共和国。人人都知道，罗马共和国时代，最高的权力在于人民。这位皇帝在他的自传第1章里公开地宣称他尊敬色拉西亚、赫尔维陀、伽图、代昂和布鲁图，这些都是杀暴君的人，或者极力争取这种荣誉的人。玛尔库斯·奥-理略为自己提出一种政府形式，要用平等的法律和权利来治理一切。他在自传第4章中又说，真正的主人是法律而不是他自己。他承认一切都属于元老院和人民。他曾说过：任何东西都远非我们的私财，甚至我们的生活也只是客居在人

民的屋子里。以上的话是从希腓利鲁的书中引证出来的。他从没有利用皇室的权势把任何东西占为己有。他在弥留之际曾将自己的儿子作为皇位继承人提供给罗马人民,但临政的条件是他要有人君之德。因此,他从没有炫耀过任何上帝赐与的绝对权威或想象的君权。换句话说,他从没有冒用过你所谓的王权。

然而你却说:"希腊与罗马的历史充满了这类事例。"其实谁也没有在任何地方见过这类事例。你又说:"犹太人的历史也是这样",不过你接着又加上一句:"在许多方面犹太人是憎恶王权的。"岂止如此?以往你发现过,今后你还会看到,希腊民族和拉丁民族对于暴君都是深恶痛绝的。撒母耳记上第 10 章中说撒母耳曾"将国法写在书上",如果这书还在的话,便可以看到犹太人也是这样。只是希伯来的博士告诉我们,国王为了自己能肆无忌惮地蹂躏人民,竟把这部书撕毁烧了。

接着你又到处寻找,想抓一点旁的东西。最后你从诗篇第 17 篇中掏出了一句大卫的话:"愿我的判语从你面前发出。"因此巴挪摩尼便说:"只有上帝能审判君主。"但大卫这话很可能是在受到扫罗的迫害时写的,那时他虽然已经由上帝膏为王,但仍然不拒绝受约拿单这样的人审判。"我若有罪,不如你自己杀我。"他说(见撒母耳记上第 20 章)。关于这个问题,就像其他受到诬告的人一样,他祷告上帝下判语。下面接着说明这一点:"愿你的眼睛明察秋毫。你已经试验我的心。"这些和一个国王或法庭通过的判决又有什么关系呢?谁要是打算用这种蒙混欺诈的话来作为王权的基础,谁就是把王权毁了。

接着你又把我国朝臣们拿来求偿的那种用臭的理论搬了出

来:“唯独得罪了你”(见诗篇第51章,第4节)。那时大卫王伤心哭泣,身穿麻服,跪在尘埃里,深自懊悔。他匍匐在地上求上帝慈悲宽恕,简直认为自己连奴隶的权利也没有了。你的话好像是说,他那时还想到了王权似的!我们能不能想象他竟然会鄙视一切上帝的子民,也就是鄙视他自己的同胞到如此程度,以致认为在人民之中奸淫烧杀也没有对人民犯罪呢?这样一个圣明的君主决不会这样骄横,对人对己也决不会这样惊人地无知!因此,“唯独得罪了你”这句话毫无疑问是说:“主要是对你犯罪。”但无论如何,诗篇作者*的思想和语言都非常狂乱激动,不宜用来解释法律。

“但大卫并没有被传讯,也没被叫到犹太高等参议院之前为自己的生命辩诉”。当然他并没有这样,他犯罪时十分隐秘,几年中也许只有一两个人知道这个阴私(宫闱秘史莫不如此),那么他的罪行又怎么被人知道了呢?撒母耳记下第12章也说:“你在暗中行这事。”同时,如果犹太高等参议院不惩罚平民,谁能说平民就是不可惩罚的呢?但大卫王为什么不被当成歹人而提出控告,理由也很明显,他在第5节中虽然也谴责自己说“干这事的人该死”,先知立时就说“你就是那人”,但上帝以自己的权威和对大卫特别的仁慈把他的罪和他对自己宣判的死刑赦免了。第13节中说:“你必不至于死。”

接着你又对某个“嗜血”的律师大发雷霆,并竭力驳斥他的结论。你的驳斥让他去反击好了,我所要说的话还是尽量简短。但有些事是我不能放过的。首先要指出的是那种极端自相矛盾的说

* 即大卫王。——译者注

法。在大作第 30 页上你说:“以色列人要求的不是一个暴虐无道,贪得无厌的国王,也就是不要最坏的国王。”接着在 42 页上你又骂那个律师说他认为以色列人要求的是暴君。你说“士师之政已经是习见乐闻的了*,其人虽坏,他们又怎么会不加以容忍而甘愿冒险尝试最恶的暴君的暴政呢?难道他们愿意跳入水深火热的境地中去吗?”先前你说过希伯来人宁愿要暴君而不要士师,这里你又说他们宁愿要士师而不愿要暴君,并说“暴君是他们最不希望的”。那位律师就可以根据你自己的书来反驳你了。因为按照你的理论说来,每一个国王有了王权都是一个暴君。

往下你所说的倒很正确:“他们抛弃士师而选择国王,从这一点看来,最高权力是由人民掌握的。”往后我问到这句话时你可别把它忘了!你说:“上帝在盛怒之下给以色列人所立的王,不是暴君,也不是一种惩罚,而是一种嘉惠”,这可不确实。但这话很好答复,他们自己选择了国王之后,又为什么要因为这国王而向上帝呼吁呢?原因是王权太恶。其实王权本身并不是恶,而是像先知所提出警告的那样,常常变得骄横而专制。如果你觉得这样答复还不够,那么就请你想想你自己说过的话,想想你写下的东西,让你自己脸红去吧!你在自己写的“论教皇统治机构”中说:“他们拒绝上帝做自己的国王,因而犯了罪,冒犯了上帝,上帝一怒之下给他们派了一个国王。教会也像是因为放弃对上帝的纯粹信仰而

---

* 据圣经记载,以色列人原先由上帝通过士师直接治理,但士师撒母耳的儿子无道,于是以色列人便要求上帝给他们立一个君主。上帝说这是背叛了他自己,并让撒母耳告诉以色列人立王有何等的恶果。但他们仍然坚持要求,于是上帝在盛怒之下给他立扫罗为王,后来果然受到了王政之害。——译者注

受到惩罚一样，以致被转移到一个比王权政府更坏的独夫专制之下去了。”如果你这比喻说得通的话，上帝要不是把国王当成一个恶棍给以色列的子民，让他们吃一点亏，便是把教皇当成一个善者赐给教会，让它得到一点好处。世界上还有人比你更浮躁癫狂的吗？像这样重大的事情，你自己刚说过的话，自己马上又推翻了，完全不负责任。像你这样的人纵然在极小的事情上，谁又能相信呢？你在你那本书的第29页上告诉我们：“在所有的国家中，国王都不受法律约束，这是东西两大世界的共同见解。”在这一章的开头你也说要证明：“国王不受任何法律约束，他立法而不受法律拘束。”然而到43页上你又说：“东方一切君主都是守法的。甚至像埃及那些国王也是事无大小都遵循法律。”我个人倒不会生你的气，因为你要不是疯了便是在帮我讲话。的确，这是在攻击国王而不是替国王辩护。我看你是在跟国王开玩笑，要是认真起来，卡特卢斯的话就很适合于你，只是话要倒过来说才行。因为如果有人是最好的诗人，那么你就是最糟糕的辩护者。你还说你提到的那个律师“陷入”了极端愚笨的境地，其实要不是这种愚笨使你瞎了眼，你就会看出自己“变成了一个地道的野兽”。因为你现在也承认：各国的国王也有规定的法律要遵守，但不是用审判和死刑的恐怖来强迫他们遵守的。这句话你既没有引圣经也没有引可靠的权威来证明。你且听我说几句：为某种不受法律约束的人订立法律是愚蠢而又可笑的。惩治一切其他的人而让一个无恶不作的人逍遥法外是极公平的，因为法律是没有例外的。以上两种事情是贤明的立法者所不能同意的，更不用说上帝了。但好像是要让大家都看到你在这一章打算用希伯来人的话证明的东西，你都没有

引证他们的著作来证明似的；你自动坦白你只是根据一些犹太法学家的话，并说："他们都认为上帝本身以外的任何国王都不应当受到他们的祖先的承认，那些国王都只是为了惩罚才指派给他们的。"我很同意他们的说法。

一个人如果不大大地优越于别人就不适合、也不配当国王。如果有一个地方，多数人才智品德都是平等的（正如同世间一切国家中大多数人的情况一样）。我认为这时他们对政府就应当具有同等的关系，并应轮流执政。但如果叫所有的人都成为一个人的奴隶，而这个人又顶多不过和自己差不多，一般说来比自己还不如，在极大多数场合下甚至还是一个傻瓜，这怎能不使人大失所望呢？基督的祖先中有些人是国王，但我们并不能因此就"主张有王权政府"，正如同不能因为那些极端昏聩的君主有基督做子孙而主张有昏君一样。你说"救世主就是一个君主"。但我们承认他、欢迎他、祈祷他早日降临，因为他足以为王而无愧；世上没有人能和他媲美，也没有人能望其项背。同时王权在绝大多数情形下，都落到废物和庸碌无能的人手中去了，我们当然可以认为这种王权对于人类害多利少。但从这些话里，我们决不能推论说所有的国王都是暴君。但我倒可以让你这样推论，否则你又要说我顽固了。我们就假定得出了这个结论，再看看你能怎样很好地利用它。"有两个结论跟着就出来了，"你说："这样一来上帝就会是名副其实的暴君之王，而且毫无疑问，他本身就是最大的暴君。"如果这两个结论没有一个能推论出来，那么至少也可以像你整部书中常有的情形一样推论出另一个结论来；即你不但永远和圣经冲突，而且永远和你自己矛盾。因为在上面这两句话之后你紧跟着就说：

“有一个上帝存在,他是万物之王,他自己创造万物。”同时,他也创造了暴君和恶魔,根据你的说法,他便是暴君和恶魔的君主了。你第二个结论是不堪入耳的,请你把你那亵渎神明的脏嘴闭起来吧。你说上帝是暴君之王,如果这样称呼他的话,你那脏嘴就把上帝说成是暴君中最坏的一个了。

你说“摩西是一个拥有最高权力的君主”这话对你的王室事业也没有什么好处。查理王或任何人只要能像摩西那样“将案件奏告上帝”(见出埃及记第18、19两章)就行。但纵使摩西可以说是上帝的亲信,也不能对上帝的子民逞性妄为。试问他当初是怎样说的呢?“百姓到我这里来求问上帝”,因此,人们便不是去接受摩西本人的命令。叶忒罗接着说:“你要替百姓到上帝面前……又要将上帝的律例和法度教训他们。”在申命记第4章第5节中摩西又说:“我照着耶和华我的上帝所吩咐的,将律例、典章、教训你们。”所以民数记第12章中说他在“上帝全家尽忠的”。因此人民的君主便是耶和华,摩西似乎只是君主耶和华的传译者。你要是胆敢毫无根据地把这种权力从上帝身上移到凡人身上,那你就真是绝大的亵渎和不敬了。这个权力在摩西本人手中也不是至高无上的,而只是在上帝的神性亲临之下代拆代行而已。你还要把你的罪恶增添到罪大恶极的程度,你说摩西是具有绝对权力的君主。但在你那本“论教皇统治机构”第230页上你又说:“摩西和七十个长老共同治理人民,他是人民的首领,但不是他们的君主。”如果摩西像这样就能说是一个王(他的确是一个王,而且是最好的王),并像你所说的那样具有“最高的王权”,但他同时又像你所说的那样,既不是人民的君主,又不是唯一的统治者,那么我

们就必然会得出一个结论说:国王虽然具有至高的权力,也不能因为有这种王室统治权而成为人民的君主或唯一的统治者,更不能成为独断独行的统治者。

你是多么厚颜无耻,竟至伪造了一个所谓上帝的命令:“当他们得了圣地的时候,就立王治理他们”(见申命记第17章)!你狡猾地把前面“当你……时若说……”几个字抹掉了。现在我要请你背一背你在大作42页上说过的话:“人民当时具有无限的权力”,请你回想这一句话吧。

现在我又要请你自己答复一下,你到底是亵渎神明还是疯了。你说:“上帝在很早以前就指定;君主政府是任何民族最好和最恰当的政府。但如果先知反对怎么办?如果上帝和先知谈论时甚至自己也似乎在反对那又怎么办?这些事情又怎么能说得通呢?”请大家注意,他发现自己作茧自缚,把事情弄得一塌糊涂,且看他企图为自己洗刷的时候对先知是多么恶毒?对上帝是多么不敬!“我们必须认识到”他说:“当时为人民执法的是撒母耳本人的儿子,人民由于他们腐化而唾弃了他们。撒母耳不愿见到自己的儿子被唾弃,上帝为了叫他的先知满意,便说人民所想望的东西他不很高兴。”坏蛋,请你直说出来,不要这样躲躲闪闪。你的意思是说撒母耳欺骗了人民而上帝又欺骗了撒母耳。这回“邪魔附体”和“乱叫”的不是你那位律师而是你自己了。你为了奉承国王竟把对上帝的恭敬全都抛掉了。你是不是认为撒母耳会只顾他儿子的野心和贪欲而不爱国也不顾人民的安全呢?当人民所追求的东西是正确的,而且能造福人群的时候,是不是也会给他们一个极端狡猾的忠告,让他们相信反面的道理呢?你是不是认为上帝本身

在这样一桩不体面的事情中会迁就某个人呢？上帝是不是会在人民面前要把戏呢？照这样说来，要么就是撒母耳告诉人民的不是王权，要么就是这种王权已经由上帝和先知证明是一种恶事，对共和国说来是苛虐而伤民，贻害邦国。再要不然的话，便是上帝和先知都想欺骗人民了，这简直大不敬，是不堪入耳的话。

上帝常常否认因为他们要求一个国王而感到极端不高兴，撒母耳记第8篇第7节说："因为他们不是厌弃你，乃是厌弃我，不要我做他们的王。……他们常常离弃我，事奉别的神……照他们平素所行的。"由此看来求立国王似乎是一种偶像崇拜，因为那个国王竟让人像神圣那样尊敬他和供奉他。诚然，任何人要是服从一个超于一切法律之上的尘世之主，就差不多等于建立一个异教的神明。这神明一般都是缺乏理性，而且常常是充满了卑污的兽性。所以撒母耳记上篇第10章第19节中说："你们今日却厌弃了救你们脱离一切灾难的上帝，说：求你立一个王治理我们。"第12章，第12节又说："我们定要一个王治理我们，其实耶和华你们的上帝是你们的王。"第17节中说："使你们又知道又看出，你们求立王的事，是在耶和华面前犯大罪了。"何西阿书中也鄙夷国王道："现在你的王在那里呢，让他在你所有的城中拯救你吧。治理你的在那里呢，因为你说过给我们一个国王吧。我在怒气中将王赐你。"（见何西阿书第13章第10至11节）* 唯有英雄的基甸胸襟超脱于君主之上，他说："我不管理你们，我的儿子也不管理你们。

* 中华圣经会译本中此段少"治理你的在那里，因为你说过给我们一个国王吧。"两句，现按原文补正。——译者注

唯有耶和华管理你们。”(见士师记第 8 章)这话就是告诉人们,统治人民的权力只属于上帝而不属于人。因此约瑟夫斯在他的书里反驳一个跟你一样贫嘴的埃及文法家艾皮昂时把尊崇上帝为唯一的统治者的希伯来共和国称为神权国家。在以赛亚书第 26 章 13 节中我们看到人民终于恢复了正常心情以后,便抱怨自己不该自作孽,在上帝以外再要求一个统治者。这几段都证明上帝是在盛怒之下把国王派给以色列人的。

你竟引用篡夺者亚比米勒的故事,这真是笑话。这人致死原因,据说一方面是由于一个妇人把一块上磨石扔在他身上,一方面是由于他的扈从用剑刺他,并说,这是“上帝报复了亚比米勒的恶行”。你说:“这一段历史有力地证明唯有上帝才是审判和惩治国王的人”。的确,如果这话能成立,上帝便是唯一能惩治暴君、流氓和下流的篡夺者的主宰。因为任何人要是不择手段地夺得了王位,他立即就能获得统治人民的王权,并且也能规避惩罚,官吏马上就会放下武器,人民从此就不敢说话了。但如果一个作恶多端的强盗和那位篡夺者一样暴死在战场上又将怎样呢?是不是有人会说上帝是强盗的唯一审判者和惩罚者呢?假如他依法判罪,而且被刽子手杀了,这难道能说上帝就没有报复他的罪恶吗?你从来没有看到书上说过以色列的子民的士师曾被依法控诉过,但你又自动承认“在一个贵族政体的国家里,元首犯法也要、而且也应当受到审判”(见大作 47 页)。那么在一个王国里,暴君为什么就不能同样受到审判呢?因为上帝已经报复了亚比米勒的恶行!那个妇人和他自己的扈从也报复了他的恶行,他对这两个人都曾冒充有统治权。如果一个官吏报复了他的恶行又怎样呢?这官吏难

道就不是拿着上帝的宝剑报复恶人的罪行吗?

你从亚比米勒的死中找到了"最有力"的论据,然后就和往常一样马上极力污蔑谩骂。你的话除开张口乱咬以外就没有别的东西了,而你答应要证明的事,一桩也没有从圣经上或从犹太法学家的作品中找出根据来。你并没有证明国王是不受法律约束的,也没有证明国王为什么与众不同,犯了罪可以不受惩罚。不仅如此,你引证出那些权威根据之后反而把你愈弄愈糊涂了。你的话只能证明你所要反驳的意见比你更正确。当你看到辩论没有什么用处的时候,你便把大逆不道的罪名加在我们身上,希望我们遭世人唾骂,似乎我们把世界上最贤明无辜的君主残酷地害死了。你说:"所罗门难道会比查理一世好吗?"我承认有人曾把他的父王詹姆斯比成所罗门,甚至还说詹姆斯因为出身贵胄所以比所罗门更好。所罗门是大卫的儿子,而大卫则一向是扫罗的乐师。至于詹姆斯王则是达莱伯爵的儿子。据蒲加南告诉我们,达莱伯爵曾经在深夜里潜入女王的寝宫*把门闩上,捉住了乐师大卫,不久之后就把他杀了。所以詹姆斯王的身世诚然显赫得多,并常常被人称为所罗门第二。但他究竟是不是乐师大卫的儿子,这故事并没有交代清楚,只好由读者去猜了。不过,我真不明白,你何以忽然异想天开,把查理和所罗门拿来作对比。被你捧上天的这个查理是愚顽贪婪、残暴不仁的人,他欺压良民、征战无已,烧杀掳掠,并曾屠戮无数臣民。所有这一切,当我在写这书的时候,他的儿子小查理本

* 达莱伯爵与苏格兰女王玛利结婚,所生的儿子即詹姆斯。此次婚事原由女王乐师黎齐奥促成,但不久达莱伯爵即与黎齐奥发生冲突,并有一帮人将黎齐奥杀死宫中。传说女王与黎齐奥有私。——译者注

人正在苏格兰的忏悔台上亲口痛哭流涕地承认了，甚至还宣布放弃了你所赞不绝口的王权。

不过，你要是喜欢做评比传*的话，我们倒不妨把查理王和所罗门王来比一比。所罗门杀了“他的兄弟”以后才登上了宝座，但他的兄弟是罪有应得的。查理的登基则开始于他父亲的丧礼，而他父亲的尸首上则显然充满了被毒害的证据。但当时的嫌疑都落在白金汉身上，所以我先不说这是他谋杀的。可是，白金汉杀害了查理的父王，查理不但在枢密院中替他洗刷了罪行，而且还解散了议会，不惜采用一切办法来阻挠议会追究这个案件。所罗门“用重税压榨人民”，但他的钱都用来给上帝修庙和盖造其他公共建筑，查理王则在穷奢极欲中把金钱挥霍掉了。所罗门被好几个妻子引诱去崇拜了偶像，查理则只受了一个妻子的引诱。所罗门自己虽然被人引诱坏了，但我们从书上倒没看到他引诱旁人的事。至于查理则不仅通过一个腐化的教会用大量的贿赂引诱了许多人。他还通过敕谕和教会法令强迫这些人建立起新教徒视为蛇蝎的祭坛，并对祭坛后墙上画的十字架跪拜。但所罗门并没有为了这些“而被人民处死”。我认为他虽没有因为这些而被处死，倒并不说明他不应被处死。当时也许有许多不方便的地方。但不久之后，人民就用语言和行动说明了他们的权利是什么。这时有十个支派叛变了所罗门的儿子。他的儿子登位之后纵然只是威胁了一下人民，要是不赶紧逃走的话，也会被人民用石头砸死的。

* 名历史家普卢塔克曾将希腊罗马性质相近的名人并列对比，作出“希腊罗马名人评比传”一书，此处借喻两人对比的笔法。——译者注

第　三　章

根据神律,犹太的国王也要遵守一切法律,甚至和人民毫无区别,这一点我已作了充分的论证。圣经里找不出可以免除法律约束的证据。如果说国王"可以为所欲为而无禁",或"国王不受人民惩罚",甚至还因此断言:"上帝把惩罚国王的权力保留在自己的法庭里",这些话都是毫无根据、毫无理性和完全虚伪的。现在让我们看看福音书是不是提出过摩西法不仅没有命令实行而且还明令禁止的东西呢?这部天国的自由宣言是不是把我们当成奴隶送给国王和暴君,而旧约虽曾规定某种奴隶制,却又把我们上帝的子民从国王和暴君的苛政之下解放出来呢?

你的第一个理由是从基督身上得来的。但谁不知道基督降生为臣民,甚至降生为奴仆,为的是使我们自由呢?这还不能仅仅理解为内在的自由而不包括世俗的自由。如果基督降临是为了把暴君扶上王位,使基督教徒匍匐在他们的暴政之下,那么圣母马利亚预言基督降临时说:"那狂傲的人,正心里妄想就被他赶散了。他叫有权柄的失位,叫卑贱的升高。"*这话又是多么不相称呢?基督本身出生在暴君治下,服役在暴君治下,死在暴君之下,为我们

* 参见路加福音第1章。——译者注

换取了一切合法的自由。在没有办法的时候,他让我们冷静地服从奴隶制,但在有可能的时候,他当然也不禁止我们为自由而作英勇的斗争。他非但没有禁止,而且还允许我们尽可能这样做。所以保罗在哥林多前书第7章第21节中不但把福音书的自由,而且把世俗的自由都作了这样的解释:“你是做奴隶蒙召的么,不要因此忧虑。若能以自由,就求自由的更好。……你们是重价买来的。不要做人的奴仆。”所以你要拿耶稣来作幌子以骗取我们去当奴隶,这是完全枉然的。他自身付出了奴役的代价给我们带来了自由,甚至要为我们创造世俗自由。他为我们忍受了奴仆的身份,但他从没有放弃救世主的意旨。我要指出,根据这一点,他教给我们的王权观念跟你的完全不同。因为你宣扬的不是君主的权利,而是暴君的权利。这真是共和国中的一个奇闻!你还断言,一个民族在命运中不论是由于世袭、征服或其他机会而碰上了一个暴君,便不但由于强制而且由于宗教上的义务都要受到奴役。

现在我又要像往常一样,用你自己的权威论据来反驳你。马太福音第17章说,当加列里的税吏向彼得收税时,基督问他,世间的君主是向自己的儿子收关税丁税呢,还是向外人收税呢?彼得答道:向外人。耶稣向他说:“既然如此,儿子就可以免税了。但恐怕触犯他们,……可以拿去给他们,作你我的税银。”这一段使注释者感到非常麻烦,关于赋税交给谁的问题各有各的说法。有人说是交给祭司用在至圣所中,有的说是交给皇帝。我个人的看法是交给希律了,因为他连至圣所中的收入也挪作己用。约瑟夫斯曾举出希律和他的儿子征收的许多种税,后来亚基帕终于蠲免了。上面提到的那些税虽然数目很少,但因另有许多附加税,所以非常苛刻。基督所说的这种税一定是非常苛刻的。在其他情况下，甚至在希伯来共和国时代，穷人都只清查人口而不课税。因此，基督借此机会指责了管辖他的希律政府的不公。他说，世界上其他的国王，如果真正想成为国家的先圣，便不会对自己的子民收重税，而只对外人，即在战争中征服的外人收重税。希律则刚好相反，他不压迫外人而只压迫自己的子民。不论你认为这里的子民应理解为上帝的儿子（也就是奥古斯汀所理解的那种信仰上帝，并且大多数是基督徒的人）还是国王自己的臣民。但有一点可以肯定的，那就是说，彼得如果是一个儿子，并且因此他是自由的，那么根据基督自己的权威说法，我们不论作为一个公民还是基督教徒，也同样是自由的。因此，国王便没有权利在自己的子民或自由臣民身上征收过苛的丁税。基督本身也证明，他交付税款不是他的本分，而是因为他作为一个人来说，便不愿冒犯那些税吏，不愿找麻烦。他自己心里明白，在他的生活过程中，有一个完全不同的任务要他完成。基督否认国王有权在自由臣民身上征收苛捐杂税，并坚决否认他们有权烧杀掳掠自己的臣民，至于对基督徒这样做，那就更不用说了。他在别的地方谈到王权时，似乎也说过这样的话，于是便有人怀疑他不承认暴君的逞性妄为是王权。法利赛人向他提出这种问题并设法引诱他，不是毫无原因的。当他们准备追问王权问题时曾说他不管任何人，也不管是什么身份。当人家提出这些问题时他发怒了，这不是毫无缘故的（见马太福音第22章）。假如有人也狡狯地来接近你，套你的话，并且在一个王国中问你关于你自己对王权的原则，以便从你的话中找出伤害你的根据，试问你会向他发怒吗？你决不会！因此我请你注意，基督对

于王权的意见是一切国王所不欢迎的。

这一点从基督的答复里也可以很清楚地看出来。他这时似乎是在设法把问他的人打发走,而不是开导他们。他叫这些人把纳税的钱币拿出来。"这像……是谁的?"他问道。"恺撒的"人们回答说。"这样、恺撒的物当归给恺撒"他说:"把上帝的物当归给上帝"*。谁又不知道人民的东西应当还给人民呢?保罗在罗马人书第13章上说"把一切人应得的东西还给他自己"。所以,并不是一切东西都应当归恺撒。我们的自由不是恺撒的所有物。绝对不是,这是上帝本人给我们的生日赠礼。如果把我们这种根本不是从恺撒那里得来的东西还给恺撒,那就是最卑鄙的行为,完全有辱人类的尊严。任何人要是望着人的面容问这是谁的像,谁又能不马上答道这是上帝的像呢?既是上帝自己的像,那就真正是自由的。因此,除开上帝以外就不能归于任何人。诚然,我们要是为恺撒这样的凡人做了奴隶,甚至为一个不公正的恶人,为一个暴君做了奴隶。我们就不能不犯罪,也不可能没有亵渎我们最伟大的救世主。

基督并没有确定哪些东西是上帝的,哪些东西是恺撒的。如果那种钱就是大家经常贡献给上帝的希腊八分银币(维斯巴兴时代规定缴付这种钱币),那么基督非但没有把这一场争辩引到正题上去,反而把话说糊涂了。因为我们决无法把一个东西同时送给上帝和恺撒。但你会说,他已经告诉那些人什么东西是恺撒的了。也就是说,印有恺撒像的钱币。但这对你或恺撒的好处是不

* 参见马太福音第22章。——译者注

是会多于一分钱呢？要么就是基督给恺撒的只是那一分钱，同时宣布其余一切都是我们的。要么他就是把印有恺撒名字的一切钱币都给恺撒了，也就是差不多把我们一切财产都给他了。这样一来他就会自相矛盾。因为当他只付给国王两个钱币税款时，他还抗议说，这既不是他，也不是彼得所应缴纳的。总而言之，你的论点是站不住脚的。因为印有国王像的钱币并不表示这是国王的财产，而只表示这钱币的成色可靠，不准任何人伪造罢了。假如印像或写字竟能这样有效地确立王权的话，那么国王只要把自己名字写上，我们的财产就都变成他的了。要不然，根据你的说法，我们的一切东西都早已是国王的，那么那个钱币所以要还给恺撒便不是因为上面印有他的名字或像，而是在没有印像以前它的所有权就已经属于恺撒了。从这一点看来，基督在这一段话里显然不是用非常暧昧的说法教导我们对国王或恺撒应负什么义务，他要是指责伪君子法利赛人的阴狠恶毒。请你看看，当法利赛人有一次告诉他说希律准备杀他了，他们是不是听到他说了一句向暴君屈服的话呢？“去吧，告诉那个狐狸”他说。意思是讲，当一个国王阴谋杀害一个臣民时，他所根据的权利不是王权而是狐狸似的权利。

你说：“他自己跑到暴君面前去送死。”他要不是落入暴君之手又怎么能被处死呢?！这样讲来，“他被暴君处死”这句话倒可以为王权最丑恶的暴政找到根据、找到护身符了！你真是个了不起的道德家。同时，基督为了使我们不当奴隶而解放我们，他本人曾当过奴仆。然而他的行为准则是除了分内的事以外，哪怕一分一毫也不对王权让步。

我们现在应当看看基督对这件事有些什么样的教导。西庇太的儿子认为基督的王国不久就要降临人间，于是便有野心要占据基督王国中的最高职位。基督谴责他不该让所有的基督教徒知道他想在他们当中建立什么样的官职和政权。他说："你们知道外邦人有君王为主治理他们、有大臣操权管束他们。只是在你们中间不可这样。你们中间谁愿为大，就必作你们的用人。谁愿为首，就必作你们的仆人。"* 你要是没有疯的话，你能想象这一段话是有利于你的吗？你能想象经过这样一段推理之后就可以说服我们把国王当成我们邦国的主人吗？在战场上要是能碰上你这样的敌人就好了。这样的敌人，即使在全副武装的时候，我们也完全有把握打败他，然而你一向的行径却又是赤手空拳地乱冲瞎撞，闯到敌营里去就好像回到自己的营房里一样。凡是跟你最敌对的东西你都呆头呆脑地拿来当作自己最可靠的支柱。以色列人一再请求上帝给他们派一个"像四周的国"一样的国王，上帝说了许多话劝阻他们。关于这一点，基督在这里提出了一个总结性的说法："你们知道外邦人有君王为主治理他们"**。但由于以色列人坚持要求，上帝在盛怒之下仍然给了他们一个国王。基督唯恐基督徒要求一个像统治外邦人那样的国王来统治他们，所以便提出警告说："只是在你们中间不可这样。"这话难道还不明白吗？国王虽然有冠冕堂皇的称号叫恩主，但你们中间将不会有那种不可一世的国王来统治。你们中间谁愿意为大，就"让他做你们的用人"，那些"愿

* 参见马太福音第20章。——译者注

** 参见路加福音第22章。——译者注

意为大的”或“为首的”(路加福音 22 章)“就必做你们的仆人”。试问世界上谁还能比国王更大呢?所以,你大肆诬蔑的那位律师并没有错,如果他说基督徒的国王应当像每一个优良的循吏必然做到的那样成为人民的仆人,他所根据的完全是基督本人的话。在基督徒中要么就没有国王,要有国王就得是人民的仆人。假如他要做一个十足的皇上,他就不能同时又是基督徒。

摩西是法律的制定者,这法律在某种程度上带有奴隶制的色彩。但摩西也没有不可一世地君临臣下,而是自己担负起人民的重担,“把他们抱在怀里,如养育之父抱吃奶的孩子”一样(见“民数记”第 11 章),而养育之父就是一个仆人。柏拉图不把官吏叫老爷,而称为人民的卫士和助手。同时也不把人民叫仆人而称为官吏的供养者。因为官吏即使当上了国王,也要依靠人民供应衣食和俸给。亚里士多德称官吏为法律的保护者与执行者,柏拉图则称它作管理人兼仆人。使徒保罗虽称他们为上帝的仆人,但这并不妨碍他们成为法律与人民的公仆,因为法律与官吏都是为人民而设的。

你老是叫嚷说:“这只是英国狂吠的恶犬的意见。”要是你这个狗杂种没有那样龇牙竖尾地对他们乱咬,我倒没想到英国人民是恶犬。请看,现在圣·洛普(圣狼)*的主人(也可以说是圣狼本身)都抱怨起狗咬它了!这位有名的特洛亚的圣·洛普(圣狼)有

* 法国特洛亚地方的主教,曾于公元五世纪时打退阿提拉的进攻。此处作者利用其英勇事迹嘲笑对方今日卑贱的丑态,并利用他的名字与狼同音来骂对方是狼,以与英国恶犬相对待。——译者注

一个同辈叫圣·吉曼①,当年还曾凭自己的权威废黜了我们英国的昏君沃梯根哩。所以圣·洛普鄙视你,你不是圣·洛普(圣狼)的主人,而是鬼鬼祟祟到处乱钻的饿狼的主人。比马希尔*所描写的那条毒蛇的主人还要可耻。的确,你在家里甚至还有一个吠叫的莉西斯卡。你虽然是狼的主人,但这位母狼却把你当作可怜虫统治起来了,对你这位达官显宦大肆呵斥,把你的官架子全打掉了。你自己在家里就已经习惯于奴颜婢膝地服从女人的统治,这就难怪你要把极权君主政体加在别人身上。你就这样混下去吧,你做狼的主人,母狼又做你的主人,你自己也去做一只狼,做一只孤儿狼。不管你做什么,你依然是英国恶犬的玩物。但我并没有功夫去打狼。既然已经离开了使人迷惑的森林,就让我们回到康庄大道上去吧。

你最近还写文章反对教会中教皇的一切统治地位,现在你又说"彼得是使徒之长"。** 像你这种反复无常的小人,谁能相信你呢?彼得说什么了呢?"你们为主的缘故要顺服人的一切制度,或是在上的君王,或君王所派罚恶赏善的臣宰。因为这是上帝的意旨。"***彼得这书信投寄的对象不但是一般平民,而且是散居在大半个小亚细亚半岛的人。他们在自己散居的地方除开客居礼法赋给他们的权利以外并没有其他的权利。你难道认为这些话能适

① 法国巴黎区主教,据说曾运用他的势力废黜英国传说中的国王沃梯根,此处作者引来嘲笑对方目前阿谀英王的态度。

* 罗马讽刺诗人。——译者注

** 天主教认为教皇是彼得的继承人,所以承认彼得是使徒之长就等于承认教皇统治权。——译者注

*** 参见彼得前书第2章。——译者注

用于旅居异国的外方人就一定能适用于高贵的自由人民吗？这些话难道对本国人民的会议、集会或议会也适用吗？或者说，在本国适用于平民的东西难道对国王的可靠助手——议会、议员与国家官吏也同样适用吗？假如这封信是写给本国臣民的，而且这些人又不是平民而是罗马元老，那又将怎样呢？如果一个命令附有很明显的理由作为条件，一般说来，在这些条件以外它便不约束任何人，也不能约束任何人。现在的命令是"服从"，这个字的中心意义就是"臣服或守法"；亚里士多德说："法律就是秩序"。还有一句话说："为了主而服从。"* 这有什么根据呢？因为国王和官吏都是上帝派来罚恶赏善的，"这就是上帝的意旨"，也就是说我们要服从的是在这一段圣经上描写过的那种人，至于其余的人则一字未提。你看这命令的理由是多么深刻！在同一章第16节中，他说："……是自由的"，所以便不是叫人当奴隶。假如我们的国王要倒行逆施，糟蹋好人而纵容和表彰坏人，那么我们还要永远服从他吗？难道所有平民、贵族、全国的官吏，以至于我们的议会都要永远服从他吗？法度难道不是"人的"法度吗？否则，又应当怎样解释呢？人类的力量既然可以指派造福人类的人，难道就不能铲除人类的蟊贼吗？

你说像当日尼禄这样的罗马暴君我们都必须受命服从，可见对于所有暴君都是必须服从的。我的答复是，那时掌政的很难说是尼禄还是克劳狄乌斯。同时，受命服从的是散居各地的外方平民，而不是议员或大法官，也不是罗马的元老院议员。

---

* 参见彼得前书第2章。——译者注

现在让我们来谈谈保罗吧。(你对使徒们的态度是十分随便的,我们要是用同样的态度对待国王你也不会答应。你一会儿承认彼得的领导地位,一会又否认这一点。)保罗在罗马人书第13章中说:“在上有权柄的,人人当顺服他,因为没有权柄不是出于上帝的。凡掌权的都是上帝所命的。”他这些话是对罗马人写的,不像上面彼得那封书信一样,是对散居的外方人写的。但他主要是对罗马的平民和下层阶级的人写的,其目的是把政府存在的理由、起源与目的进行全面的说明。同时,根据这话也可以很清楚地看出,使我们服从的正当理由和奴隶制没有任何关系。他说“人人”,也就是说,每一个人都“应当顺服”。使徒这句话的意思已经由金口若望作了详尽的解释。他说:“圣·保罗写这句话的意思是要说明基督宣布戒律的时候无意推翻世俗政府,而是要把它建筑在更坚实的基础上。”因此,他决无意把尼禄等暴君置于法律之外,从而在人类社会之上建立起极残酷的专制。金口若望又说:“他同时也想劝阻不必要和没有结果的战争。”因此,对于暴君发动的战争他是不反对的。因为暴君是国家的心腹之患,是最危险的敌人。“当时有一种流言蜚语,说使徒们是煽动叛乱的革命分子。他们所说和所做的一切都是要推翻一般的法律。使徒保罗在这一章里便堵住了这种造谣者的嘴”。因此,使徒们决没有像你这样替暴君写辩护。他们所做的和传布的都是见疑于一切暴君,因而使自己认为不得不加以辩护和解释的东西。

使徒保罗的意旨我们可从金口若望的话中得到理解。现在不妨再看看原话:“在上有权柄的,人人当顺服他。”这句话他却没有解释。他从来没有打算把一切国家的法律与宪法完全取消,而把一切事情都集中到一个人手里,让他为所欲为。肯定地说,每一个圣明的皇帝都承认自己远低于法律和元老院。所以,除了野蛮人的国家以外,法律总是比其他任何东西都更神圣的。曾被希罗多德援引的诗人品达便宣称法律之王超然于一切之上。奥菲斯在他的赞美诗里不但称法律为有死的凡人之王,而且称为不死的神明之王:

天上的法律啊,
你是凡人与神明的主。

他还提出理由说这是因为一切生死大权都掌握在法律手里。柏拉图在“论法律”一书中说,法律在国家中应具有最高的权威。他在手札中也曾主张过一种政府形式,其中由法律来约束国王与人民,而不由暴君来控制法律。亚里士多德在他的“政治学”中、西塞罗在他的“论法律”中都有同样的见解,认为法律约束官员就像官员约束人民一样。因此,根据贤哲的意见和政治最清明的国家的组织看来,法律永远是社会最高的权威。由此看来,福音书的教训跟理性和万国公法既然并不冲突,我们便可以肯定地说:人民如果服从法律和依法行事的官员,便是真正服从了在上有权柄的人。

因此,圣·保罗不但让人民服从法律,而且也让国王服从法律。国王是决不高于法律的。“因为除了上帝的权力以外就没有旁的权力了,”换句话说,除了上帝的权力以外,就没有其他的方式可以组织国家,也没有其他法律根据可以统治人民。现在所知道的最早的法律都被认为是上帝创造的。西塞罗在他的“反腓力”第12讲中说,法律“无非是源于神的律令的正确理性,它劝善而罚恶”。所以官吏的建制源于上帝,其目的在于使人类在官吏

的管辖下能依据法律生活。至于选择哪种政权形式或选择哪些人任官的自由权,则毫无疑问地完全属于自由的人民。因此,圣·彼得就称国王和统治者为一种人间的制度或秩序。何西阿书第8章中说:"他们立君王却不由我,他们立首领我却不认。"因为在希伯来共和国,而且唯有在希伯来共和国,人们可以通过不同的方式和上帝商承,指派国王的事是应依法向上帝请旨的。可是,我们其他民族都没有接到这样的命令。

有时不是政权的形式本身(如果发生毛病的话),便是掌权的人不来自上帝,而来自人间,甚至来自魔鬼。路加福音第4章说:"这一切权柄荣华我都要给你……我愿意给谁就给谁。"所以他被称为今世的王。启示录第13章说"那龙将自己的能力、座位和大权都给了那个兽"*。所以我们必须认为圣·保罗说一切权柄来自上帝时所指的不是一切的权柄,而仅仅是合法的权柄,也就是下面所说的权柄。同时,他所说的只是权柄本身,并非长期掌握权柄的人。关于这一段金口若望说得很明白:"什么!"他说,"这样说来,难道每一个国王都是上帝指派的吗?绝对没有这种事。使徒说的不是君主本人,而是说君主制度。他没有说一切君主都由上帝指派,而只是说一切权柄都是出于上帝的。"金口若望已经讲得这样清楚了。所以当使徒说:"凡掌权的都是上帝所命的或安排的"这句话时,所指的肯定是合法的权柄。因为凡是恶的或有毛病的东西都是打乱了的,它便不可能又是安排好的。这样的话就是同时肯定两个极端相反的东西——安排与打乱。

---

* 参见启示录第13章,内容是以寓言方式说明未来的事。——译者注

你把前面所引的那段罗马人书中“凡掌权的”解释成了“凡现在掌权的”，这样就能容易证明罗马人应当服从你所认为当时在位的皇帝尼禄。妙极了！看来，你对我们英吉利共和国虽然十分敌视，也必然会承认英国人民应当服从共和国政府了。因为它是“现在掌权的”而且是“上帝所命的”，其情形和古时尼禄的权柄并无二致。我必须指出，尼禄和提庇留一样，“都是通过他母亲的诡计非法篡夺权柄的”。要不然你又要说他的权力是合法继承来的了。你先说罗马人应当服从当时的政权，然后又否认英国人应当服从现存的政权，这样说法，简直是出尔反尔、说话不算数了。你这个一文不值的东西，你和你那一文不值的自我几乎是经常自相矛盾的，世界上有什么东西会像你这样的呢？你到底将变成什么样子？混账东西！你用自己的聪明睿智恰恰把那位年轻的国王毁了。因为我可以根据你自己的理论迫使你承认英国现存的政权是上帝所命的，共和国内所有的英国人都必须服从它。各位批评家请注意！千万别去碰撒尔美夏斯对“罗马人书”所作的新修正！他现在发现使徒的话不能说成“凡掌权的”而应当说成“凡现在掌权的”。这一切就是为了要证明每一个人都应当服从暴君尼禄！也就是服从当时的皇帝！

我的好人啊！就像刚才你把国王毁了一样，现在你又把这个美妙的修正毁了。你说那封书信写在尼禄的时候，其实那书信是写在克劳狄乌斯的时候。学者们有极确凿的根据能肯定这一点。克劳狄乌斯是一个公正的统治者而不是一个恶人。同时，纵使是尼禄的统治也有五年的太平盛世。人们常说：“圣·保罗还叫罗马人服从尼禄，所以暴君是必须服从的”，这句话似乎迫使人们非

接受不可，并且也曾欺骗了许多人。然而结果却被发现是一个笨蛋的诳语。

“凡……抗拒掌权的”（掌合法权力的，）就是“抗拒上帝的命”。这个原则使得国王也要受法律制裁，要是他胆敢违抗法律或元老院的话。但一个人如果反抗一个不合法的权力，或反抗一个企图推翻合法权力的人，他是不是违反了上帝的命令呢？我想你在头脑清醒的时候也不至于说这种话。紧接在上文后面的一段圣经，便排除了一切的疑惑，说明使徒刚才说的只是合法的权力。这一段在说明权力的范围时，解释了谁是掌握这权柄的官吏，并说明了使徒为什么劝我们服从，目的是避免发生误解而追求愚蠢的观点。使徒说：“做官的原不是叫行善的惧怕，乃是叫作恶的惧怕。……你只要行善就可以得他的称赞。因他是上帝的用人，是与你有益的。……他不是空空的佩剑。他是……刑罚那作恶的。”* 对于这样一种权力和掌权的人，除了十恶不赦的人以外谁又会不自愿地服从呢？这种服从既不是为了避免引起“震怒”，也不是为了避免冒犯得罪，更不是为了害怕惩罚，而是为了“良心”。

没有官吏和世俗政府就不可能有共和国，不可能有人类社会，世界上也不可能有生命。但不论是什么政权或君主，只要是违反上述的箴言，便不可能是正式受命于上帝的。我们对这样的政权与君主并没有服从的必要，也没有服从的义务。只要经过审慎考虑，便没有人会禁止我们反抗他们。因为我们反抗的并不是这里列举的圣明君主，而是强盗、暴君和人民公敌。但如果因为他掌了

* 参见罗马人书第 13 章。——译者注

权,因为他似乎是受命于上帝来惩罚我们的,就称为君主,那么魔鬼也可以自封为君主了!

肯定地说,同一个东西只能有一个正确的定义。保罗在这里是用严格的方式给君主下定义,他决不可能又用同一定义来说明与君主完全相反的暴君。从这里我们就可以得出一个必然的结论:他叫我们服从的君主只是他定义里所说的那种君主,而不是与君主完全相反的暴君。"你们纳税,也是为了这个缘故"他对自己的命令又加上了这样一个理由。因此,金口若望便说:"我们为什么向国王纳税呢?是不是就像卫士保卫了我们因而发给工资一样呢?如果我们当初不认为经管工作对我们有好处,我们就不会付给他任何代价。"关于这一点我将重复我已经说过的话,这种服从不是绝对的,而是附有一个附带条件,这个条件就是我们服从的真正尺度。如果在适用这个条件的地方我们不服从,我们便成了叛民,但如果这个条件不适用的地方我们服从了的话,那我们就成了懦夫和奴隶。

你说:"英国人决不是自由人,因为他们是一群无耻的恶棍。"在我个人看来,法国人虽然生活在君主制国家,我还是不打算重述他们的恶行。同时,英国人的恶行我也不打算原谅。但我要说明,使他们感到不光彩的事情,可以说是他们当初从埃及的法老*那里学来的。后来当他们还处在荒野里时,虽然直接在上帝的治理下,也并没有马上实行革新。我们之中许多人对前途都怀着极大

* 以色列人在埃及时曾受法老百般蹂躏,出埃及后才挣脱苦难,受上帝直接治理,此处作者讥笑法国人被君主奴役。——译者注

的希望。现在我无须歌颂那些杰出的圣贤和热爱真理的人。这种人在我们中间是非常多的,其数目决不下于你所谓“遍地皆圣贤”的地方。但“英国民族身上被套上了重重的枷锁”。如果把这枷锁套在那个力图奴役自己同胞的人身上又怎样呢?如果被套上枷锁的这个坏蛋是应当被征服的人又怎样呢?至于我国其他人,毫无疑问都是非常满意的。现在战争已使国库空虚了,他们用自己的金钱维护了自己的自由。

你又抬出了那些无聊的犹太法学家。你说国王是不受法律约束的,但根据这些法学家的意见,“一个国王如果让自己的王权受到削弱,就是犯了危害王室罪。”这样说来,国王既受法律约束,又不受法律约束。他们可以成为罪犯又可以不成为罪犯。像你这样永远自相矛盾的人,简直和矛盾之神是一对孪生兄妹。

你说上帝把许多王国送给尼布甲尼撒受奴役。我承认他在某一段时期曾这样做过(见耶利米书第 27 章,第 7 节)。但只要你做得到,我就请你证明他把英国民族送给查理·斯图亚特当了一分钟奴隶。我不否认上帝让那些人受奴役,但我从没有听说过上帝把那些人送给任何人去受奴役。如果在暴君的势力压倒人民的地方可以说是上帝把人民送去受奴役,那么在人民的势力压倒暴君的地方,为什么就不能说上帝使人们获得了自由呢?如果昏君的暴政是由上帝那里得来的,那么,我们的自由为什么不能说是由上帝那里得来的?根据阿摩司书第 3 章的说法,一国之中的任何灾变,没有一样不是上帝所降的,如饥馑、瘟疫、叛乱、仇敌等等都不例外。但国家对其中的任何一样是不是会不竭力加以驱除呢?他们虽然知道这是上帝所降的,但只要是办得到的,他们都应尽力

驱除，除非是上帝在天上坚持发出相反的命令。

同样的道理，如果一个民族的力量比暴君大，为什么就不能驱逐暴君呢？我们为什么要认为一个匹夫漫无节制的欲望是上帝指定的公众之害，而不能说全国自行节制的权力是上帝赐予的公众之福呢？一切自由人的国家与社会决不会支持这种毫无意义的原则，也不会让这种黑暗的疫区存在。这简直是使全国生灵涂炭以填满一两个暴君的欲壑，把人类降到禽兽的地步。因为暴君一旦被捧到一切法律之上，就会利用这种法律，把人当牲畜来统治。

现在先不谈你这些两面都说不通的说法。你捏造出一个权威论据说："那种统权等于民权。"我虽不怀疑民权是一切君主权力的泉源，但这点我倒要仔细地讨论一下。西塞罗在他的"为弗拉科斯辩护"中说："我们聪明睿智、令人尊敬的祖先规定，凡属大众议决的东西和至尊的人民要求的东西就是令必行、禁必止的东西。"卓越的演说家、当时元老院的主席路克优斯·克拉苏为元老院向人民呼吁时说："我请求你们不要让我们服从任何人，而只服从你们全体人民，我们可以而且必须服从你们。"其原因是元老院虽然治理人民，但赋予元老院这种权力让他们管理人民的却是人民。所以我们在书中看到，至尊这个字常常是用在罗马人民身上的时候多，而用在皇帝身上的时候少。此外，西塞罗在他为普朗修斯辩护的讲演中说："一切自由人民都有一个条件，就是剥夺或赋予任何人以任何东西时，都要由人民按照自己的意志投票决定。我国人民是一切民族的最优秀者，更是应当如此。我们必须耐心地倾听人民的呼声。无意于公职的人可以无须博取人民好感，但谋求公职的人就要不厌其烦地向人民恳求。"罗马的元老院曾是

多少皇帝的主人,连他们都自称为人民的仆人,难道我还要有所忌讳,而不把国王称为人民的仆人吗?你也许会反驳道,这些在民主制度的条件下是完全确实的,因为当时皇室法还没有把人民的权力转渡到奥古斯都和他的继承者手中去。可是,我请你看看提庇留吧。你说他是"双料的暴君",事实上他也确是这样。但苏旦尼阿说,纵使在皇室法施行以后,有人称他为陛下或我主时,他还是告诉这个人,以后不必这样称呼他,因为这是一种侮辱。你听见了没有?暴君都认为称他陛下是一种侮辱。这位皇帝还对元老院说过一段这样的话:"各位父老,以往我曾多次地说过,现在我再说一遍,一个贤明而关心民间疾苦的君主,得到元老院授予的无限巨大的权力以后,应当服从元老院,并应常常服从全体人民,有时甚至应当服从某些个别的人。我决不追悔我所说过的话。我承认你们一直是我贤明公正的主人,对我极其宽容,就是现在也是这样。"如果你说提庇留是善于作伪,所以才装腔作势地说了这些话;但你这种说法是完全白费的。谁会愿意让人家把自己看成不称合自己身份的人呢?塔西佗告诉我们说:不但是尼禄,而且是其他一切皇帝,在竞技场上都有向人民致敬的习惯。克劳地恩在祝贺昂诺利阿斯任第六届执政官的颂词中写道:

至圣神灵之主,
你今出现在人民之前。
看啊,他们是如何地受到了宠幸!
对于陛下的话他们回答得如何响亮!
众人在竞技场中就座以后,
天子就陈词致敬。

万民获宠，

四座应声如雷，

天地为之震撼。

罗马皇帝像这样致敬，难道不是承认在实行皇室法之后，全体人民仍然是他们的主人吗?

我早就有些怀疑，现在终于发现，你的时间精力大都花在翻阅注解和查对书中的枝节问题上了，而没有仔细辛勤地阅读可靠的权威著作。由于你连一点古人智慧的影子都没有，所以才会把杰出的哲学家和有远见的政治家认为是人所共知的事情当作奇闻，当作热狂者的梦呓。你最好是把你所鄙视的鞋匠马丁与皮匠威廉当作自己的伴侣和愚昧中的导师吧。他们可以指导你，替你解决许多愚蠢的谜团。“在君主国中国王被认为是一个仆人，那么在民主国中人民会不会被认为是仆人呢?全体人民这样呢?还是部分人民这样呢?”假如他们做了你的奥地浦斯，我就允许你做他们的斯芬克斯*。见你的鬼去吧，否则你的疑问和蠢话就会说个没完。

你问道:“当使徒保罗讲到君主的时候，他指的是不是人民呢?”在提摩太前书第2章第2节里，圣·保罗诚然曾叫我们为国王祈祷，但在第2章第1节里他已经告诉我们要为人民祈祷。然而不论是国王也好人民也好，总有一些人我们是不能为他祈祷的。假如一个人已经不能由人家代为祈祷了，难道就不能依法惩处他吗?这有什么不可以的呢?但你说:“保罗写这封书信的时候，统

* 希腊神话中有一个故事说英雄奥地浦斯根据神示将杀父娶母，后来果然由于误会而把自己的父亲底比斯王劳乌斯杀死，并因杀死怪兽斯芬克斯(狮身人面)而博得自己母亲约卡斯达的好感并与之结婚，此处作者痛骂对方。——译者注

治者是一批最凶恶的人。”这话也是毫无根据的。因为路易·卡帕罗斯有确凿的证据可以证明这封书信也是在克劳狄乌斯时代写的。圣·保罗谈到尼禄的时候,并不称他为君主,而称他为狮子。也就是认为他是一只残忍的野兽,他能从这野兽的口中逃脱出来,内心还在庆幸呢(见提摩太后书第4章)。因此,我们应当为君主祈祷,而不应当为野兽祈祷。祈祷的是在他们的统治下“我们能过平安宁静的生活”,但请注意,这是“完全充满着神性与人道的生活”。我们这里谈的显然不是国王而是安宁、神性和人道。一个民族不论抵抗暴君也好敌人也好,为了保卫自己和后代,谁不宁愿选择“奔波不宁”的光荣战斗生活,而愿意屈服于暴君或敌人之下,过同样奔波不宁,但却是卑贱的奴隶生活呢?请你听听两种滋味都尝过的萨姆尼特人的话吧。根据李维的记载,他们重新拿起武器的原因是感到和平的奴隶生活比自由的战斗生活要难于忍受多了。现在再看看你自己的话吧。我常常把你提到证人席上来并不是因为你有什么价值,而是要让所有的人都看清你是怎样地出尔反尔,怎样的自相矛盾,看清你这副御用奴才相。你说:“谁不宁愿忍受贵族国家要人们间互相倾轧和频繁的争斗,而甘心忍受专制成性的君主所必然带来的灾害呢?罗马人不论吃了多少内政骚乱的苦头,也宁愿要共和政体而不要恺撒那种令人难堪的奴役。一个民族为了避免骚乱而采取了君主政治之后,往往从经验中证明他们想避免的只能是较轻微的灾害,并且常常渴望重新回到原先政府的治下去。”上边这些论点以及其他许多话,都出自你用假名瓦罗·麦撒林纳讨论主教问题时所写的那本书的第412页,目的是为了驳斥耶稣会士彼特维乌斯。老实说,你比彼特维乌斯更像一个耶稣会士,甚至是这帮人中间最坏的一个。

我们已经听取了圣经上有关这个问题的意见。把这些话尽量仔细地搜集出来,我们是决不会感到遗憾的。因此,我们恐怕还没有必要在浩如烟海的教父著作中去搜寻他们的观点。因为他们的意见固然伟大,但要是没有得到圣经的印证,我们就会毫不犹豫地把它们摈弃掉。你引了依略诺的著作中的一段话说:“按照上帝的命令,国王被指派给某一个民族就一定适合于他所统治的民族。”这话显然是与圣经的精神背道而驰的。因为上帝虽然公开宣称:对他自己的子民的政府说来,士师比国王好。但他还是由人民自行决定。只要人民愿意,就可以把士师政府改变为较合适的贵族政府,或者改变为较不合适的王权政府。我们在书上也常常看到一个好民族被指派来了一个坏君主,而一个坏民族又得到了一个好君主。因此,对人民来说,什么是最合适的和最有利的,只有最聪明的人才能决定。肯定地说,同一政府形式并不能同样适合于所有的民族,也不能在任何时候都适合于同一民族,而是有时这个较适当,有时那个较适当。具体情况要由一个民族的勤劳与勇敢的消长情况来决定。不论任何人,要是剥夺了一个民族选择自己所喜爱的政府的权利,那他就必然完全剥夺了一切公民自由的基本权利。

接着你又把殉道士茹斯丁对安东尼家族中几个最好的皇帝如何恭顺等等的话告诉我们。其实有谁对这样杰出、这样节制有度的皇帝不服从呢?“今天我们基督徒比他们当时要坏多少倍啊!”你说:“那时他们对一个异教的国王都服从哩。”他们是一般平民,而且力量远低于君主,当然不得不服从。“但现在天主教徒不肯

容忍一个新教徒为王,""新教徒也不肯容忍一个天主教徒为王"。至于你自己呢,你表示你既不是天主教徒,也不是新教徒。你是多么细心而又大方啊！因为我们还没有问的东西,你就自动承认了。上述的情况是今天一切的基督徒全都同意的,你却恶毒而又鲁莽地加以反对。你的态度和你自己颂扬的教父是截然不同的。他们只会写文章反对异教徒国王,为基督徒辩护,而你却为一个罪恶滔天的拥护教皇的国王写辩护来反对基督徒和新教徒。

接着你又把阿孙纳哥拉斯和都尔德良搬了出来,可惜一点也不起作用。你所搬出来的那些东西已经由使徒们用更明白易懂的方式说过了。同时,都尔德良也决不会同意你那种把国王当作元首或主人的说法。你要不是不知道这一点,便是在故意装糊涂。因为作为一个基督徒,他在自己的"辩护录"中曾勇敢地向一个异教徒皇帝写道:一个皇帝不应当称为主。"奥古斯都本人虽是帝国的缔造者"他说:"也没有称为'主',因为这是上帝的称号。我当然愿意称皇帝为主,但只有当我不是被迫把皇帝当成上帝那样称呼时,我才愿意这样做。而且除开称呼皇帝为主以外,在其他一切事情上我仍然是自由的,我的主只是上帝……。"在同一论述中他又说:"他只是一国的建造者,怎能成为全国人民的'主'呢?"现在你抱着你的都尔德良去高兴吧,其实你大可以不必引出这人来。但你又会说:"他把杀多密齐安的人称为弑君者。"这是完全应当的。因为多密齐安是由他的妻子帕息流斯和被控偷钱的仆人斯捷潘奴斯两人阴谋杀害的。假如罗马的元老院和人民把他当成人民公敌来审判,就像过去他们审判尼禄那样,根据祖先的习惯把他拖出来处死,你想想都尔德良是不是还会把杀他的人称为弑君者呢?

假使他真正像这样称呼的话,便会像你现在这样应当用绳子绞死。

适用于依略诺的话,同样可以用来答复俄立根。

阿德纳肯说:把人间的君主带到审判台前受审是一件令人愤慨的事。谁跟他这么说呢?在这里我根本听不到任何上帝的话。我与其相信阿德纳肖,还不如相信那些承认没有这种赦免权的国王和皇帝哩。接着你又引出了盎布罗肖(这人从一个望教徒身份的地方总督一跃而成了主教*),我说的是你引证了他对于大卫所说的:"主啊,我只对你犯了罪"这句话的解释。他的解释如果不是有意在拍马屁也是十分愚蠢的。盎布罗肖是希望所有的人全被皇帝控制住,而他又笼络住了皇帝。人人都知道,他在米兰时对待皇帝狄奥多西是如何傲慢无礼,他亲自宣布了皇帝在帖撒罗尼卡犯了杀人罪因而禁止他进教堂。接着他又显示出他对福音书的理论是如何浅薄无知。当皇帝跪在他脚下时,他命令皇帝滚出教堂的门廊去。后来皇帝终于被接受重新加入了教会,并捐献了钱财,可是仍然只许站在祭台外面。这时盎布罗肖对栏杆外面的皇帝发号施令道:"皇上,里面这块地方是专供神职人员用的,任何人进来都是不合法的。"他到底是一个福音传布者还是犹太教的大祭司呢?这个人让皇帝去统治一切人,他自己则统治皇帝。这正是教会人物的惯用伎俩。为了这个目的,他说了这样几句话,把狄奥多西贬低成了自己的下属:"你所统治的臣民和你一样都是上帝的仆人,因为万物之上只有一个主、一个王,也就是只有一个造物

* 按天主教规矩,当主教的人必须先是正式教徒,此处讥讽盎布罗肖投机取巧。——译者注

主。”妙极了！这句至理名言本来已经被阿谀而狡狯的主教隐蔽起来了，这回由于他一急躁就露出来了。说得更好听一点，就是由于他那一股愚蠢的热忱而泄露出来了。

在盎布罗肖这种站不住脚的说法上，你又加上了自己愚蠢的说法或异端邪说。你径直否认了以下事实（见大作第68页）：“在旧约时期，当大卫向上帝坦白自己只对上帝犯罪时，罪在基督的血中就获得了饶恕。”有正统信仰的人认为罪如果获得了赦免也只是由于创世以前献祭羊羔的血而得到的。我不知道你究竟是谁的门徒，竟然倡导新的异端。但有一点我却可以肯定，你所攻击的那位伟大神职人员的门徒所说的话是正确的。他说，大卫的臣民中任何人都和大卫本人一样敢于向上帝说：“我只对你犯了罪。”

往后你又提出了奥斯汀（奥古斯汀），并且把喜旁内西亚一大批不知名的神职人员都抬了出来。你所引证奥斯汀的话对于我们并没有不利。先知旦以理说：上帝能改易时势，他能建立一个王国，又消灭一个王国。我们为什么不能同意这话呢？但这一切盛衰兴替都是由人的手造成的。如果唯有上帝能赐予查理一个王国，那么也只有上帝才能从他手里把王国夺回来交给贵族和平民了。假如你说，正是由于这个理由我们才必须效忠于国王查理，那么你同时便必须说，正是由于同一理由我们才必须对我们现有的政府效忠。因为你自己就曾承认，上帝甚至将昏君的权力赋予了我们的统治者，“来惩罚人民的罪”。因此，按照你自己的意见，我们现在的统治者也是上帝指派的，除上帝以外就不能合法地把他们从自己的职位上撵下来。所以这回又和往常一样，你把矛头转向了自己，自己杀害了自己。这也是你活该，因为你竟这样狠毒无

耻,愚蠢疯狂,以致先前你费了许多言词为某些人辩护,说他们碰也不能碰,但到后来你又断言他们是必须由自己的全体臣民加以讨伐和镇压的。

你告诉我们说:圣·热罗尼莫把杀害省长基大利的以实玛利称为弑逆。这是很正确的,因为以实玛利无缘无故地杀害犹大的统治者,而这个统治者又是一个好人*。热罗尼莫在他注释传道书时说,梭罗门的箴言——"服从国王的戒条"——和圣·保罗对同一问题的说法是符合的。他在这一问题上措辞比同时代的人更加和缓,这是值得赞扬的。

你说你不打算"追溯到奥斯汀(奥古斯汀)以后去找寻博士们的意见"。但你似乎是要让自己的信徒(就算你还有信徒吧)看出你撒谎容易、沉默难;往下刚讲了一句话,你又引出了塞维尔的依西多乐、都尔的格黎哥里、弗莱新的鄂图等等,甚至还引证了中世纪野蛮人的说法。如果你知道我们是多么鄙视他们的话,你就不该胡说八道引证他们那些令人无法理解的见解了。

读者是否要知道他为什么不敢接触到现代,为什么会突然躲闪得无影无踪了呢?让我告诉你们吧,这是因为他很了然,他将看到所有杰出的新教神职人员都成为他的死敌。大家不妨让他试试看,他虽然在竭力挣扎,可是只要我把品德齐于路德、济文格里、喀尔文、布塞尔、殉道者彼得和彼鲁西斯等类型的人物找出来摆开阵式,就能不费吹灰之力地把他打得落花流水。我甚至还能引出他在莱顿的那些同事来反对他。他们的大学,他们自古就富于自由

* 事见圣经耶利米书第40至41章。——译者注

传统的繁荣共和国,以至于他们的礼教之泉,都无法把他这种奴颜婢膝的污点和土著的野蛮作风洗刷干净。他得不到一个正教的神职人员的同情(如果有的话就请他指出来),也得不到一个新教徒支持,于是只得厚颜无耻地逃避到琐尔朋学院去了。你也知道这个大学完全笼罩着天主教的教义,在正教方面毫无威信。我们把这样一个恶毒的暴君拥护者抛弃了,琐尔朋学院,收容他吧!

我们决不会承认这个奴才,他竟卑鄙到主张"一个民族的全体人民都不能和一个最昏庸懦弱的国王相匹敌"。你想把各自由民族、各宗教、和正教徒视为己有的教义夺取下来加到教皇身上,那是完全白费力气。因为教皇和他的主教们在微贱的时候,正是创立了你这种臭不可闻的理论,而且也正是由于传布了这种谬论才慢慢地夺得了权势和大宗财富,最后他自己也就变成了世界上最坏的暴君。同时他还和这些暴君保持着最紧密的联系。因为他们用这样的话说服那些久已匍匐于迷信面前的民族:即使是废黜一个最坏的暴君也是不合法的,除非是教皇解除了这些人对君主效忠的誓言。但你躲开了正教的作家,并且把他们所熟知和一致接受的真理说成是由教皇创始的,企图通过这种方式来玷污真理。这事如果不是你心怀叵测地干下的,那便说明你既不是天主教徒又不是新教徒,而是以土买地方那种半野蛮的希律式的人物*。他们把魔鬼式的暴君当成上天降下的救世主来崇拜。

你说你的意见都"已经得到纪元初 4 世纪教父的教义证明,唯有这种教义才称得上是福音书和基督的教义。"这个人简直是

* 耶稣降生时,以土买地方的希律企图加害耶稣。——译者注

恬不知耻。那帮人所说和所写的东西该有多少是基督和使徒们既没有讲过也决不会赞成的呢？新教徒不赞同他们的东西又该有多少啊！但你从教父著作中又证明了一些什么呢？不错，是有这样一句："甚至连昏君也是上帝指派的。"即令昏君和其他的恶事一样，在某种意义上讲来是上帝指派的，那又怎么样呢？哦，"因此他们只有上帝才能审判，他们是高于法律的。不论是根据成文法还是不成文法，不论是根据自然法还是神律，都不能由他们的臣民或在他们的臣民面前控告他。"但这是为什么呢？肯定地说没有任何法律禁止人们这样做，也没有任何法律把国王当例外。一切天上与人间的理性与权利都要求所有的犯罪者一律受到惩罚。你在成文法或不成文法中或自然法与神律中，都没有提出任何一条禁止这样做的法律来。那么为什么国王就不能被控告呢？"因为连暴虐的国王也都是由上帝指派的"。我到底叫你恶棍好呢，还是叫你笨蛋好呢，抑或是叫你傻瓜好呢？你竟然传播这样一个祸国殃民的理论，真是万恶不赦。而你的理论根据又这样笨拙，真是愚蠢透顶。上帝说："残害人行毁灭的也是我所造。"（见以赛亚书第 54 章）。照这样说法，杀人者也可以超脱于法律之上了。不论你怎样推敲这个句子，这结论也和你前面的结论同样真确。

教皇和暴君同样都是由上帝指派的，设立教皇就是为了惩罚教会。这一点我已经根据你的文章论证过了。但你用假名瓦罗·麦撒林纳出版的书的第 412 页上说："因为他把自己的统治地位抬高到了令人不能忍受的顶点，以致与暴君毫无区别。因之，驱除他和他所统辖的主教比委派他们更为合法。"你告诉我们，教皇和主教们虽然是在上帝盛怒之下指派的，但因为他们是暴君，所以就

应当驱逐出教堂。然而你又否认应把暴君驱逐出共和国,“因为上帝在盛怒之下指派了他们!”你简直是牛头不对马嘴而又自相矛盾!从一方面讲来,教皇管辖的是人的良心,他要是没有得到对方的同意,便连良心也无法伤害,实际上他是没有权力推行暴政的;而你却叫嚷着说,应该把他当成不可或留的暴君驱逐出去。但在另一方面,没有一个实际掌握生杀予夺大权的暴君的支持,教皇就不能统治教会,而你却极力主张不论在什么情况之下共和国都应当容忍他。把这些话加以比较,就暴露出你是一个愚蠢而幼稚的吹牛大王。不管你说的话是真的还是假的,你那种反复无常、愚顽无知、鲁莽粗率的实质已经无法掩盖了。

你又提出了另外一个理由:“人间的事情简直是反了。”当然是反了,而且是变好了。假如人间的事情一坏就要永远坏下去,那就一切没有指望了。我认为事情是能够变好的,国王的权力可以交还给人民。这权力本来也是由人民的意志和投票产生出来并交付给人民之中的某一人的。权力从作恶者手中转交到受害者手中是合情合理的。因为除此以外人间再没有第三者有资格掌握它了。难道叫外国人来掌权吗?试问谁愿意服从外国人的管辖呢?人人都一律平等地服从法律,这就是世间最公正的情形。这样也就不会再出现血肉之躯的上帝了。谁要在人们中间摆这种架子,他就会像冒犯教会那样严重地危害了国家。

现在我又要“以子之矛攻子之盾”了。你说,“如果认为一个人可以代表基督*便是最大的异端。有两个标志可以说明他是假

* 指教皇制度。——译者注

基督：一个是性灵事务上不舛错，另一个是世俗事务上的全能”（见“论教皇的统治机构”第 171 页）。国王是不是不舛错呢？他们为什么能够无所不能呢？假如他们是这样的话，他们对世俗事务的破坏性难道不和教皇对性灵事务的破坏性同样严重吗？上帝难道真的不关心世俗事务吗？假如他不关心的话，他也决不会禁止我们自己管理这种事务。假如他关心的话，他就会让国家进行像教会那样的改革。尤其是事实已经证明，把不舛错和无所不能的特质赋予一个人就是性灵与世俗两界万恶的总根源。上帝在世俗事务中并没有指令人们忍耐，让国家屈从于暴君的苛政之下，而单独让教会可以例外。他指令的恰恰与此相反。诚然，他交给教会的不是武装，而是忍耐和纯洁的心灵，祈祷和福音的教义。但他交给国家和官吏的则不是忍耐，而是法律和剑，让他们可以惩罚一切错误和侵害行为。撒尔美夏斯这个人的脑子诚然是黑白颠倒、是非不分到骇人听闻、令人失笑的地步了。在教堂里他就像赫尔维陀*与色拉西亚**一样，是一个十足的杀暴君的人。但在国家事务上却又是一切暴君的公共奴隶和走狗。假如他的说法能成立的话，那就不单是我们这些驱逐国王的人，而且连那些违犯国家意志脱离教皇统治的新教徒在内，全都是叛乱分子了。

往下过不了多远，你又自作自受地摔了一跤。只要对方的手管用，撒尔美夏斯常常是提供大量武器来伤害自己，这就是他的本性。谁也不会像他这样授人以柄，让你很容易地驳斥和嘲弄他。

* 罗马维斯巴兴大帝时代元老院反对派领袖。——译者注

** 因反对尼禄皇帝而被杀的人。——译者注

他虽是很殷勤地把自己的背送过来给你打，你倒真是懒得再用鞭子抽他了。

第　四　章

撒尔美夏斯,你也许以为写下你那篇王室辩护书以后就讨好了一切的国王,理应受到世间一切君王的奖赏。但他们如果根据事实来考虑自己的利益,而不听信你的花言巧语的话,就会恨你比恨其他任何人更深,也会把你流放到比其他人更遥远的地方去。正是由于你把国王的权力捧到超乎一切法制之上就等于唤醒了绝大多数的民族,使他们认识到自己是处在从未意识到的一种奴役状态之下。以往他们一直在沉睡中洋洋得意地以为自己还是自由人,你这一下就刺激了他们,使他们猛醒过来。因为你把他们从没有认识到的事情告诉了他们,说他们是国王的奴隶。你哄骗他们说,这种极权并不是由于他们的忍受和服从而扩大起来的,按王权本身来说,它刚一产生就有现在这样大。其实你越是这样说,他们越认为王权政府是不可忍受的。因此,不论你已经说服了某些民族没有,你和你这篇辩护书对所有的国王来说,都永远是使他们切齿痛恨的灭身之祸。因为你如果哄骗一个民族,说王权是一种无限的权力,他们就不会再容忍君主政体了。你要是不这样哄骗,他们倒只会不容忍非法窃权的国王。

如果愿纳忠谏的国王能听我的话,并让自己受到法律的限制,他们的政府就会不像现在这样残暴脆弱、动荡不宁,并充满忧患。

他们的政府就将是巩固、和平而持久的。假如他们因人废言，轻视这样一个有益于本身和整个王国的箴言，那么他们应当知道这话不是我说的，而是古时一个贤明的国王说的。出身古世族的斯巴达王莱喀古斯看到他的族人在墨塞涅和阿各斯执政时都成了暴君，因而招致了杀身灭国的惨祸。他为了造福国家，并尽量使自己的家族长久保持王位，便让元老院分享自己的权力。而且他自己虽身为国王，也服从相当苛刻的监察官，这一切都是为了巩固自己的王位。通过这种办法，他使自己的王位绵延数世不绝。继莱喀古斯之后，狄奥旁波斯统治拉栖第梦达一百余年之久，有人认为真正节制有度的政体就是狄奥旁波斯建立的。他使监察官的权力超过自己的权力，从而夸耀道：这样就能使王权奠定十分坚实的基础，传给后代的时候也就更巩固、更持久。不管怎样，他对今天的国王说来，并不是一个坏典型，而且还是一个万全之策的倡导者。

至于说任何人都要服从一个凌驾于法律之上的人，这是任何法律都没有规定过的，同时也不可能作这种规定。因为任何法律要是像这样推翻了一切法律，它本身就不可能成其为法律了。你看到法律把你当成破坏者和谋害者而唾弃你，于是在这一章里你又企图用判例卷土重来。那么，就让我们根据判例来审案吧，因为法律含而不露的地方往往可以用判例来把事情弄明白。

首先让我们从犹太人讲起，因为一般承认，他们最了解上帝的意旨。然后我们再按照你自己的方式“下溯到基督徒”。但开始的时间不妨提得早一些，看看以色列人不论经过什么过程臣服于君王以后，是怎样挣脱了这个奴隶枷锁的。当初摩押的国王伊矶伦征服了他们,并在耶利哥地方登上王位统治他们。这人并不是蔑视真神的人,因为一提到主的名字,他便立刻从宝座上起立致敬。以色列人臣服于他达 18 年之久,不把他当成敌人看待,而把他拥为自己的国王向他献礼。但正在把他拥为国王公开献礼的时候,他们又用计谋把他当成国家的敌人杀掉了*。的确,杀他的那位以笏,一般都认为这样做一定是受命于上帝的。还有什么理由能说明这是有根据的和值得赞扬的呢?上帝决不会让人去做奸狡不公和残暴不仁的事,而只会让人去做光明正大、值得颂扬的事。况且我们在任何书上都没看到他曾明确地得到上帝的命令。"以色列的子民曾向上帝呼求",这一点我们也做了。主给他们立了一个救主,主也同样给我们立了救主。伊矶伦由他们的邻人变成了他们的自己人,由他们的仇敌变成了他们的国王。我们这位正人君子则由我们的国王变成了我们的敌人。这样一来他就不是我们的国王了,因为国家的敌人连一个普通公民也够不上。安东尼和尼禄被元老院票决宣布为敌人以后,前者就不再是执政官,后者就不再是皇帝了。这一点西塞罗在他的反腓力第 4 讲中说得很透彻:"如果安东尼是执政官,布鲁图就是我们的敌人,如果布鲁图是共和国的救星和捍卫者,安东尼就是我们的敌人。除了强盗以外,谁会把他当执政官看待呢?"根据同样的理由,我要问,除了国家的敌人以外,谁又会把暴君当国王看待呢?所以伊矶伦是不是一个外国人,查理是不是本国人并没有什么区别,因为两个人都是敌人和暴君。如果以笏杀伊矶伦是公正的,那么我们把查理处死

* 参见士师记第 8 章 12 至 24 节。——译者注

也是公正的。

著名的战士参孙虽然受到国人的谴责（士师记第15章“非利士人辖治我们你不知道么。”），但还是单枪匹马地与统治者作战。不知道是得到上帝的指示还是由于他自己的勇敢，他杀死的不是一个暴君，而是好几个暴君。由于他事先正式祷求上帝帮助他，可见他的国人虽然大部分不拒绝奴隶制，他自己却决不认为杀君主、杀自己国家的暴君是一种罪恶，反而认为是一种责任。但你又说，大卫是一个先知又是一个国王，而他却拒绝剥夺扫罗的生命，因为扫罗“乃是耶和华的受膏者”。* 大卫拒绝做的事情，并不等于我们也同样应当拒绝。大卫是作为一个平民拒绝这样做的。这个先例难道能约束一个国家的枢密院、议会和整个民族吗？大卫不私自杀死他个人的仇敌，难道一个为大众办事的官吏就不能依法惩处一个罪犯吗？他不杀国王，难道上议院就不敢杀暴君吗？他不愿杀上帝的受膏者，难道人民就永远不能把自己的受膏者处死吗？更重要的是这个人早已变成了人民公敌，满手净是臣民的鲜血了。这样他就抛弃了一切神职膏礼与俗职膏礼。以往上帝通过先知膏为王、或题名做某种事情的人，如同神在古时指派古列（居鲁士）那样（见以赛亚书第44章），我都承认是上帝的受膏者，此外我都认为是人民、军队、或自己党派的受膏者。即便一切国王都是上帝的受膏者，你也没法使我承认他们就超乎一切法律之上，而且不论做了多少坏事都不应受惩罚。大卫自己不愿和某些平民起来反对上帝的受膏者那又有什么呢？上帝还曾亲自禁止国王侵犯他的受

* 参见撒母耳记上第24章。——译者注

膏者——人民哩(见诗篇第105篇)。如果国王曾经受膏的话,上帝重视人民受膏的膏礼也甚于国王受膏的膏礼。那么上帝的信徒要是犯了法,受到惩罚难道是不合法的吗?大祭司亚比亚他虽然也是上帝的受膏者,但所罗门王还是曾经打算把他处死。后来他又赦免了这祭司,其原因也并不是因为他曾受膏于上帝,而是因为他是自己父亲的朋友*。亚比亚他是个大祭司,同时对许多事情又掌握着最高权力,如果上帝的神职膏礼与俗职膏礼**都不能免除他的死,那么仅仅俗职膏礼又怎能赦免暴君的死罪呢?但你又说:"扫罗也是一个暴君,也应当死。"这又怎么样呢?这并不等于说,大卫不论在什么地方都可以不经人民的准许或官长的命令就有资格杀扫罗王。但扫罗究竟是不是一个暴君呢?我希望你会这样说,而你也确乎这样说了。只是你在第2章第32页上又说"他不是一个暴君,而是上帝选派的一个贤君。"请问你,连卑鄙的诬告者和伪证人都应当公开在法庭上打上一个烙印,你难道还有什么理由逃避这种不荣誉的戳记吗?他们的作弊欺骗还没有像你在论述最重要的问题时那么狡猾呢。扫罗如果合你的胃口的话,就是一个贤君,一旦不合你的胃口马上又不是一个贤君而是一个暴君了。这一点并不奇怪。因为你这样公然无耻地助桀为虐,除了使贤君全变成暴君以外你还能做什么呢?大卫不杀他自己的岳父——扫罗王是有许多理由的,这些和我们毫不相干。但他为了保卫自己,仍旧断然地召集一批军队去攻占或包围扫罗的城市。

* 参见列王记上第2章。——译者注

** 古以色列的大祭司兼管宗教与世俗事务,故受膏时有双重意义。——译者注

他若不是知道公民不高兴他,他是会抗击国王的军队保卫基伊拉城的。假如当初扫罗围了城,并在城墙上架了云梯,自己首先爬上来,你想想大卫会不会马上放下武器,把拥护自己的人出卖给曾经受膏的敌人呢?我敢说不会!他为什么不能做我们曾经做过的事呢?当他的利益有那种迫切要求的时候,他曾经毫无顾忌地帮助他们国家的敌人非利士人*,他这样对扫罗做的事我们对自己的暴君是绝对做不出来的。

我为你的谎言感到羞耻,而且早就感到腻透了。你竟诡称英国人有一个原则是:"宁饶敌人不饶朋友,国王是他们的朋友,所以他们就不能饶恕他。"厚颜无耻的撒谎家啊!你不捏造出来,人世间又有谁听见过这样的谬论呢?你骂英国人"比恶犬还凶!"这点现在且不谈。因为这一章还不打算把你这用臭了的修辞化妆品提出来。在这儿你已经是第五次从你那可怜的化妆品商店里取出来了,往后在全书结束以前你还会取出十来次。英国并不比自己的恶犬更凶,也决不像你那样比一切疯狗更饿。有你那样的铁石心肠就能把你自己吐出来的白菜一次又一次地再吞下去。

接着你又告诉我们说:大卫命人把自称杀了扫罗的亚马力处死。但其中所说的人也不对,事也不对。大卫是由于显然投降非利士并参加了敌军,于是一心一意要洗清自己阴谋杀害国王的嫌疑。否则我个人认为大卫对那人采取严峻的处置是没有理由的。因为那人只是宣称当扫罗在被折磨得奄奄待毙的时候给了仁慈的

---

* 参见撒母耳记。——译者注

一击[*]。爱帕弗洛代图帮助尼禄了结残生,多密齐安竟把他处死,世人岂不也在指责他有同样的用心吗?其次,你还有一句鲁莽灭裂的话;你刚说他是一个暴君,是一个"邪魔附体的人",接着你又不但称他为"上帝的受膏者",而且还称他为"主的基督"。你对基督这个字竟含有如此卑鄙的观念,以致把这样神圣的名称用在一个邪魔附体的暴君身上。

现在我要举出另一个例子来。谁要是在这里还看不出人民的权力高于国王的权力,他就真是瞎了眼。所罗门王死去以后,人民聚集到示剑来拥戴他的儿子罗波安为王。于是罗波安就亲自到场,好像是去候选公职一样,免得使人家认为他是要求继承他父亲的王位,或把自由人民当自己父亲的牛羊看待。当时人民向他提出条件作为王权的基础。他要求给予三天的考虑时间,他和老人们商量的时候,他们没有对王权提出别的意见,只叫他服从人民的意志,用好话回答他们,人民有权让他当国王,也有权废黜他。然后他又和从小一块儿长大的青年侍者商量。这些人就像被撒尔美夏斯这个牛虻咬疯了似的,一味对他的耳朵灌输王权,竭力主张他用蝎子鞭来恐吓人民。罗波安听了这些话之后就去答复人民。"以色列众民见王不依从他们[**]"马上就仗义执言,公开保护自己的自由和人民权利。他们说:"我们与大卫有什么分儿呢、……以色列人哪、各回各家去吧。大卫家呵自己顾自己吧"[***]。当国王派遣亚多兰到他们当中来时,他们就用石头砸他。国王本人要是

* 参见撒母耳记下第1章。——译者注

** 参见列王记上第12章。——译者注

*** 同上。——译者注

跑得不快,大概也就难以身免了。罗波安召集了大批军队去镇压以色列人。上帝禁止道:“你们不可上去与你们的兄弟以色列人争战,……因为这事出于我。”*现在请你想想,原先人民要求一个国王,上帝为此对他们不高兴,但还是不干涉他们的权利。接着人民起来反抗罗波安的统治,上帝不但把这事完全交给他们自行处理,而且还制止罗波安的行动,不许他对人民发动战争。跟着又教导他说,不能因为这件事,就把背离他的那些人称为叛民,因为他们依然是同胞。试问你的辩护书是什么样子!你说所有的国王都源于上帝,因此人民连暴君也不应反抗。我告诉你,人民的集会、投票、决议、行动、法令也同样是源于上帝的,上帝在这桩事上亲自作了证,因此便有了上帝的权威作根据。用你自己的话来说,国王也同样不应反抗人民。如果现在肯定国王源于上帝,从而认为国王可以强制人民服从的话,那么今天人民的自由集会也同样源出于上帝,而且也有同样理由使他们有权约束或驱逐国王。国王如果为此而向臣民开战,便和罗波安一样是毫无理由的。

于是你又问:以色列人为什么不背离所罗门呢?世界上除了你以外,谁会提出这样一个愚蠢的问题呢?以色列人民确乎反抗了暴君,而且并没有因此受到任何灾难,这难道不是肯定的事实吗?所罗门诚然作了某些恶行,但他并没有马上成了一个暴君。他为国家立了许多功劳,并具有许多杰出的美德,因而弥补了他的恶行。即使他是一个暴君,可是由于时势的不同,人民常常不愿意或不可能废黜他。只要以色列人在有能力废黜他的时候废黜了他

* 参见列王记上第12章。——译者注

的话，就足以说明问题了。你又说：“但耶罗波安[*]的行为从来是受人唾弃的，他的背叛是遭人咒骂的，他的后继者都被认为是叛民。”但我却找到无数的章节，说明责备他的不是背叛罗波安，而是背叛对上帝的虔诚崇敬。我记得他的后继者常被称为恶人，但没有被称为叛民。

“从一个侵权违法的行为里”你说：“不可能产生任何权利。”那么请问你所谓的王权又是怎样解释呢？你永远是自己跟自己过不去。你说：“通奸、谋杀、盗窃天天都有，可是并没遭到惩罚。”难道你还没有发觉这话正答复了你自己提出的为什么暴君常常能逃避惩罚的问题吗？你说：“那些国王是叛乱者，而先知仍然没有设法劝使人民背离他们。”那么你这个坏蛋假先知又为什么要哄骗英国人民背离他们现在的官长呢？纵然这些官长如你所说的是一些叛民，难道就应当这样做吗？“这帮英国匪徒”你说：“声称有上天直接发出的声音指挥他们从事那种大逆不道的恶行。”英国人难道会用这种上天的保证作为自己行为的根据吗？这只能说是你撒了许多谎言以后又加上了一次而已。

我还要提出许多例证来回敬你。强大的城市立拿叛离了国王约兰，是由于国王背叛了上帝[**]。因此，实际上背叛的是国王而不是城市。城市并不负叛乱之责。如果考虑背离的理由，他们的反抗还是值得赞扬的。你又说“这类的背叛不足为例”。那么你为什么又要那样神气十足地保证在这一章要用例证来和我见个高下

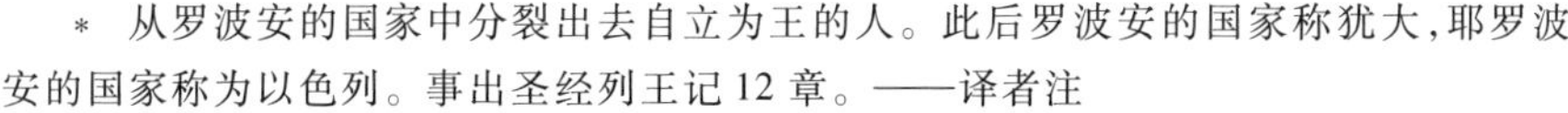

[*] 从罗波安的国家中分裂出去自立为王的人。此后罗波安的国家称犹大，耶罗波安的国家称为以色列。事出圣经列王记 12 章。——译者注

[**] 参见列王记下第 9 章第 22 节。——译者注

呢？其实你只有反证，根本拿不出正面的例证来，况且连这些反证也毫无根据，不足以当证明。当我们提出充分确实的例证时，你又说不能援例。像这样的辩论，人家哪能不把你嘘下台去呢？你挑衅叫我们拿出先例来，当我们果真拿出来时你又是怎样的呢？你调过脸去想钻空子逃跑。

我还要再举一些事实：耶户奉先知之命杀了一个国王。还不止此，他又下令处死了他自己的君王亚哈谢*。如果上帝不让臣民处死自己的暴君，如果那是一件不义的行为，是一个恶例，那么上帝为什么要亲自命令这样做呢？他命令这样做，这就是合法的，值得赞扬的，而且也是光荣的。这倒不是说因为有上帝的命令，杀暴君才是正当的和合法的。而是因为这事本来就是正当的和合法的，上帝才命令这样做。同时，亚他利亚虽然在位七年，大祭司耶和耶大还是毫不留情地把她废黜，并杀死了。“但是”你说，“她是由于篡夺了王位。”那么后来提庇留是不是跟你所说的那样掌握了“不属于他的统治权”呢？然而你又一再说，按照基督的教义，人们应当服从他和类似他的暴君。如果说一个篡位的君主可以合法地处以极刑，而一个临政暴虐的君主倒不能如此，那未免太荒唐了。但你又说，她是一个女人，按法律她根本不能临朝听政。“你们可以立一个君主，”但不能立一个女王。如果这话说得通的话，我就要说：“你们可以立一个君主，”但不能立一个暴君。因为暴君与君主之间的差别比男人与女人之间的差别要大得多。

懦弱无能、崇拜偶像的国王亚玛谢被杀了。杀他的人并不是

---

* 参见列王记下第9章。——译者注

少数共谋者，看来还是贵族和全体人民。因为他从耶路撒冷逃走时没有人支持他，人们甚至把他赶到拉吉去。历史上说，从他背离主的时候起，人们就商量好要反对他，我们也没有看到他的儿子亚撒利雅追究他父亲被杀的经过*。

你又一次地引证了许多犹太法学家的蠢话来证明犹太国王是高于犹太高等参议院的。但你却没有考虑西底加王自己所说的这一段话："无论何事、王也不能与你们反对。"（见耶利米书第38章）这就是他对参议员说话的方式，他明白地承认自己低于国家的参议院。你说："他一切都不敢拒绝参议院，可能是因为他害怕叛变。"你的话连最肯定的结论都是一文不值的，那么你这个"可能是"又有什么价值呢？世界上还有谁会像你这样浮躁，这样反复无常、出尔反尔和自相矛盾呢？你从这边说到那边，自己打自己的耳光、刚说的话自己又否认，这我已经不知发现有多少次了。

你拿查理王来和犹太的许多贤王相比。首先你提出大卫来，认为他是个可耻的人。你说"比方大卫就同时犯了通奸罪和杀人罪，查理并没有这种事情。他的儿子所罗门人人都称为智王……"像你这种卑鄙下流的笨蛋，把圣贤的名字拿来糟蹋，你把伟大诚敬的贤王的名字拿来糟蹋，谁又能不义愤填膺呢？你竟敢把大卫王和查理王相提并论。一个是笃信宗教的先知，另一个是迷信重重、入门未久的基督徒，一个是极其贤明谨慎的君主，另一个则是昏庸愚暗的人；一个是勇敢的国王，另一个则是懦夫；一个是大公无私的君主，另一个则是徇私偏执的人。查理王和白金汉公

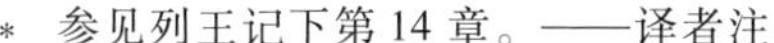

* 参见列王记下第14章。——译者注

爵互相勾结,大家都知道他满身肮脏臭不可闻,你敢说他是白璧无瑕、节制有度吗？他在公共场所和剧院里无耻地拥抱和亲吻良家妇女,并且还摸姑娘和贵妇们的乳房,其他的事更是不胜枚举。这种人的私生活是可想而知了。我为了你而向你提出忠告,你这个冒牌的普卢塔克,以后再别做这种令人好笑的“名人评比传”了。关于查理王有许多事情,我本可以保持缄默,但你这样一说就使我不得不把它公开出来。

从以上所说的话中,我们可以清楚地看出,当上帝可以说是直接发号施令治理希伯来共和国时,人民对暴君所做的或试图做的事情是什么,他们是根据什么权利。往后的各个世纪并没有独特的权威根据来指导我们,而只是根据先人的法度与理论来统治,所以便只能模仿前人,因而就证实了我们的论点。因为以色列人被掳到巴比伦再脱身回来以后,上帝对国事并没有新的指令。这时王统虽未绝灭,人民却回到旧日摩西的政权形式下去了。有一个时期他们向叙利亚王安提阿纳贡称臣,但当安提阿命令他们做非法的事情时,他们便在大司祭马克比的领导下起来反抗安提阿和他的官员,并使用武力恢复自由。此后,统治权便授予有王者之德的人。直到后来,西门的儿子犹大·马克比亚的兄弟希尔堪诺斯偷盗了大卫的墓,雇佣外国军队,并使大祭司拥有一部分王权,才使他的儿子阿里士多波罗斯登上了王位。这人虽是一个暴君,但人民并没有反抗他。其实这毫不奇怪,因为他只在位一年光景。后来他身患重病,对自己的罪恶又深感悔恨,暗自祈求速死。他终于如愿以偿地呼吸了最后一口气。他的兄弟亚历山大继王位,你说他虽然也是暴君,但“也没有人起来反抗”。唉！要是约瑟夫斯

的著作失传，只有你那无聊的法利赛人言词的出处——“约细帕斯”存在，你倒可以肆无忌惮地撒谎了。事实是这样：亚历山大不论在平时或战时都是政声极恶的，他虽然招募了一大批彼西底亚和西里西亚的雇佣兵来当卫队，但仍然不能约束人民。甚至当他在献祭的时候人民也袭击他，认为他不配司祭，差一点用棕榄树和香橼树枝把他压死了。在往后的六年中，全国几乎一致反抗他。在这一场战争中他残杀了好几千犹太人，最后他向人民求和，问人民叫他干什么，大家一齐答复说他该死，死有余辜。你企图不挥手段地避开这一段对你十分不利的史实。所以你就拿几句卑微琐屑、夸夸其谈的法利赛人言词掩盖过去，这简直叫你丢尽了体面。你活像一个偷偷摸摸的老骗子手，只顾撒谎，不考虑自己干的什么勾当。不然的话，这种例子你要就别提，要提就得把事实和盘托出来。甚至连亚历山大下令钉死的800个法利赛人，也曾经拿起武器反抗他。他们和其余的人民都异口同声地斥责说：要是他们能打败他并抓住他，就一定要把他处死。亚历山大死后，他的妻子亚历山大利亚继位。但她的王位和古时的亚他利亚一样，不是依法继承的。你方才也说过，犹太法律不许女人为王。但她一方面笼络国内势力最大的法利赛人，同他们达成谅解，说她将来只是名义上的君主，实权由他们自己掌握，另一方面她又豢养了一批外国军队。她就是这样一半用武力、一半用手段取得了王位。我们国家的情形也是如此，不久以前苏格兰的长老会教徒也承认查理在名义上是个国王，但有一个条件，就是王室权力要归他们掌握。亚历山大利亚死后，她两个儿子希尔堪诺斯和亚里士多波罗斯互相争权。亚里士多波罗斯比较强悍，拥护的人也较多，于是便把他兄弟

希尔堪诺斯驱逐出国外。不久之后,庞培从密司立对提之战中分兵进击叙利亚。犹太人认为找到庞培,便是为自己的自由找到了公正的仲裁人。于是便派使节以他们自己的名义前去迎接他,同时摈弃了他们两兄弟的统治,愤慨地指责这两人奴役了他们。庞培废黜了亚里士多波罗斯,让希尔堪诺斯依祖先法统继承应得的祭司职位和王位。从此以后,他就称为大祭司和总督。到希律的儿子亚基老在位时,犹太人派遣了50个使节去见奥古斯都·恺撒,严厉控告已死的希律和在位的亚基老。他们力图废黜亚基老,请求皇帝取消犹太人的国王。恺撒颇受他们的请求所感动,于是不再立国王,而只派了一个总督去统治他们。可是十年以后,人民又派使节到恺撒那里控告总督的暴政。恺撒仁慈地倾听了他们的意见,把总督召回判罪,并把他充军到维也纳。请你答复我:人民既然能控告国王,希望对国王判罪予以应得的惩罚,如果他们自己能掌握惩治权,并能自行选择的话,难道就不会自行把国王定罪并处以死刑吗?你也不否认,人民和贵族常常拿起武器反抗各省中贪婪暴虐的总督。但你却和往常一样,捏造了一个极荒唐的理由说:"那是因为他们还没有习惯于这种枷锁。"人们在亚历山大、希律和他儿子治下很可能是没有习惯这种枷锁,所以就把他们推翻了!至于你说他们不愿意"拿起武器"反抗盖乌斯·恺撒和彼得朗尼阿斯,我认为他们这样做很聪明,因为他们没有力量反抗。你为什么不听听他们自己的话呢?"我们不愿打仗,因为我们没有力量。"他们自己都承认没有力量,你这个伪君子难道还说他们是由于宗教的缘故吗?

接着你又闹了一阵,实际没有说明任何问题,因为你企图从教父的话中找到你以往所作的那种肤浅的证明——我们应为国王祈祷。我们应当为贤君祈祷,这一点谁也不否认。昏君只要还不令人绝望,也应为他祈祷,甚至对于强盗和敌人也是如此。为什么要这样呢?这不是为了让他们蹂躏国土,涂炭生灵,而是为了使他们能改邪归正。我们虽然为盗贼和敌人祈祷,但谁能限制我们用法律惩办前者或用武力惩戒后者呢?我根本不懂得什么是“埃及祷文”,但你说司祭在祈祷:“高摩达能继他父亲的王位。”我认为根本就不是在祈祷,而是在诅咒罗马帝国遭到临头大祸。

你说我们曾不止一次地在庄严的大会上保证保持国王的权威和尊严,但我们破坏了自己的诺言。这一点我将等你在后面更充分地讲到它时再谈。

接着你又回到教父的注释来了,关于这些人你可以简单地记住以下的话:无论他们说些什么,如果没有圣经上的根据或正当而充分的理由,我就把它当成任何普通人说的话,认为是不相干的。你首先提出的是都尔德良。这人不是一个正统的作家,而是由于出了许多错误论点而弄得声名狼藉的人。所以纵使他和你论调一致,也不能帮你多少忙。但他说的究竟是些什么呢?他谴责骚动与叛乱。这些我们也谴责过。只是我们讲到这个问题时,并没有不假思索地对人民的权利与特权、元老院的议案与决议以及一切长官的权力妄下结论,而只把国王抛开。教父们所谴责的是疯狂的群众在狂热状态之下鲁莽地爆发的叛乱,他们并没有谴责官长、元老院和议会不应当号召人民依法拿起武器反抗暴君。所以你援引过的盎布罗肖就曾说:“不反抗而号哭悲叹,这是祭司的反抗与防卫的方法。单独一个人或一小群人中的某一人是不是敢对皇帝

说:‘我不喜欢你的法律’呢?这种话连祭司都不敢说,一个平民怎敢想象呢?”我们可以看得很清楚,他所说的是哪一类人,这些不外乎是祭司和世俗平民,他没说官长。然而你却可以看出,他用了一种多么幼稚而荒谬的言词挑起宗教界与俗界日后关于世俗法问题的纷争。

你以为用初期基督信徒的先例可以驳倒我们,极力用它来逼我们。他们在各方面都受到压抑,但“却从没有拿起武器反抗罗马皇帝”。我要指出:第一,在绝大多数情况下他们是办不到的。其次,在办得到的时候,他们就一定会起来反抗了。第三,纵使是在可能的时候没有反抗,那么,在这种重大的事情上,他们的行为也值不得我们去效法。

关于第一种情形,如所周知,当罗马共和国告终以后,帝国的全部统治权都集于皇帝一身,一切军队都由皇帝供养。在那种情形下,如果整个的元老院、骑士阶级和全体平民企图发动革命,都只有自招杀身之祸,而对于争回失去的自由方面却丝毫无补。因为他们纵然可能杀掉一个皇帝,但帝国还会继续存在下去。情形既然如此,那些基督信徒又能有什么作为呢?当时他们的人数固然不少,但都是散处四方、手无寸铁,而且大部分都是最底层的平民。不管他们有多少人,来一个正规兵团岂不就很容易地把他们制服了吗?有多少伟大的将军不惜牺牲生命和训练有素的军队都没有办到的事,这些乌合之众又怎能指望有什么成就呢?公元300年左右,也就是君士坦丁大帝以前20年左右,戴奥克里兴在位的时候,只有底比斯军团是基督徒军团。为了这一点,他们就在高卢的奥克多得龙地方被其他军队消灭了。

你说基督信徒并没有和“卡西约、阿尔宾诺、尼加”等人共谋；难道都尔德良不理解基督信徒们不为异教徒流血吗？因此，基督信徒当时显然是无法摆脱罗马皇帝的统治。在异教皇帝的统治下，他们和异教徒共谋这对自己将是不利的。

现在我要说明，后来基督信徒果然向暴君们开了战，用武力保卫了自己，而且屡次惩治了君主的暴政。首先，君士坦丁改信基督教以后，就向压迫东方的基督徒的东罗马共治皇帝李启尼乌斯开了战，并打垮了他。君士坦丁通过这一行动说明一个君主可以惩治另一个君主。因为他为了东方臣民而把帝国中和他同样处在至尊地位的李启尼乌斯处以死刑，并没有把报复的事情留给上帝。如果君士坦丁同样蹂躏自己辖下的臣民，李启尼乌斯也可以同样把他处死。这样说来，事情既然由上帝交给人了，议会为什么不能像君士坦丁对付李启尼乌斯一样对付查理王呢？如果你说当初士兵们已经把君士坦丁拥上了王位，那么我们的法律也使我们的议会与国王平等，甚至高于国王。

君士坦丁堡的人民曾经趁机以武力反抗阿利乌斯教派的皇帝君士坦修斯。当这位皇帝派赫谟吉尼率领军队来废黜正统教派的主教保罗时，他们就攻击他、抗拒他，用乱刀砍他，不论他躲到哪间房子里，人们马上就用火把他烧个半死，最后把他杀死了。君士坦斯对他的兄弟君士坦修斯声言，如果他不恢复保罗和阿德纳肖的主教职位，他就要兴师问罪。由此可见，这些神圣的教父们在自己的主教位置受到威胁时，就会公然无耻地策动国王的亲兄弟兴师启衅。当时的基督教军队可以拥戴任何人为皇帝，君士坦斯（君士坦丁的儿子）在位时由于放纵骄横，不久就被军队处死了。帝

国权柄也被转移到了马格龙修斯手中。当茹里安还没有叛教的时候，由于他的勇敢和美德，某些人就违背在位的皇帝君士坦修斯的意旨，以帝王之礼对待他。这又怎么说呢？你难道没有把他们当成早期基督信徒中的模范告诉我们吗？后来君士坦修斯在一封致人民的公开信中，严厉地禁止他们那种行为。人民便异口同声地喊道：他们的行为是大主教、军队和国家当局决定的行为。这些人对君士坦修斯开了战，并竭力要剥夺他的王位和生命。

安提奥克的居民完全是基督徒，他们的情形又是怎样的呢？茹里安叛教以后，我以为他们会为他祈祷，可是他们却常常当众咒骂他，指责他，嘲笑他的长胡子，叫他拿这胡子去搓绳子！他们听到他的死讯，马上举行感恩祈祷、大排筵宴，并公开游行庆祝。你认为他们会为这个人祈祷福寿康宁吗？据说他还是被自己军队中的一个基督徒士兵杀死的哩。教会史作家索佐门并不否认这一层，而且认为能做到这一点是值得赞扬的。他说："他自己的士兵中有人暗自这样考虑着，认为非但是希腊人，而且是以往一切人类，都喜欢颂扬铲除暴君、杀身成仁以谋求全人类自由的人。这是毫不奇怪的。这位士兵为了上帝和宗教的事业竟如此热情而勇敢，决不可贸然加以谴责。"这就是当时善良而笃信宗教的作家索佐门的话。从这里我们不难理解，当时的好人对这问题的普遍看法了。盎布罗肖本人也曾接到皇帝小维伦庭的命令叫他离开米兰，但拒绝服从。他在人民武装掩护下，抵抗了皇帝的官吏，保卫了自己和会堂。他改变了自己的原则，大胆地反抗最高的当权者。由于金口若望被放逐，君士坦丁堡曾不止一次地发起骚动反抗皇帝阿卡迪乌斯。现在我已经扼要地说明了奥斯汀（奥古斯汀）以

前的初期基督信徒如何对待暴君，说明了当时不但是军队，而且连人民和教会的教父都怎样起来反抗暴君，并发动或煽起战争来对付暴君。这一段时间正好适合你的胃口，因为你不愿再往下追溯了。我还没有提及普拉西第的儿子维伦庭，这人是因为强奸贵族马克西谟的妻子而被马克西谟杀死的。同时我也没有讲到皇帝阿维陀，他是由于解散军队、纵欲无度，而被罗马元老院废黜的。这些事都是在奥斯汀（奥古斯汀）死后几年才发生的，所以我不想讲了。

我愿意把这些论点都白让给你，就好像我一桩也没有提出一样。假定我们承认早期基督信徒不论好歹都服从国王，并且从来也没有希望过或实际对暴君采取过任何行动。现在我要说明，他们纵使是这样，我们也不能拿他们当根据。再说，学习他们的榜样也是不妥当的。早在君士坦丁大帝时代以前，一般的基督徒无论在宗教方面还是行为方面，都失去了大部分原始时代的尊严和正直。后来君士坦丁使教会获得大量财富。这时教会便开始钻营官职，企图夺得绝对统治权和世俗权力，于是基督教就日见腐败了。先是发生了奢靡堕落之风。接着，各式各样的异端邪说和罪恶就像地狱的后门敞开了一样，大量流入教堂。这样一来，嫉妒、仇恨、倾轧就蔚为风气了。终于发展到连那些通过亲密而敦厚的宗教关系结成兄弟团契的人，也像不共戴天的仇人一样互相争斗攻讦。他们对职责的诚敬和关切完全无影无踪了。军队的士兵和长官一时拥立一个新皇帝，一时又不分好歹地把皇帝全杀了，他们高兴怎样就怎样。我只举出他们骤然拥上王位的维特伦尼安、马克西谟、欧根尼阿斯以及被他们处死的圣明君主格拉齐安和不算太坏的小

维伦庭就够了。诚然，这是士兵和军队里混饭吃的人干的，也就是你所谓的最近乎福音和最足资效法的时代的基督徒干的！现在你不妨听听有关神职人员的一些事情。神甫、主教以至于我们所敬仰的神父们，按说都是自己牧民的导师。但正是这些人，为了争夺一个主教职位，就像争夺暴君的王位一样，僧俗人等搅成一团，在城里、教堂里，甚至就在祭坛下短兵相接，互相厮杀，以致双方都伤亡惨重。你大概还记得盎布罗肖的同代人达玛索斯和乌西辛奴斯的事情吧。君士坦丁堡、安提奥克和亚历山大里亚诸城的居民那些骚乱也是说不完的。尤其是在西利禄煽动和领导下的那些叛乱更是如此。你还把这个人捧成了宣传"服从"的传道士。在那一次巷战中，修士们差一点把狄奥多西的代表阿瑞斯特斯杀死了。你竟然这样鲁莽粗率，真是骇人听闻。你说："在奥斯汀（奥古斯汀）以前或稍后一点这段时间，历史上从未讲到过某个平民、军官或多少共谋者杀死了君主或拿起武器反抗君主。"我从人所共知的史实中，就可以给你指出了许多平民和官员不但亲手杀死了昏君，而且杀死了贤君。此外我还指出了成批的基督徒，包括许多主教在内，曾拿起武器反抗自己的国王。你又举出一些教父，说他们曾滔滔不绝地劝说或颂扬对国王的服从。我不但同样举出这些教父，同时还加上了许多其他的人，说明他们有同样的行动，甚至在合法的事情上也拒绝服从，并曾拿起武器反抗皇帝。此外还有些人以武力反抗并杀伤了皇帝的代表，也有些人为了争夺主教职位而发动内战，互相攻击。可见，为了争夺主教职位，基督徒可以向基督徒开战、市民也可以向市民开战。唯有我们为了自己的自由、为了自己的妻子儿女、为了自己的生命安全向暴君开战就是不合法的！谁能受得了你这些主教和神甫们呢？

你把奥斯汀（奥古斯汀）抬出来，说他曾经断言："主人对奴隶和君主对臣民的权力"是同样性质的东西。我的回答是，如果奥斯汀（奥古斯汀）说了任何这类的话，他所说的既不是基督的话，也不是使徒的话。只不过是他明目张胆地把一些毫无根据的事假托基督与使徒提出来。再说，即使他说了这话，也碍不着我的事。因为关于主人对奴隶的权力这一问题，他在"上帝之城"第19卷第14章中说："在一个笃信宗教的正直人家里，那些发号施令的人实际是在服侍着表面上被号令的人。"所以你所引证的关于"国王对臣民的权力"这一段话，他如果确实说过，而又没有自相矛盾的话，那么他所说的就是这样：甚至连国王、尤其是贤明的国王，实际上都是在为他们表面上所号令着的人服务。此外他还曾肯定地说过：一个昏君对于臣民的权力，和一个强盗对于被劫者的权力实际上是一样（见"上帝之城"第4卷，第4章）。他说："假如正义被抛弃了的话，一个王国与强盗窝有什么不同呢？强盗窝本身岂不就是一个小王国吗？"你原先想把那种庄严而煊赫的权力——可以为所欲为的王权——从奥斯汀（奥古斯汀）那里引申出来，可是，现在你可以看出你到底得到了多大成就了吧。在这里王权没有被看成是诗人或画家那一类的权利，而被看成是强盗那一类的权力了！

大作第4章其余的3、4页充满了彻头彻尾的谎言或稀里糊涂的错误。这些都是一再出现的东西，任何人都可以在前面已经说过的驳斥中看穿它们。关于教皇的问题，你无缘无故地大骂了一通。我倒欢迎你声嘶力竭地骂。不过你又插进了一大段话，想欺

骗脑筋简单的人，你说："不论好歹，每一个基督信徒都完全服从国王，直到教皇权力被认为高于王权，并解除了臣民对国王的效忠誓言时为止。"上面我已经用实际事例充分证明：这种话"不论在奥斯汀（奥古斯汀）时代以前还是以后"都是毫无根据的。

最后你讲到"教皇札加利亚解除了法国人对国王效忠的誓言"，这话似乎并不怎么确实。博学的弗朗西斯·何特曼本身就是法国人又是律师，他在他的"法兰克高卢史"一书第13章中说，契尔配利克被废黜并不是由于教皇的命务，王国也不是因为这件事而转入丕平手中去的。他从法兰克人最古的编年史中找出证明，说这事是全民大会运用原有的权威造成的。至于说，此后还有必要让法国人解除效忠誓言，则是和法国史籍完全不符的，而且教皇札加利亚本人也否认这一点。不但是何特曼说，而且连法国杰出的历史家桀拉德也说，根据法兰克人的史籍记载法兰克人具有从古代一直完整地保留下来的权利，只要他们认为合适，便不但可以选举国王，而且可以废黜国王。根据习惯，他们把国王拥上王位之后，向他宣誓的誓言只是：如果国王履行他自己和人民同时宣誓保证实践的事情，人民便也履行自己的诺言与义务。所以国王如果把受委托治理的国家弄乱了，他就首先破坏了自己的誓言。这时根本就用不着教皇来解除人民的义务，国王本身的背信弃义就完成了这一点。最后，教皇札加利亚本身就在你所引证的那封致法兰克人书中否认了你说他夺到手里的权柄，而把这权柄归之于人民。因为"国王既是受人民拥戴而登基的，他当然就可以受到人民的惩罚，人民既有权拥立一个国王当然就有权废黜他"。（这正是上述教皇的话）法兰克人往后决不至于作出损害这一自古流

传下来的权利的任何誓言。他们也不会自动把自己的手脚绑起来,不去运用祖先们传下来的废黜昏君与崇奉贤君的权利。他们更不会把自己认为只能用于贤君的服从同样用于暴君。当一个民族受着这样誓言的约束时,国王如果变成了暴君或懦弱无能时,他自己就由于背信而解除了臣民的义务。正义和自然法本身就解除了他们的义务。因此,根据教皇本人的意见,根本就没有什么东西需要他去解除了。

第 五 章

撒尔美夏斯,我以往一直认为、现在仍然认为,神律与自然法是完全符合的。因此,如果我证明神律中关于国王规定了些什么,同时说明上帝的子民(包括犹太人和基督徒在内)的实际行为是什么,那么在同一叙述里,我就同时说明了最符合于自然法的是什么。我本认为谈自然法是没有必要的,但你既然认为"现在能通过自然法把我们彻底驳倒",那么我当然也认为有谈一谈自然法的必要了。所以在这一章,我将提出这方面的论据来驳斥你,证明暴君受惩是完全符合自然法的。这一点如果不能证明的话,我就愿意立刻承认,根据神律,暴君也是不应当受惩罚的。我并不打算连篇累牍地讨论自然法则和人类政治生活的起源。这一论题已经有希腊和拉丁的许多博学之士作过广泛的讨论了。我的计划与其说是由我来驳斥你,倒不如说是让你自己打自己的耳光,把自己的论点推翻。我愿意尽量说得简短些,省去这层不必要的麻烦。

因此,我将首先从你自己写下的东西开始,并以它作为以后讨论的基础。你说:"自然法是人类心灵中固有的原则,目的是当人们结成社会时,让每一个人关心全体人类的福利。但由于有一些人必须处于被统治地位,所以不确定谁是统治者就不能获得这种公共的福利。"换句话说,不这样确定下来,强者就会压迫弱者。

因之,为了共同安全和防卫而结合起来的人们,就会由于伤害和暴力行为而散伙,而又回复到野蛮生活中去了。我推测你要说的意思大概就是如此,只是你的话说得比较啰唆罢了。“在某些结成一个整体的人们当中,必然有些出类拔萃的人,在智慧或勇敢方面超过了其余的人”,你说:“他们不是通过强力便是通过说服,使桀骜不驯的人安守本分。有时是某一个人的勇敢与智慧特别突出,可以做到这一点。有时是几个人同时这样,他们将通过协商来达到这一点。诚然,任何一个人都无法单独号令或处理一切事务,他必须和更多的人协商,并容纳其他的人到统治集团中来。因此,不论最高权力是集中在一人身上还是由全体人民掌握,国家的事务总不能由全体人民处理,也不能由一个人处理。所以政府的职责实际上总是落在一部分人的肩上。”接着你又说:“政府的形式本身,不论是操在多数人手中还是少数人手中,抑或是操在一人手中,总是合乎自然的。因为它是出于同一个自然法则,它不能让一个人一手统治而不许他人参与政权。”

这些话我本可以从亚里士多德的“政治学”第3卷中摘录出来,但我还是宁肯把你摘录的引文转抄过来。因为你就像普洛米修斯从主神那里偷火一样把这些偷来,推翻了国王、毁灭了你自己。不论你怎样到自然法中去搜寻,就像你在上面所表现的那样,你也无法在自然秩序中替你所提出的王权找到一个地位。这是决不可能的,你连一点影子也找不到。你说:“自然法在安排谁该管理其他人的时候,是从全体人类的福利着眼的。”因此,便不是从某一个人或君主的福利着眼的。这样说来,君主便是为人民而生存的,人民的地位也在君主之上。我们首先应当考虑的是人民。

这一点如果成立，君主作为地位较低的人便绝对没有任何权利可以压迫和奴役地位较高的人民。国王既然没有权利为非作恶，人民的权利从自然秩序上讲来便是至高无上的。根据这个权利，人民在国王没有出现以前便已团结了自己的力量，商讨共同防御的问题。他们根据这个权利，为了保障大家的自由、和平和安宁，才指派一个或多数人来管理其余的人。根据这个权利，原先由于具备了智慧与勇敢而被选进政府的人，一旦由于懦弱、愚蠢、虚伪、奸诈的本质暴露，或临政暴乱时，人民便可以加以惩罚或废黜。因为自然关心的并不是一个人或少数人的权力，而是全体人民的普遍利益。至于一个人或少数的权柄会因此而变成什么样子，它是不管的。以往是这样，现在仍然是这样。

现在不妨谈谈人民所选择的是哪一类人。你说这种人"在智慧或勇敢方面超过其他的人"，也就是说，从本质上看来他们最适合于担任政府工作。"他们的老成持重与卓越的勇敢足以胜任"这种职位。因此，根据自然法，继位的权利便不存在，国王除非在智勇两方面能超过别人，否则便不能当国王了。而其他所有的国王都是由于暴力或结党营私而窃夺王位，这是自然法根本不相容的，这种人只宜于当奴隶。自然只授权给最贤明的人号令智力较差的人，而没有授权给恶人号令好人，也没有授权给愚蠢的人号令聪明人。因此，谁要是把政府从恶人或笨人手里夺取过来，他的举动便是完全合乎自然法的。至于自然为了什么要把最贤明的人指派为国王，在你自己的话中就可以找到解答："他将使顽抗"自然法或法律的人"守本分"。但如果他对自己的本分都玩忽、无知、甚或竟敢违拗，他又怎能使其他的人守本分呢？

在无生界和非人事界中，自然决没有失去它的目标，而是在自己的领域中不断地产生伟大和令人敬佩的成果。那么，只要你办得到的话，就请你提出自然的律令来，叫我们在人类的国家和政体中不顾或不重视自然法所规定的贤明制度。请你提出自然规律或自然的公理来，说明出身微贱的罪犯该惩罚，而国王与王族作恶则可以不受惩处，甚至在他们犯了滔天罪行之后还要受到崇拜，并奉为荣耀仅次于上帝的人。你也承认："政府的形式本身，不论是操在多数人还是少数人手中、抑或操在一人手中，总是合乎自然的。"因此，根据自然法，国王并不比贵族更神圣，也不比平民中选出的官吏更神圣。你在前面也承认过，这些人犯了法不但可以而且还应当惩办。因此你也必然要承认国王同样是可以惩办的。他被拥上王位也正是为了同一目的。你说："自然不容许一个人单独进行统治而不让他人参与政权。"因此便不能容忍一个独裁的君主，也不能容忍单独一个人统治而把其他人都置于他独裁权力的奴役之下。当你让君主在政权中具有共治者，"使政府永远落在共治者肩上时"，你就让他具有了平辈的共事者，你就给了共治者以惩处君主的权力，你也给了共治者以废黜君主的权力。

所以尽管你到处张罗，实际上并没有伸张王权，而是和往常一样，当你企图把王权建筑在自然法则的基础上时，反倒把它毁了。因此，我认为国王最大的不幸莫过于请你当他们的辩护士。不幸的可怜虫啊！你到底吃了什么迷魂汤，竟走到了这样一个懵懵懂懂的境地呢？你竟不知不觉地把一向遮掩得很巧妙，甚至伪装起来的流氓本质和愚蠢无知全都赤裸裸地暴露出来了。你何以竟然要丢尽体面让人家雇佣你呢？你何以要这样孜孜不倦地让自己成

为人们的笑柄呢？你到底有什么事情触犯了天怒，以致让你当众丢人，并且如此公开地在极端鲁莽无知的情况下为一个天怒人怨的事情辩护呢？但你在这样辩护的时候，却又由于自己的愚蠢无知，而事与愿违地把它断送了。你陷在这样悲惨的深渊中，而又只能用鼠目寸光的蠢话来挽救自己，真是可怜已极，悲惨透顶了。你希望给他们辩护、然而你那笨拙而愚蠢的辩护词却刚好和你的愿望相反，使你所辩护的暴君事业更加臭名远扬，更为人们所唾弃。你有意使暴君获得更大的行恶的自由，使他们毫无限制地施行暴政，然而在无意中你却使他们树敌更多。

可是，我还是要回到你自相矛盾的话上来。你既心怀叵测地决意要在自然法则中找出暴政的根据，于是便发现自己不得不首先把独裁的君主政体捧到其他政府形式之上。但正像以往的情形一样，你是不能不陷入自相矛盾之中的。在前面不远你刚说过："政府的形式本身，不论是多数人还是少数人掌握，抑或是由一个人掌握，总是合乎自然的。"甚至还明确地说过："自然不容许一个人单独进行统治。"但现在你又告诉我们："在这三类形式中，由一人掌握的最合乎自然。"请你尽量骂那个置暴君于死地的人吧。事实上由于你愚顽无知，你自己已经亲手砍断了暴君的脖子，甚至砍断了君主政体的脖子。在这里我们无须讨论一人统治的政府好还是多数人统治的政府好。许多杰出人物诚然曾经赞扬过君主政体，但条件是君主要真正圣明而足以为人君。没有这个条件，这种政府形式便最容易蜕化成万恶的暴君政体。

至于你说："这种政府形式是依据唯一真神的意旨制定的。"我请问你，除开超凡入圣，在智慧和神性上最近乎上帝的人以外，谁又配在人世掌握类似神权的权柄呢？这种人我认为只能是万民渴望的上帝之子。你又企图把王国硬塞到家庭的框子里去，把国王比作家长。父亲当然应当掌管家政，因为整个家庭成员不是他生的便是他养的。但国王完全不是这样，而且显然和这种情形相反。接着你又拿群居动物来作我们的榜样。首先你提出了鸟类，还讲到了蜜蜂（根据你这位权威博物学家的说法，蜜蜂便是鸟类）。“蜜蜂也有王”。这就是说特里腾的群氓（蜜蜂）也有王，你还记得吗？你自己也承认，所有其他的群氓（蜜蜂）都有“共和国”。现在先别拿蜜蜂来开玩笑。他们都属于缪斯女神，而且你也看到，它们是憎恨并要驳倒你这样的屎壳郎的。“鹌鹑也有一个‘母鹌鹑’领着”。你把这种网张开去捉你自己的鸬鹚去吧，我们才不会被这种笨蛋的猎人抓住哩。

往下说的却不是我们的事，而是你自己的事了，你说：“原鸡（Gallus gallnaceus）的大雄鸡对一般公鸡和母鸡都具有无上的权威。”你原是个高卢人（Gallus）* 据说是非常像一个雄鸡那样勇猛善斗的，那么你怎么对自己的母鸡又不能逞无上的权威，反倒是她对你逞无上的权威呢？所以，如果原鸡的雄鸡是许多母鸡的王，你这个母鸡的奴隶就决不是原鸡的雄鸡，而只是一种贼鸡或农家驯养的杂种鸡。在书籍方面，谁也没有出版过你这样多的鸡粪，你还在这些鸡粪上面自鸣得意地咯咯直叫，把人家的耳朵都吵聋了。你只有在这一点上才真正像一只原鸡的雄鸡。你要是在清理这些鸡粪大作的时候能拿出一点珠玉来，我就答应给你许多大麦。但

* 高卢人拉丁文为 Gallus，与雄鸡的拉丁文（Gallus）相同。——译者注

你却不像伊索寓言里面那只老实的雄鸡，专找大麦，而像是普劳图斯描写的最没用处的雄鸡一样一心想找黄金，那么我又何必给你大麦呢？你寻找的结果诚然有所不同，因为你找出的是 100 个金雅可布*，其实你本该像普劳图斯描写的那只可怜的鸡一样，被优克利阿一棍子打死**。

现在让我们往下看。“全人类的利益与安全的动机要求不论任何人一旦被指派为王，就要设法保持王位。”如果保持王位与人民的安全不发生冲突的话，这是谁也不会怀疑的，但若为了保持个人王位即毁灭千千万万人的话，谁又看不出这和自然法是完全相抵触的呢？但你却要不惜牺牲一切来维护一个坏君主，你说：“一个坏君主，甚至连一个最坏的君主也要保住。因为他的暴政给国家造成的危害比推翻他的革命所造成的灾难要轻得多。”但这话对国王的自然权利有什么意义呢？如果自然法则告诉我，遇着强盗时应该忍耐一些让他抢劫；被绑票时，要拿出全部财产来赎命，而不要用抵抗的办法来保全生命，那么你是不是能根据这一点就建立起所谓强盗的自然权利呢？自然法则又告诉臣民，有时要对暴君的暴政退让，有时要对时势退让，甚至你是不是会根据一个民族被迫作出的忍耐和服从，而建立起暴君的自然权利呢？自然把某种权利交给人民让他们自己保卫自己，你能说这个权利是交给暴君来摧残人民的吗？自然法则告诉我们，在不得已需要在两个

---

* 英国货币名，发行于詹姆斯时代，每个值 20 先令左右，此处讥笑对方受英王之贿。——译者注

** 罗马名戏剧家普劳图斯在喜剧“奥鲁莱利亚”中描写吝啬鬼优克利阿的性格时曾写过他用棍子打死一只鸡的场面。——译者注

恶中选择一个时,就要选为害较轻的一个,并且时势要求我们忍受这个较轻的恶多久,我们就要忍受多久。那么如果有一个暴君刚巧是较轻的恶,你难道能说从这里就产生一种暴君的权利,可以让他肆无忌惮地施行暴政吗?请你回想一下,你自己从前在主教问题上驳斥耶稣会士时所写的东西,那些话和现在的口气完全不同,我在第3章中也已经指出过了。你说:“贵族和平民的暴乱、纷争与倾轧所造成的恶果,比一个独裁君主施行暴政所带来的灾难与破坏要轻得多。”你这些话说得很对,因为你那时还没有疯,也没有收受查理的贿款雅可布金币。你还没有染上这种恋金狂和国王的恶习。我要正告你,你如果没有变成现在这个样子,总有一天你会对自己这种两面派的手法感到羞耻。但你早就为了金钱而抛弃廉耻,你就是死了也不会害臊的。

你难道忘了罗马人赶走了自己的国王以后,曾经有过一个最繁荣的共和国吗?难道你能忘记荷兰人吗?他们的共和国在经过长期苦战获得胜利以后赶走了西班牙王,英勇而光荣地争得了自由,而且还供养着你这个骑士文法家。但他们却绝对不是为了叫荷兰的青年学习你这个诡辩家和两面派的那些愚顽透顶的东西,以致宁愿回到西班牙的统治下去,而不承继祖先的光荣和自由。把你这套瘟神理论带到西伯利亚的边陲和北冰洋见鬼去吧!

你最后举的一个例子是英国人在战争中俘虏了自己的暴君查理,并且在眼见他不可救药的时候把他处死了。“他们的岛国在国王统治下是快乐而充满了奢华气象的,但他们纷争不休,使岛国失尽了体面,丢尽了荣誉。”的确,在那种奢华气象中道德几乎败坏到了极点,因此人们只好忍受奴隶制的压迫。那时法纪已经废弛、宗教也成了交易品。在这种情形下，人们才把这个岛国从奴役中解放出来。大家请看这位最庄严的斯多噶主义者！他还曾编纂过辛普利西阿注释的埃皮特图文集，现在竟然认为“沉浸在奢华中的岛国”是快乐的！我坚信芝诺的廊下决不会出来这样的学说。你提这些能达到什么目的呢？根据你的宏论，国王是不是可以为所欲为？你这位狼主是不是也可以随便从母狼窝里引申出任何哲学来，就像是从某一个新吕克昂*提出来一样呢？

现在你再搬出你那一套来吧！“在任何国王的统治下都没有流过这么多血，也没有毁坏过这么多家园。”但这一切只能由查理负责，而不能怪英国人民。查理首先召集一批爱尔兰军队来攻击我们，他亲自下令叫爱尔兰人组成军队来进攻英格兰人。仅仅在乌尔斯特地区就杀了将近20万英格兰人，其他的罪行还不包括在内。例如，他曾动员两支军队来破坏英吉利议会和伦敦城，并且在议会和人民召集军队来保卫国土以前，他就犯下了许多战争罪行。

试问有哪一种原理、哪一种法律、哪一种宗教曾经叫人们只顾自己的安乐，吝惜自己的金钱、自己的鲜血与生命，而不去反抗人民的公敌呢？这种公敌不论来自国外还是国内都是一样，因为两者都同样带来了严重的灾难和毁灭国家的威胁。全体以色列人都看得很清楚，不付出大量的鲜血就不能报复利未人的妻子被强奸致死的耻辱**。他们是不是因此就认为自己必须保持镇静，或因为这一场内战必然是极残酷的因而畏缩不前呢？他们是不是因此

---

* 亚里士多德讲学处。——译者注

** 利未族某人之妾在基比亚地方被匪徒奸淫致死，以色列人因此兴兵40万去该地问罪，事出圣经士师记第19至20章。——译者注

就让一个微贱的妇人白白死去而不替她复仇呢？如果自然法则教导我们，不论君主多么专横，我们都要逆来顺受，而不要让成千上万的人冒着生命的危险去争取恢复自由。那么，它一定就会教导我们不但要忍受君主政府（这是你唯一主张服从的政府）而且还会叫我们服从贵族政府和寡头政府，有时也会叫我们受一帮土匪和造反者的奴役！照这样说来，近卫军被歼之后富尔维优斯和路庇利乌斯便不会去参加镇压奴隶的战争了*。驻外保民官的兵营被消灭后克拉苏便不会率兵去进攻斯巴塔库斯了**，同时庞培也就不会进击海盗了***。罗马人在自然的命令之下，就会为避免成千上万的公民流血而向奴隶或海盗屈膝了！你无论在什么地方都没有说明为什么“自然把这种观点甚至有关这类的观点印在各民族心中”。但你还是不住地向我们报凶报吉，说上帝要报复我们。但愿上帝把这种惩罚转加在你和你这类预言家的身上！其实我们不过是把一个名义上的君主和实际上的死敌处以应得之罪。我们为的是惩办祸首，挽救无数善良人民的生命。

接着你又告诉我们说，君主政体似乎更合乎自然法。因为“自古以来许多民族都采取君主政体，而很少采取贵族政体或民主政体的”。首先我要答复你，这并不是出自上帝或自然的律令。

---

* 纪元前136—前132(?)年罗马西西里的奴隶因不堪压迫纷纷起义，执政官富尔维优斯和路庇里乌斯先后用兵残酷镇压，经长期战斗后起义军终于失败。——译者注

** 纪元前73—前71年罗马发生的最大一次奴隶起义，震撼了统治阶级的政权基础。——译者注

*** 罗马共和国末年由于镇压奴隶起义，大量逃亡奴隶沦为海盗，不少富人也利用海盗营利。社会秩序大受影响。纪元前67—前66年，庞培受权引兵在40天内肃清海盗，一举成为罗马中心人物。——译者注

上帝是在盛怒之下让他的子民处于国王的统治之下。同时,要确定自然和真理所指示的东西,最好的方式并不在于根据大多数民族的行为,而是根据最贤明的民族的行为。希腊、罗马、意大利和迦太基人以及其他许多民族,根据自己的天性,都希望建立由贵族或人民掌权的政府,而不欢迎由国王掌权的政府。这些民族都是其他各民族的良好榜样。所以萨尔庇修斯·色维奴斯便说:"君主这个名字几乎为一切爱好自由的民族所深恶痛绝的。"

但这些东西与我们讨论的题目无关。往下你那愚顽无知的头脑又重复了许多东西,我们现在也暂且放下不管。要紧的是用具体例子证明我在前面用理论阐明过的东西,也就是说,在任何情形下暴君都应受到惩罚,这一点是完全符合自然法的。所有的民族在自然亲自教导下都惩罚过暴君。这些事情都暴露了你的鲁莽,同时也可以向一切人说明你是在恬不知耻地撒谎。首先你提出了埃及人;在这一方面谁看不出你自始至终在做吉卜赛人呢*?你说:"历史上从没有见过君主在民变中被人民杀死,也没有见过哪个臣民向国王开战,或企图废黜国王的。"那么你对埃及国王奥西里斯又怎么看法呢?他岂不很可能是埃及的第一个君主吗?他难道不是被他的兄弟泰丰和二十五个共谋者杀死的吗?当时难道没有许多人拥护他们跟皇后易西斯以及太子奥鲁斯作战吗?此外还有色索斯特里也是险遭他的兄弟用计谋杀死;坎米斯和克非龙引起了人民的义愤,生前人们没有把他们凌迟处死,死后人家也恨不得要把他碎尸万段。这些事情我不一一讲了。一个民族敢于铲除

* 西方资产阶级都轻蔑吉卜赛人,说他们是撒谎与偷盗的民族。——译者注

最好的君主，难道会由于自然法则的限制和宗教的顾虑而不敢对最坏的君主下手吗？他们的君主虽然已经死去，而且确实躺在坟墓里无法为害了，然而人民都恨不得要把他们的尸首拖出来撕碎，其实连最卑贱的贫民埋在坟墓里一般都是不可侵犯的。像这样的民族如果有权力的话，当国王活着而且政声极恶时，他们难道会有什么畏惧，不敢依据自然法加以惩处吗？我知道你是不会承认他们敢于这样做的，再不近情理你也不会承认。然而你却也不敢否认，结果我便把你的嘴堵住了。我们知道，在克非龙以前许多世纪，埃及有一个国王叫阿穆西斯，这人也是万恶不赦的暴君，人民百般忍耐地容忍了他。这一下你该得意了，这正是你所乐于见到的事情。但请你再听下去吧，说老实话的人哟！我们不妨引出狄奥多罗的话来："当人们被镇压下去的时候，即昏君在位的时期，他们容忍了。因为他们无法抵抗强于自己的人。"但当埃塞俄比亚王爱梯森尼向他开战时，大多数人就趁机起义，于是便很容易地把他打倒了，埃及也就并入了埃塞俄比亚王国的版图。从这里你就可以看出，埃及人一旦有机会便拿起武器来反抗暴君，和外国国王联合起来推翻自己的君主，斩断他的王祚。爱梯参尼虽是外国人，但由于比较温和善良，他们就宁肯拥戴外族王而不拥戴本国的暴君。这些埃及人还曾万众一心拿起武器来反抗利用雇佣军队进行统治的暴君阿普利斯。他们在阿马西斯的领导下战败、并绞杀了阿普利斯，把王位转给阿马西斯，这人是一个高贵的缙绅阶级。更值得注意的是，阿马西斯把被俘的国王留在宫廷中过了一个时期，对他十分礼遇。最后人民指责他不该保留他自己和人民的敌人。于是他才把阿普利斯交给人民，人民便把这暴君绞死了。这

些事情都由希罗多德和狄奥多罗记述过。那么你还要求什么呢？难道你认为有哪一个暴君会不愿意让斧子砍，而愿意让绞索绞吗？

你又说，后来当埃及人被波斯人“征服了”时，他们“始终是效忠于波斯的”。这话完全没有根据。他们从没有效忠于波斯人，而是当冈比西征服他们之后的第四年，他们就进行反抗。后来薛西斯把他们平服下去，不久他们又起来反抗，脱离了他的儿子阿塔薛西斯，立英纳鲁斯为王。接着他们和英纳鲁斯一起被征服了，但他们又起来反抗，拥塔科斯为王，向阿塔薛西斯·纳蒙开战。他们对自己的王也不是那么驯服，他们废黜了塔科斯，把政权转交给他的儿子纳克坦尼布斯。直到最后，阿塔薛西斯·阿库斯才把他们重新置于波斯帝国的统治之下。他们甚至在马其顿帝国的统治之下也用行动宣布他们是要不顾一切惩治暴君的。他们把托勒密·费斯科的像推倒了，但由于雇佣军队太强，没有能杀死他本人。他的儿子亚历山大因杀死了自己的母亲，而爆发了民众起义，把他驱逐出境。亚历山大的儿子也叫亚历山大。这人也由于临政骄横，被人民从宫廷里拖出来在公共体育场中杀死。正是这个民族，最后废黜了作恶多端的托勒密·奥勒底斯。一个有学问的人对这种臭名远扬的事情不能一无所知。一个负责宣教、在这种重大事件上受人信赖的人，也是责无旁贷地必须知道这些事。这样一个人如果是愚顽无知、胸无点墨，而又要自吹自擂是一个大学者，并且一只手向君王要钱，另一只手向共和国要钱，这简直是有辱斯文。像这样的流氓骗子如果不加以口诛笔伐，驱除出士君子之林，谁能不引以为耻呢？

埃及人的事例已经看过了，现在不妨再看看他们的邻邦埃塞

俄比亚。这个国家的国王被认为是神选的,人民都把他当成一种神来敬奉。然而当祭司指斥他时,他就自杀。狄奥多罗说他们处决其他罪犯时也是用同一方式。他们不把罪犯杀死,而只是派一个司法人员去传令罪犯自杀。

接着你又谈到极其尊敬君主的亚述人、米太人和波斯人。你还违反一切历史家的权威理论,说:"这里的王权使国王有为所欲为的自由。"首先我要提出,先知但以理说,尼布甲尼撒由于骄横不可一世,人民便把他放逐出去,使他与禽兽为伍*。这些国家的法律都不称为王法,而称为米太法、波斯法等等,也就是人民的法律。这种法律是毫不容情的,国王本身也要受它约束。玛代(米太)的大利乌(大流士)虽然竭力要从贵族和贵族会议的议长手中把但以理营救出来,但怎么也办不到**。你说:"那时的民族认为废黜擅权的国王是一种欺君枉上罪。"但在写这些话时,你竟愚蠢到令人难以置信的地步。你一方面在赞扬这些民族的驯服性,另一方面又特意提出了阿伯西斯褫夺沙达纳帕奴斯王位的问题。他决不是单独一人干的,而是得到精通法律祭司的帮助,并得到人民的拥护而达成的。他废黜国王的主要理由是沙达纳帕奴斯奢靡无度、懦弱无能、滥用王权,而不是由于残暴不仁。如果读一读希罗多德、底西亚、狄奥多罗等人的史书,你就会发现事实恰恰跟你的论断相反,"这些王国大部分是由**臣民**起来把他推翻,而**不是外国**

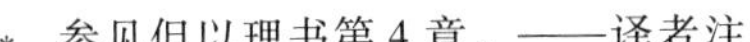

* 参见但以理书第4章。——译者注

** 据但以理书第5章所载,先知但以理甚得米太王大流士信任,因而招致群臣妒忌。后有人通过法令陷害但以理,将他投入狮子坑,大流士虽身为国王也无能为力,后先知为上帝所救。——译者注

人把他打垮的。”你将发现亚述人是被自己的臣属米太人推翻，米太人也是被自己的臣属波斯人推翻的。你自己也承认“居鲁士举义反抗，帝国各处的专制政权被夺取去了”。难道这就是你伸张米太人与波斯人的王权，说明他们对国王具有你所说的那种尊敬吗？我看连治疯病的茱萸也不能治你这种狂吼乱叫的人。

你说：“波斯王的统治权究竟如何？从希罗多德的书中可以看得很清楚。”冈比西王有意要娶他的姊妹，于是便与王室法官商议，这些人“都是由民间选拔出来的杰出人物”，专司解释法律，凡是疑难问题都交由他们处理。他从这些人中得到的答复是什么呢？他们说：找不出一条法律规定兄弟可以和姊妹结婚，但却找到了一条法律规定波斯君主可以随自己的意愿办事。关于这一点我的答复是：假如波斯君主果真能这样极权的话，那么除了君主以外还要其他的法律解释者干什么呢？这种无所事事的法官随便到哪里去都可以，可千万别到宫廷里去！同时，如果波斯君主真正肆意妄为，像冈比西那样好大喜功的人，竟然会这样傻头傻脑地去向法官探问他自己的自由权问题，也真是令人难以置信。那么这究竟是怎么一回事呢？要么就是像你所说的那样，他们想“逢迎国王”，要么就是像希罗多德所说的那样，他们怕受暴君加害，于是假装找着了一条行得通的法律去哄骗他。这对今天精通法律的法官与缙绅说来，都不能算是新鲜事。你说：“但波斯人阿塔班奴斯对忒弥斯托克利说，波斯的法律最好莫过于规定尊敬君主的法律，”规定尊敬君主的法律，真是绝妙的引证！可惜老早以前早期教父就指斥过这种法律！推荐这种法律的人也是妙极了，阿塔班奴斯本人在不久以后就亲手杀了他自己的君主薛西斯！你引证的

真是一个不折不扣的君主保驾人——弑君者！我真怀疑你对国王们是不是别有用心！

跟着，你又引证克劳地恩来证明波斯人是如何顺从。但我倒要请你去看看他们的历史和编年史，其中充满了波斯人、米太人、大夏人和巴比伦人革命和斩杀君主的记载。其次你还引证波斯人奥坦尼斯。这人也曾杀了他的国王斯默底斯。他由于愤恨王权政府，声讨了国王渎神暴虐、违法乱纪、冤杀良民、奸污淫秽。你可以再一次地污蔑撒母耳*，说这些都是王权。你引证荷马的话，说国王的权威都来自主神，这一点我已经答复过了。你把马其顿的腓力王当成王权的解释者，我倒愿意把他的解释当成查理王的解释！

往下你又在毕达哥拉斯派的狄奥托金的断简残篇中引证了几句话，但你却没有告诉我们他讲的是哪一类国王。我们首先看看他开头是怎么说的，因为往下的推论都跟它有联系。它说："让最公道、最守法的人当君主，"因为没有公道就谁也不"能当国王，而没有法律就不可能有公道。"这和你所谓的王权恰好相反。你还引证过爱克芬塔，他的理论也是同样认为："立志为王的人自然必须光明磊落。"接着又说："为政以德的人谓之王，而且也是真正的君主。"因之，你所谓的君主，在毕达哥拉斯派的人看来都不是君主。现在你且先别说话，听听柏拉图在他的书信第 8 篇中怎么说的："君主应负责作陈述，法律应该不仅仅是管辖人民，君主如不依法办事，也要管辖君主。"我还要引证亚里士多德在他的"政治学"第 3 卷中所说的话："同为圆颅方趾的人，如果一人高踞于他

* 参见本书第 2 章。——译者注

人之上，并且在有法律或没有法律的地方代替法律决定一切，或者是让一个好人统治其他的好人，让一个坏人统治其他的坏人，这都是不利而且是不公的。”在第5卷中他说：“不孚民望的国王便不能称其为国王，而只是一个暴君。”色诺芬在“希尔罗”一书中说：“各城邦不仅决不惩罚杀暴君者，而且赋予极大的荣誉。在庙中建立铲除暴君者的像。”关于这一点，我还可以引出一个目击者来作证。玛尔库斯·图里乌斯（西塞罗）在他的讲稿“为米朗声辩”中说：“希腊把杀暴君的人奉为神明，我亲自在雅典和其他城邦看到过这种情形，崇拜他们的宗教仪式，以及歌颂他们的诗歌、颂词等可以说琳琅满目！他们在人民的敬仰与歌颂中，几乎被奉为不朽的神灵了。”最后，可靠的权威波利比乌斯在他所写的历史第6卷中说：“当国王纵欲无度时，君主政体即将变为暴君政体，谋杀专制者的事件就将接踵而至。煽动者决不是公民中的渣滓，而是高贵而伟大的人物。”我所掌握的这类记载简直是汗牛充栋，举不胜举，以上只不过是举几个例子而已。

你举完哲学家之后又举诗人，我倒很愿意跟着你也举一些诗人。你说：“拿埃斯库罗斯本人作例子，就足以向我们说明希腊君主所掌握的权力是不受法律或任何司法程序所限制，因为在悲剧‘乞援者’中，他把亚该亚的国王称为‘不受审判的统治者’。”你要的花样愈多，我就愈暴露你是多么鲁莽灭裂，不求甚解。你应当知道不能把这话当成诗人自己的话，而必须看看剧中说话的是谁，所说的话指的是什么。因为登场的人很多，有时是好人，有时是坏人，有时是聪明人，有时是傻瓜。他们所说的并不都是诗人自己的意见，而是适合于每一个角色的话。达奴斯的五十个女儿逃出埃及之后便到亚该亚王那里去恳求保护，使她们不受埃及人的危害。那时埃及人正用一支舰队在追赶她们。国王说他不能不首先把这事告诉人民：

> “在我没有同全体公民商议之前，
> 我不能答应。”

这些妇女人生地不熟，由于是求救者，深恐人民的票不一定有把握，于是便再恳求他，这回的辞令更加卑下了：

> “您代表着城邦和人民，是不受法律审判的统治者。”

国王答道：

> “我早就告诉过你们，没有人民的同意我就不能做这事，纵使可以做，我也不愿这样做。”

于是他便把这事原原本本地提到人民面前：

> “我要去召集这地方的人民
> 征求他们的同意。”

人民决定援助达奴斯的女儿。达奴斯在激动之下，便说了这样的话：

> “高兴起来吧，我的女儿们！因为全国人民在民众集会中已经投票完毕，决议是良好的。”

要是不把全部事实说出来，不知这位半瓶醋的学者，根据异国来的一群求援者的话，又将如何莽撞地歪曲希腊人关于王权的法律了。其实国王本身，以及整个的剧情让我们得出的结论跟你所说的是多么不同啊！

从欧里庇得斯关于奥瑞斯特斯的故事中也可以得出同样的结论。奥瑞斯特斯在父亲死后继亚该亚王位，但由于弑母罪仍然受

到人民的审判。他为自己的案子提出辩护，最后经公民投票仍然判处死刑。从欧里庇得斯的另一个也叫“乞援者”的剧本中，同样可以看出雅典的王权同样要受法律限制的。雅典国王忒修斯在这出剧中说：“城邦不是由一人统治而是自由的，人民居于统治地位。”在欧里庇得斯的另个名为“赫拉克里泰”的剧本中忒修斯的儿子，雅典王德漠芬说：“我不把他们当野蛮人看待，也不以暴虐手段统治他们，因为以义待人者，人恒以义待之。”索福克勒斯在他的“奥地浦斯王”一剧中，说明甚至底比斯古时的王权也是这样。所以提勒西亚和克雷翁便勇敢地驳斥了奥地浦斯。提勒西亚说：“我不是你的奴隶，”克雷翁说：“我在这个城里和你一样有权。”在“安提戈尼”中希蒙告诉克雷翁说：“没有——家天下的城邦。”

大家都知道，拉栖第梦的君主中也有受审的，甚至也有被依法判处死刑的，这完全不足为奇。因为他们的立法者莱喀古斯曾把荷马的书从头到尾精读过，他知道甚至在英雄时代，国王也是服从着共同的法律。荷马所描写的阿喀流斯发现阿伽门农在全国人民遭受瘟疫时，本身也像瘟疫一样危害人民。阿喀流斯本人虽然也是一个国王，却毫不犹疑地在一个群众集会上把阿伽门农这个国王交付人民审判。他的话是这样说的（见伊利亚特第1篇）：

> 你这贪婪之徒，……只是你的部下太弱，
>
> 要不然的话，阿斯特莱德*，你这种盗匪行为就把你的性命断送了。

各阶层人民对王权的看法和英雄们完全相同。抒情诗人的大

---

* 即阿伽门农。——译者注

师阿尔西乌斯可以证明这一点。他的诗本来就美妙动人，贺拉斯说，同时又由于赞扬铲除城邦暴君的人，所以便更受大众欢迎。他说：

“每当有人歌唱那种值得倾听的东西时，幽灵都为之徘徊不前，人们摩肩接踵地挤在一起，贪婪地听着战争和被放逐的暴君的故事。”（见“颂歌”2，13，29。）

除开以上所说的以外，我们不妨再引证底阿格尼来证明同一看法。希波战争前不久这人获得极大声名。当时希腊各地出现了许多才智过人之士。他保证自己诗里传下来的教言都是从哲人那里得来的：

率兽食人的国王你可以任意推翻，

神不会因此而愠怒——决不会。

以上这些例证，可以充分说明希腊时代的王权。现在让我们来看看罗马时代的情况。

你第一步并没有回到萨勒斯特的话上去，而只回到了萨勒斯特引证的曼米阿斯的话上去：“为所欲为而无禁。”这话我已经答复过了。萨勒斯特本人曾明白地说过：“罗马政府名义上虽是君主政府，实际上却是实行法治的。”当“它蜕化成暴君政体时”你也知道他们是予以铲除的。西塞罗在他的讲稿“反毕索”中也说：“不承认国家的元老院的人，我难道要承认他是执政官吗？”听见了没有？那时罗马假使没有元老院，便连君主也不能存在。你说：“根据塔西佗的说法，罗慕洛*是完全凭个人意志统治罗马人的。”

* 传说中的罗马始祖。——译者注

不错,当时由于还没有法律的基础,所以只能说是一批彼此互不相关的乌合之众,还不能称为国家。古时在国家没有产生以前,人们是过着没有法律的生活。李维告诉我们,罗慕洛死了以后,人民还没有尝到自由的乐趣,于是希望有一个国王。“但统治权还是操在人民手中,使所让渡的权力不超过他们的保留下的权力。”这个作家又说:皇帝们“后来把权力从他们手里夺去了。”塞尔维阿·图里乌斯最初伪称是塔昆纽斯·普利斯科①的代表进行统治。但后来他交付人民决定:“是不是还欢迎他,是不是让他统治。”塔西佗说:“最后他制定了法律使国王也必须遵守。”如果在制定这法律以前,他认为王权高于一切法律,那么,难道你能认为他会对自己和自己的后代造下这样的污点吗?他们最后一个国王塔昆纽斯·修帕布斯是“第一个结束凡事情与元老院协商这一习惯的人”;正是由于这点以及其他的滔天罪行,人民才把刘西阿·塔昆纽斯全家大小一齐放逐出去。李维和西塞罗可以说是罗马人中解释王权的最高权威,他们也有上述的说法。至于独裁官*则是临时性的东西,非到国家紧急关头不能运用,而且必须在六个月内卸职。

你所谓的罗马皇帝的权利,根本不是什么权利,而是赤裸裸的强权,不是通过法律而是使用武力获得的权力。你说:“在一人独裁的政府中,获得极大声誉的塔西佗”曾这样写道:“‘神把人们的统治权交给了君主,留给臣民的只是光荣的服从。’”但你却没有

① 罗马传说中,伊特鲁利亚族所建塔昆王朝的第一个国王,被杀后由他的女婿塞尔维阿·图里乌斯继位。

* 罗马共和国时代凡遇到紧急情况便由执政官中的一人任独裁官,全权处理全国政事。——译者注

指出塔西佗在什么地方写下了这些话。很明显这是你蓄意恶毒地在欺骗读者。我虽不能马上找到它的出处,但一眼就看出破绽来。因为这些话根本就不是塔西佗本人说的。他是一个声誉卓著的作家,是坚决反对暴君的人。这些是他引证罗马缙绅特伦修斯的话。这人曾被判处死刑,他由于怕死,所以说了许多话,其中有这样奉承提庇留的句子:“神把一切事务的最后决定权交给了你,而把服从的荣誉交给了我们。”(见编年史第6卷)你竟把这些引言当作塔西佗本人的见解!你也许是想炫耀一番,也许是看出了自己的破绽,不论你的动机是什么,你总是不分皂白地把每个角落的一切东西都搜罗出来,不论是磨坊、理发店还是绞刑架上的灰屑只要对你有利,你就概不拒绝。你要是念念塔西佗本人的东西,而不这样稀里糊涂地到旁的地方去转抄,他就会教给你这种王权的起源。他说:“在亚克兴之战*胜利以后,我们的情况就完全颠倒过来了。古代纯朴的风尚这时已荡然无存,大家都放弃了公正的品质,而变成俯首帖耳,唯官长的命令是从。”这一点他在“编年史”第3卷中也讲到了,因为你那一套关于王权的说法,都是从这一卷里征引出来的。“当公正品质被抛弃以后,恭俭节制之风尽失,代之而起的是结党营私、凶杀暴乱,暴君政府也随之形成,并在许多国家中根深蒂固地成长起来。”假如你那狂妄的本性和紊乱的判断能让你理解一点较高的东西的话,同样的话你也应当在代奥(卡西约)的书中看到了。在你所征引过的第53卷中,他告诉我们说:“一半

* 罗马后三雄屋大维战胜安尼东之一役,战场在希腊安布剌克亚湾中的亚克兴角。——译者注

是由于暴力、一半是由于屋大维·恺撒*的欺诈与作伪,形势才变了,皇帝才可以不受法律的约束。因为屋大维奴斯虽在群众集会面前应允放弃帝政,服从法律,甚至服从他人的命令,但他又装作在自己行省里用兵,把军团仍然抓在自己手里。所以,在表面上他虽然放弃了权力,实际上却逐渐掌握了权力。这样做并不是真正解除了法律的约束,而是在用强力打破了法律的约束,就像奴隶剑手斯巴塔库斯所做的一样。然后他就自称为国家第一个元首和大帝,俨然上帝或自然法使所有的人和一切法律都服从他一样。"

你是不是愿意追溯一下罗马皇帝权力的来源呢?玛尔库斯·安东尼由于恺撒的命令而当了执政官,而恺撒本人则冒天下之大不韪对共和国用兵,并独揽大权。当罗马庆祝护畜神节日的时候,安东尼似乎事先早有准备,在人民悲痛的呻吟声中把皇冠加在恺撒的头上。然后他又命人把护畜神节所发生的大事载于史册上——玛尔库斯·安东尼受人民之托,拥恺撒进位为王!关于这件西塞罗在他的"反腓力"第2篇中说:"路克优斯·塔昆纽斯被放事逐,斯皮利·卡西约、斯皮利·麦利约、玛尔库斯·曼利阿斯等人被处以死刑,许多年后,玛尔库斯·安东尼在罗马违法将恺撒拥上王位,岂不都是由于这一个原因吗?"的确,你比安东尼更该受罪,更该遭天下万世的唾骂。但你也不必因我把你和安东尼并列而洋洋得意,我把你这最卑鄙的家伙和他相提并论只是比拟他的恶。你在你自己这个乌七八糟的护畜神节日里,你这个放荡不

* 即盖乌斯·屋大维,因系恺撒之侄孙并继承恺撒之权利故采用其名。——译者注

羁的花和尚不单是为一个暴君,而且是为所有的暴君加上了不受法律约束的皇冠。其实这些皇冠是一切法律所不容的!

基督徒皇帝狄奥多西和维伦斯把自己的敕谕都称为"神谕"(见狄奥多西法典第1章,第14款)。我们要是相信这些"神谕"的话,皇帝的权威便要依据法律。所以根据皇帝本身的主张或谕旨,他本人的尊严也必须服从它所依据的法律。所以当王权进入高潮时,普里尼便在他的颂词中托词对图拉真说:"帝政与专制性质完全不同,图拉真节制有度,放弃实际王权,仅以长官的身份在位,使专制无从滋长。"接着又说:"论及其他国王的一切时,都只是为了说明我皇将久已腐化颓废的帝政加以刷新,使其振作起来。"普里尼所说的腐化了的帝政,你难道也恬不知耻地认为是王权吗?总结一句说,以上所谈的都是关于罗马王权的问题。

罗马人怎样处理暴君的情况,不论是早期的国王还是后期的皇帝,都是大家所熟知的。他们驱除了塔昆王朝,那时他们就是根据祖先的传统习惯这样做的。这事要不是他们的邻族伊特鲁利亚*在很古的时候就树立了一个先例,从阿吉拉城驱逐了暴君麦参修斯,便是描写这个故事的艺术巨匠维琪尔在"伊尼特"第8章,引证了最古的根据直接向当时统治罗马的屋大维·恺撒说明以往国王在各民族中所拥有的权利。

> "当疯人还在沉思着那些不堪言状的罪行时,公民们不能忍耐了。于是便拿起武器,整顿队伍,包围他的房屋,把他封锁在里面。接着就杀了他的扈从,在他的屋顶上放了火。

* 塔昆王朝系伊特鲁利亚族所建。——译者注

他从厮杀中逃出来，躲到鲁图里的领域去，由外方人特奴斯用武力加以保护。为了这事，全伊特鲁利亚的人都义愤填膺地站起来，向他们开战，要求交出国王依法取斩。”

在这里你就可以看出，臣民们在怒不可遏时，不但是突然爆发了激烈的冲动，要揪出暴君来杀掉，也不仅是要把他驱逐出境，而且，当他亡命外国时，还要用武力把他捉回来受审，以至处以极刑。

你说：“但罗马人是怎样驱逐塔昆的呢？他们审判了他吗？没有这种事情。当他要进城时，人们把城门关上了不让他进来。”荒唐的笨蛋啊！当他领着一支军队直奔而来的时候，他们除了关上城门以外还能做什么呢？被放逐了也好，被斩了首也好，总而言之，他不是同样受到惩处了吗？

暴君盖乌斯·恺撒在元老院中被当时的杰出人物杀死了。公开被尊崇为国父的卓越的玛尔库斯·图里乌斯（西塞罗）在自己的著作中，用许多绝妙的段落歌颂了这桩事情，他在“反腓力”第2章中说得更是美妙。这里不妨引他一段话来看：“所有善良的人都竭力要杀恺撒，有些是缺乏计谋，有些是缺乏勇气，还有些是缺乏机会，但没有一个是缺乏这种愿望的。”接着他又说：“尊荣的主神啊！在这个城中，甚至是在全世界，还有什么行为比这更伟大、更光荣、更值得人类永远纪念呢？要是把我作为共谋的领导者之一，我决不反对，这就像是把我装进特罗伊的木马中一样。”

悲剧作家辛尼加有一段名句可以说是对着罗马人和希腊人讲的，他说：

最能为神明接受的祭礼，
莫过于斩杀不公而恶毒的君主。

这两句话是借英雄赫尔克斯的口说的，如果我们把这看作赫尔克斯的意见，那么当时最杰出的希腊英雄的意见是什么，也就可想而知了。如果把这看作尼禄时代的诗人的意见（诗人常把自己的意见借好人的口说出来），那么，这一段就说明了辛尼加和所有的善良人民，在尼禄那样的时代对于处理暴君问题的看法。同时也说明他们认为杀暴君是多么高尚，多么能使神明喜悦。所以罗马的善良人民莫不摩拳擦掌，想杀多密齐安。小普里尼在他对图拉真的颂词中公开地宣布："把这种骄横不可一世的像撞倒，用剑刺他，用斧子砍他，仿佛每一下都使他流血，都使他感到痛苦，这多么令人称快。看到他的四肢被砍断、身体被撕碎，他那阴森可怕的雕像被推倒，并且在火里熔化，人们都情不自禁地说这是一种很好的报复。"接着又说："恨昏君不深的人爱贤君也不会亲切。"他在多密齐安的许多滔天罪行中，特别举出了杀害爱帕弗洛代图这一项，这人曾以某种方式杀了尼禄。他说："不久以前，为报复尼禄的死而发生了冤杀，我们难道忘记这令人悲痛的事情吗？报复尼禄之死的人难道会让人訾议他吗？"所以普利尼实际上认为不杀尼禄就等于犯罪，而替尼禄报复者罪恶就更严重了。

如上所述，罗马最杰出的人物，不但一有机会就起来杀死暴君，而且还跟从前的希腊人一样，认为这种行为是最值得赞扬的。假使这些杰出人物的力量不足以跟暴君相抗衡，因而在生前没能依法控诉他，那么在他死后也要进行审判，并且按照瓦列里安法给予定罪。瓦列里乌斯·帕布利科和他的同僚优尼乌斯·布鲁图看到暴君有士兵保卫，不可能传讯，便提出一个议案主张可以不经审判而定罪，并合法地处决暴君，事后再作陈述。于是卡西约用剑杀

了盖乌斯·卡里古拉,竟然完成了一件人人衷心祷祝的事。但部队却因皇帝的死而发生兵变。这时驻外省执政官阶级的总督瓦列里乌斯·阿西亚底克斯对士兵喊道:“我也想亲自参与谋杀暴君!”元老院对卡西约的行为也完全不反对,他们决议把皇帝的纪念物毁掉,把他们的庙铲平。克劳狄乌斯刚被士兵拥上王位不久,元老院就通过护民官制止他接收政府,但士兵的势力占了上风。元老院还曾宣布尼禄为人民公敌,把他抓出来,按照祖先的传统方法加以惩处。按照这种方法的规定就必须把他剥得精光,用叉子叉住他的颈子,然后用棍子活活打死。许多人虽然认为英国的暴君涂炭生灵比尼禄还要甚,但请你想想我们对待自己的暴君又要温和多少?多密齐安死后,元老院还判处了一项刑罚,要把他的雕像当众推倒在地上,并把它砸碎,这些他们都照办了。高摩达被他自己的臣属杀死以后,不仅没有人替他报仇,反而被元老院和人民判为人民公敌,他们甚至要挖出他的尸首加以屠戮。元老院关于这事的决议在朗普利底阿斯的书中可以见到。他说:“国家的公敌应褫夺一切称号,叛国者应被拖到斗剑手的剥尸场加以肢解,神明的仇敌以及谋害元老院的刽子手应当用叉子拖……”这些元老在元老院某次人数齐集的大会上,通过决议把皇帝底地阿斯·朱理安奴斯处以死刑,并命令一个护民官到宫廷去把他杀死。该元老院还曾废黜马克西明并宣布他为人民公敌。我们最好从卡皮托利奴斯的书中去看看元老院对他的决议,“执政官问道:‘各位元老,你们对马克西明家族看法怎样?’元老们答道:‘他们是公敌,他们是公敌,杀他们的人将得到奖赏。’”你是不是想知道罗马人民和各省到底服从了元老院还是服从了皇帝马克西明呢?请听听同一作者的话吧:“元老院”向各省“发出信件”,要求他们来拯救公共的安全和自由,这信得到了人们的响应。马克西明在全国各地的朋友、代表、将军、将校和士兵都被杀了。只有极少数城市效忠于人民公敌。希罗地安也作了同样的叙述。罗马史中的事例难道还用多举吗?

现在我们不妨看看当初邻邦各民族关于王权问题的情形怎样。高卢王安比阿利克斯承认:“他的统治权的性质是人民对他的权利和他对人民的权利一样大。”所以他执行审判和受到审判的机会是彼此相等的。另一个王维辛格托利克斯也被他自己的人民控为叛国犯。这些事情恺撒在高卢战记中都有叙述。塔西佗说:“日耳曼族的君权也不是那么绝对而没有限制。小事情由酋长处理,大事情由全体人民处理。人们服从君主多半是被说服的,而很少是由于君主命令的权力。如果君主的意见不合人民的心意,人民一阵鼓噪便把它否决了。”有一件事不久以前你自己还大声疾呼地叫嚣说是闻所未闻的,但在这一段里你又承认了,那就是,“在苏格兰被放逐、监禁或被斩首的国王不下五十人,其中有些还是公开伏法的。”这种事情在不列颠本国原是屡见不鲜的。试问你这个为暴君抬棺材的人,为什么还要用这样悲哀的声音喊叫说:这种事情是闻所未闻的呢?

接着你又表彰犹太人和基督徒怎样尊敬暴君,你想撒下谎言的种子以便收获更多的谎言。我对这些已经不止一次地驳斥过了。不久以前你还夸大其词地赞扬亚述人与波斯人的服从性,现在你又在数落其反抗事迹。不久以前你还说他们从不暴乱,现在你又举出许多理由说明他们为什么这样暴乱频繁!英国国王受审

的问题本来早已放下不谈了,这时你又旧话重提。好像是原先没经心当好一个大傻瓜,现在正好可以补救似的。你说:"他被牵着在他朝臣之前走过。"我倒很想请教一下,你所谓朝臣指的是什么呢?你还列举了罗马人从王国变为共和国时所经受的灾难。上面我已经指出,你在这一问题上是如何无耻地欺骗了自己。当你大写文章反对耶稣会士时,你常常说:"在贵族国家和民主国家中只限于发生叛乱和骚动而已,但在暴君的国度里就必然走向毁灭。"你这个空虚无物、腐化透顶的人啊!你现在竟敢说"他们从前放逐君主,现在自食其果了?!"罗马人放逐君主后受到报复的原因,恐怕是在于查理王事后送给你100个雅可布金币吧!

你说杀优里乌斯·恺撒的人没有好下场。诚然,我如果要饶恕任何暴君的话就会饶恕恺撒。不错,他是一个共和国的公民,但却以武力攫取了王权,他似乎比任何人都更有资格掌握王权。可是,我并不认为任何人由于杀死恺撒而遭到了报应,正如西塞罗的同僚盖乌斯·安东尼并不是因为消灭了喀提林而遭到报应一样。后来当安东尼因别的罪行而受惩时,西塞罗在他的讲稿"为弗拉科斯辩护"中说:"喀提林的坟墓献上了鲜花,"因为赞成喀提林的人这时高兴了,并说"喀提林的事业是正义的,"企图煽起对杀他的人的仇恨。这些都是心怀叵测者企图阻挠正派人铲除暴君和罪恶滔天的罪犯而使的奸计。如果从这种事实里,还能对人事的后果得出任何肯定的推论的话,我倒可以马上举出事实来反驳你,说明杀暴君的人是怎样幸福而昌盛。

你又进一步反驳道:"英国人没有把他们的世袭君主当成暴君处理,而是当成强盗和奸细处死的。"首先,我不理解根据世袭这一点为什么能免罪,这事若能起一点作用也是明智的人所无法相信的。其次,在你所谩骂为“野蛮、残酷”的行动中,正好显示出我们英国人值得赞扬的仁慈与宽厚。因为作为一个暴君就必然犯下了各种各样的滔天罪行,如掠夺、欺诈、卖国等。然而,我们对于暴君的处分依然是习惯上对一个普通的强盗和卖国贼所实施的处分而已!

你希望“有哈尔莫迪*和色拉绪波罗**起来”杀戮我国同胞,为暴君之灵“复仇”,但我相信你不久就会因失望而发疯的。使这个一切正人君子所不齿的人!你看不到哈尔迪莫会拿自己的血为暴君复仇,而你大可以首先上吊,以结束你自己那一文不值的生命!你将来很可能走到这种下场。除此之外,谁能认为你这种罪大恶极的家伙会有更好的下场呢?可是你咒骂人家的事,却绝对不可能发生。你提出加里安奴斯时代有三十个暴君发动暴乱。那么如果一个暴君反对另一个暴君又怎么办呢?是不是说所有反抗暴君或打倒暴君的人本身都应称为暴君呢?关于这一点,你这个奴隶的骑士简直令人无法相信。你所引的那个权威论据——最渺小的历史家特列伯留·波利阿也没法使人相信这一点。你说:“如果任何暴君被元老院宣布为人民公敌,这是依据派系意见而不是依据法律。”你叫我们想想最初造成帝制的是什么,你认为是党派和暴力,更坦白点说,就是由于安东尼的疯狂。那时并没有任何法律或权利可以使皇帝们发难反抗罗马的元老院和人民。你

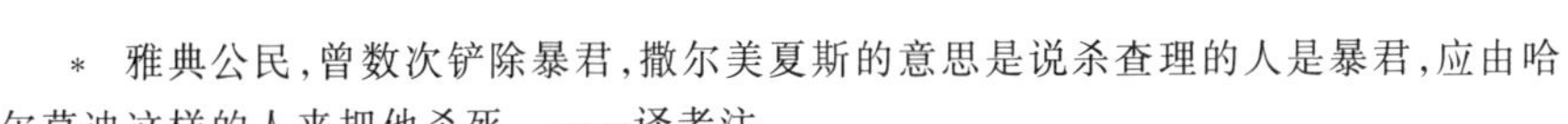

* 雅典公民,曾数次铲除暴君,撒尔美夏斯的意思是说杀查理的人是暴君,应由哈尔莫迪这样的人来把他杀死。——译者注

** 雅典海军名将,伯罗奔尼撒之役曾率军铲除暴君。——译者注

说:“伽尔巴由于举兵反抗尼禄而遭到了惩罚。”那么就请你同样告诉我们,维斯巴兴如何由于举兵反抗维铁里乌斯而受惩吧*!“查理与尼禄之间的差别”你说:“正像英国的屠夫和当日罗马的元老之间的差别一样大。”你这个该死的东西啊!受到你的称赞就等于受到莫大侮辱,受到你的侮辱就是受到称赞。在前几句话中,你讨论到这个事情时说道:“皇帝之下的元老是一群穿着公服的奴隶而已。”现在你又说:“元老是一群国王。”如果情形是这样的话,根据你自己的意见,国王又为什么不能称为穿着公服的奴隶呢?国王们得到你这样的歌功颂德的人真是幸运之至!谁会像你这样流氓成性,兽性根深,毫无头脑呢?说到你的特长,就只有一点——没有一个驴子能叫得像你这样有文化。

你说英吉利议会像尼禄而不像罗马元老院。你这种把风马牛不相及的东西扯在一起的瘾头使我不得不加以纠正。我要让你看看查理王和尼禄是多么相似。你说:“尼禄”用剑“杀死了自己的母亲。”查理则用毒药杀死了他的父亲和君主。其他的证据先不提,只说他解脱了一个被控犯有毒杀罪的公爵,就足以说明他自己也是密谋者之一。尼禄杀死了许多基督徒,但查理杀得更多。据苏旦尼阿说:尼禄死后有人赞扬他,并渴望恢复他的旧制,很久以后“他的坟上还常有人用香花酒礼祭奠”,希望尼禄的仇人遭灾受难。现在也有人同样疯狂地希望恢复查理王的旧制,并且把他捧

* 罗马暴君尼禄被西班牙总督伽尔巴推翻,后伽尔巴又由于政局紊乱而被鄂图推翻,鄂图登位不久又被维铁里乌斯推翻,接着维铁里乌斯又被维斯巴兴推翻。由伽尔巴到维铁里乌斯为时不到一年而天下三易其主,但维斯巴兴则能稳定政局,并得善终。——译者注

上了天，你这位牵缰绳的骑士正是他们的头目。

“英国士兵比他们自己的恶犬还凶，建立了一个前所未闻的法庭。”大家看吧，撒尔美夏斯这个妙不可言的偈语或格言已经被你搬出来六次了，“比他们自己的恶犬还凶。”演说家和老师们快来吧，你们要是真正聪明的话，就应当赶快把这一朵华贵的鲜花采去。这是撒尔美夏斯十分喜爱的，你们应当把这位雄辩家的这朵修辞学的装饰品摆到小房间里的桌上，别让它凋谢了。难道你已经疯狂到把词句全忘了吗？你为什么要像个布谷鸟一样老是重复这句不堪入耳的话呢？我应当把这个叫成什么怪毛病才好呢？据说海丘巴*疯狂之后变成了一只狗，你这位圣狼的主人竟变成一只布谷鸟了。

接着你又自相矛盾了。在大作第113页上你已经说过“君主不受法律约束，”非但“不受强制性的法律约束，”而且“也不受规范性的法律约束。因此他不必服从任何法律”。讲到这里你又说：“我们再继续讨论一下某些权力较大和权力较小的君主之间的区别。”你要用你自己所谓的“最可靠的理由”来证明“君主不受臣民的审判和定罪。”但你的理由却极不充分。你说：“君王与士师之间并没有区别，但犹太人所以坚持要一个君王是因为他们厌恶了士师的统治，对他们不满。”他们既然能够由于苛政而将士师审判定罪，并由于厌恶和愤恨这些而要求立一个国王，难道你认为国王破坏一切法律时，他们就不能加以惩罚或约束吗？谁会像你

* 荷马史诗“伊利亚特”中特罗伊王普里安之妻，她的像是悲惨失望的象征。——译者注

这样说蠢话呢？他们希望有一个国王，并不等于他们想得到一个高于法律的君主，而是为了其他原因。我们在这里无须猜想他们的动机是什么。不论怎样，上帝和先知都指出那些人要求一个国王的想法是错了。你在前面说，根据犹太法学家的著作，你已经证明了犹太国王不受审判。现在你又说国王不但要受审判，而且还可以定罪受鞭打。可见你是和你自己所引证的犹太法学家冲突。这等于是承认你从犹太法学家的著作中引证的完全是一派胡言。最后，你竟忘了为英王辩护的事，而只是提出一些极端无聊的事情来争执，说所罗门有多少马厩，“他有多少马槽喂马。”

最后你又由一个马童一变而成为一个道德说教与雷同重复的骑士。更恰当地说，你是恢复了从前那种魔鬼的面貌，又变成了一个疯狂乱叫的布谷鸟。你抱怨说：“近年来秩序的力量松弛了，秩序的准绳也消失了。”因为有一个不受任何法律约束的暴君竟然不能破坏一切秩序，败坏全体人类的道德而不受到惩罚！你说这种道理“由布朗主义者*引导到新教徒中来了”。那么，按照你的看法，路德、喀尔文，济文格里、布塞尔以及一切其他杰出的正教神职人员便都是布朗主义者了。我们英国人对于你的攻击倒可以坦然接受，因为你所用的诽谤不外是你攻击教会中最杰出的博学之士时所用的那一套，实际上也就是你攻击整个新教教会的那一套。

---

* 英国清教徒罗伯特·布朗主张每个教区都是独立的，可以自行选任或撤除神职人员。十七世纪以后称独立教派。——译者注

第六章

在前面你企图恶意地曲解自然法和神律，但结果完全是枉然。你从这里面并没有得到什么好处，只是让人家骂你无知和要流氓。关于你那皇室的事业，除开一些卑微琐屑的事以外，你不能说出什么别的名堂来。从我这方面讲来，我希望答复到这里就能够充分地满足那些既不愚蠢也不要流氓的人。也就是说，我对于这桩高贵的事业，所做的本来已经够了。但别人也许不会认为你是喋喋不休，而会认为你是多才多艺、才情敏捷，甚至还会认为我是在你这种才情面前后退。为了避免这一点，我倒愿意跟你辩论到底。但我的话要力求简洁，使人看出我在满足了这事业的迫切需要（纵使不是高贵的需要）之后，接着便只是满足某些人的愿望或好奇心而已。

"从现在起，"你说："我又有了另一种更伟大的理由。"什么话！现在的理由比神律和自然法所提供的理由更伟大？生育之神啊，但求保佑！撒尔美夏斯这只虎已开始阵痛要生育了。他娶了一个牝鸡司晨的老婆是不无缘故的。诸位请看这是多么伟大而神奇的一个小生灵吧！——"如果一个人是国王而且又被称为国王，他要是受到另一种权力弹劾的话，这权力就必须比王权大。但更大的权力要是能制定出来，便为王权，而且也的确就是王权本

身。因为王权的定义是国内最高和唯一的权力,在王权之上便不可能有其他权力存在。"这真是虎头蛇尾,多么令人可笑!各位文法家请帮帮忙吧!帮帮这位临盆阵痛中的文法家吧!现在神律与自然法倒不可能受到他的打搅,字典上的字义可就被他搅得一团糟了!

我打算用下述的方式答复你,你看怎么样?名义应当服从事实,我们已经撇开了王权这一事实,所以名义问题就不在话下了。这些让那班拜倒在君主脚下的人去管吧,我们乐得省去一层麻烦。这答复不能算是不公正的。但是为了要使你承认我始终对你是公正无私的,我将不仅根据我自己的意见,而且根据古代最贤明的人的意见来答复你。这些人都认为国王的名义和王权跟高于自身的权力——人民和法律所具有的最高权力是完全可以并存不悖的。首先,柏拉图曾说过,智谋过人的莱喀古斯,在为王室政府的利益作极妥善的安排时,发现保持王室政府的最上策莫过于使国家的元老院与监察官的权力高于王权,也就是使人民的权力高于王权。欧里庇得斯所描写的忒修斯也有同样的见解。他虽然是雅典王,但他最大的荣誉是使雅典人民恢复了自由,并使人民的权力居于国王之上。但他的王权在那个城邦里还是照样传给了他的后代。欧里庇得斯在"乞援者"* 一剧中描写他登场时以这样的方式自我介绍:"我使人民自己居于统治地位,解放了这个城邦,这里人人有平等的投票权。"在另一个地方他对底比斯的使者说:"外邦人啊,你一开头就提这城邦的独裁君主,这话是不正确的,因为这城

---

* 参见本书第 136 页。——译者注

邦不是由一人统治的，而是自由的，人民就是这里的主人。”当时他虽是这个城邦的君主，而且也拥有君主的称号，但他的话就是这样说的。关于这一点，还有一个权威学者、即神圣的柏拉图，他在书信第8篇中说：“莱喀古斯建立了元老和监察官的权力，作为王权的保护者，对王室政府的巩固大有帮助。由于管辖一切的法律被当成了君主，所以王室政府便能维持盛誉达数世之久。”如果在事情发生时没有人对君主执行法律，法律就不可能成为君主。他本人也曾把这种受约制的政府介绍给西西里人，他说：“让自由与王权同在，让王权成为可作陈述的王权。君主如果违法，便应受法律的约束。”最后，亚里士多德在他的政治学第3卷中说：“在一切受法律约束的王权中，唯有斯巴达共和国才是真正受王室掌握的共和国。”然而他说所有的王权政府都是根据法律办事的，唯有他所谓的绝对君主政体不然。不过他却没有说这种政体在什么地方存在过。因此，亚里士多德便认为斯巴达那样的国家可以说是完美的王国。因此，他们的国王的法律地位虽然低于人民，但我们却不能否认他是一个国王，而且称他为国王也当之无愧。这么多伟大的作家以信誉向国王担保，最高权力在一般情况下可以不必使用，在必要时由人民掌握；这样决不会使王权遭受任何损失，而且能使它得到保障。你这褊狭的脑筋对你那文法上的国家——纸面上的国家——也就可以放心了。你是宁肯出卖人类的自由与幸福，也不肯让你那纸面上的共和国受到丝毫打扰与损害。总会有一天，你会知道字眼儿是应当服从事实，而不应让事实服从字眼儿的。这时你才能清醒一点儿，不至于一下子跑到你所畏惧的那个“与无边无际的境域”中去！

你说:“像辛尼加这样叙述三种政府的形式便是毫无价值的。”让辛尼加去作无用的叙述吧,我们倒乐得省事。如果我没有弄错的话,我们还不是受辛尼加的辞藻奴役的人。辛尼加虽然说统治权存在于一个人的身上,但他又说:“这权力是人民的权力。”人民把统治权付托国王是让他为全体谋福利,而不是让他来蹂躏全体人民。人民并没有把所有权交给他,而只把使用权交给了他。你说:“这种国王根本就不是按上帝意旨进行统治,而是依据人民意志进行统治了。”这话似乎是说,上帝并没有叫人民把国家交给上帝所喜欢的人。查士丁尼大帝在罗马法典中,公开承认罗马皇帝的统治是从“人民根据皇室法将自己的一切权力与权威赋予他们的时候”开始的。

你那些废话我已经一再地驳斥过,并早已抛弃掉了,你到底还要我重复多少遍呢?现在你又一次地插嘴过问我们的国家大事。你是一个外国人,这本不关你的事!这又暴露了你那鄙劣的本质和万人唾骂的态度。接着你马上就闹了一个明显的笔误,这也是你这种忙人常出的毛病,“每一件东西,”请听着:“这些亡命徒所说的每一件东西,都只是为了欺骗人民。”你这个流氓啊!难道就是为了这一点,你这令人讨厌的文法家才这样猖狂地来干涉我们政府的事,让我们饱尝你的笔误和野蛮话吗?请你谈谈,我们到底怎样欺骗了人民呢?“他们所建立的政府不是人民的政府而是军权政府。”这就是那一批叛徒廉价地雇佣你来写的话。你根本一无所知还要哓哓不休,我完全用不着答复你,我要答复的是雇佣你的那一批人。你问到底是谁“把上院议员排斥于议会之外——是不是人民呢?”可不正是人民吗?他们这样做正是把一个折磨人的奴隶枷锁从颈子上粉碎掉。你所说的那些完成这一壮举的士兵,并不是外国人,而是我们自己的同胞,是人民中的一大部分。他们所做的这件事情,几乎得到了一切人民的同意,同时也符合人民的愿望,他们甚至还得到了议会的批准。“驱逐下院议员,致使下院陷于瘫痪的是人民吗?”是的,我说这是人民。凡是立法较完善的部分或较健康的部分正是人民的权力所在的地方。根据这种立法精神做出的事,为什么不能说是人民做的呢?假如大部分立法者想让人民当奴隶,或者出卖政府那又怎么办呢?较少的这部分立法如果有可能的话应不应当制止这种事情发生,并保障自己的自由呢?“但军官联合士兵做了这事。”我们应当感谢这些军官,他们没有耽误国事,他们把伦敦一批暴动的店员和工匠击退了。这些人在不久以前,就像当初拥护克劳狄乌斯的乌合之众一样,把议会包围起来了。议会的天职不论在平时或战时都首先要保障人民的自由,难道这就是你所谓的“军事独裁”吗?那些叛徒把这几段话告诉你的时候用上了这样的词句是毫不足怪的,因为当时安东尼有一批放肆的幕僚和拥护者,在元老院用武力抵抗国家公敌时,就称呼元老院为“庞培阵营”。我感到高兴的是,让你们这一班人抱着极其忌恨的心情看着我们最英勇的将军克伦威尔进行爱尔兰之战。这战争是完全符合神意的。他的朋友都紧密地团结在他的周围,人民也一心地希望他成功,善良的人们都为他祷祝。我相信,他在那里不断获得胜利的消息,一定会让你们这些人气死了。

你不惜用了又长又臭的议论谈到罗马士兵,我不打算在这方面多谈。但下面这段话是尽人皆知的谬论:“权力一旦属于国

王，”你说，“就不属于人民了。”这是根据什么法律或权利说的呢？肯定地说，全世界的国王一般说来都是由人民授权，都是根据一定的条件托付给他权力的。既然只是由人民托付给他，一旦国王不遵守这些条件，我问你，为什么这权力就不能还给人民呢？国王、执政官或其他官员岂不完全一样吗？你说“公共安全要求必须这样”，这完全文不对题。其实不论是国王、贵族还是三人同盟，只要是滥用人民付托给他们的权力，“权力就必须交还给人民”，公共安全的要求总是一样的，但你自己却认为任何元首的权力都可以还给人民，唯有君主例外。肯定地说，任何人民在头脑清醒时，除了全体的公共福利外，都不会把统治自己的权力交给君主或其他元首。反过来说，人民为了防止自己被彻底毁灭，为什么不能把自己交付给人家的权力收回呢。交给君主或其他元首的权力不是也一样可以收回吗？从一个人手中收回，要比从几个人手中收回容易得多。其实把权力交给任何凡人来统治自己，除开用信托方式以外，都完全是丧失理智的行为。同时，自从开天辟地以来，不论任何民族，只要具有自由意志，就不至于愚蠢到把权力全部毫无保留地交给他人。而一旦付托给元首之后，如没有重大理由也不会从他手中收回。企图用武力夺取保留在人民手中的权力，只能引起内战和纷争，绝不会产生王权。

从这里便可以得出你所说的一个结论：“不可轻易更换统治者。”这一点我们也不否认。但这话只是对于人民的审慎作风来说才是正确的，对于王权就说不通了。我们不能由此推论说不论在什么时候有什么原因，都不能更换君主。如果人民一致同意废黜一个不称职的国王，并且废黜时又像你们法兰西常有的情形一样并不致引起内战，那么，你在什么地方，引证过什么理由，提出过什么王权作根据，说明我们应当制止人民这样做呢？因此，最高的法律准绳应该是人民的安全，而不是暴君的安全。法律可以帮助人民反对暴君而不支持暴君反对人民。你竟然这样欺蒙诈骗，把这样神圣光荣的法律颠倒过来。这条法律是最有利于人民的，你竟要使它只为暴君逃避罪责服务。我告诉你吧：对你来说，我们英国人都是“热忱的人”、“有灵感的人”和“先知者”，我现在以先知者的资格告诉你，你犯下了滔天大罪，神和人的惩罚已经临到你头上了！你把全体人类都投到暴君脚下，在你看来这就等于是投到圆形剧场的野兽面前了。这种万恶不赦的罪行本身就是对你的一种惩罚。纵使你逃到天涯海角去，它迟早总会狂怒地赶上你，用缰绳套住你，狠狠地鞭打你，让你比现在这样疯狂的叫嚣还要难受。

现在不妨谈谈你第二个理由，这和前者不无相似之处。如果人民重新掌权的话，“是君主国还是民主国并没有区别，”你说：“在君主国中被指定的统治者是一个人，在民主国中则是多数人。”这话如果是正确的又怎样呢？国家是不是会受到任何损害呢？但你自己又举出了一些区别来，例如“时间与继位法”等。诚然，“民主国中的元首一般都是每年改选一次”，君主则只要行为正当，便是终身在位的。在大多数王国中，王位依然在一家之中承袭。我不管到底有没有这些区别，我根本不打算过问这类琐屑问题。但两者之间有一点肯定是相同的：不论在君主国还是民主国中，如果为了公共福利，有必要的话，人民原先为公共安全而付托给某一人的权力，可以仍然为着公共安全而把它收回。这样做与权利或法律毫不冲突。

“但根据罗马法典中所订立的皇室法,罗马人为了元首的缘故,把整个国家和一切权柄交给国家元首”。的确是这样,但这是皇帝们强迫造成的。他们打着冠冕堂皇的幌子批准了破坏法律的勾当。这一点我们在前面已经说过,罗马的法学家在法典中注释这一段时并不隐讳这一事实。因此,没有经过适当的立法程序和人民真正同意的东西,无疑是可以撤销的。最合理的看法是认为:罗马人交给皇帝的权力和他们从前交给自己的元首一样,也就是依法进行统治的权力,这是一种可收回的权力,而不是不可收回的暴君权力。直到皇帝出现才把执政官和护民官的权力一并揽到手里。然而在优里乌斯(恺撒)之后谁也没有觊觎独裁官之名。在前面我曾引克劳地恩和塔西佗的话说过,他们在剧场上甚至还照例向人民致敬。

“以往有许多平民曾卖身为奴,整个民族也曾被奴役。”你这奴隶监房出来的囚犯骑士啊!贩卖奴隶的罪犯啊!你简直是给你本乡人丢脸!奴隶市场上出卖的最下贱的奴隶对你这样卑污龌龊的奴隶贩卖人和公开露面的老鸨子也应当退避三舍,应当啐你一口!人民要是这样被国王奴役,那么国王大可以把他们转让给其他的主人,或把他们拍卖了,但肯定地说,国王连自己祖传的王位也不能出让。一般说来,君主既然只从人民手里取得使用和享用王权与国土的权利,那难道能像花钱买货一样成为人民的主人吗?你这位糊涂的骑士,纵使在耳壳上打了个眼,脚上涂了石膏,站到外面去卖身,也不会像你现在写出这种无耻的理论一样成为最卑鄙的奴隶。

就这样干下去吧,现在你正好是违背自己的意志在惩治自己的流氓行径。最后你又结结巴巴地说出了一些有关战争与征服的权利的问题,这些在这里不必讨论。因为查理根本没有征服过我们,他的祖先也没有被承认为我们的征服者,相反地,他们一再地声明过放弃征服者的称号*。同时,我们本身也并没有被征服过,而只是宣誓效忠于国王,国王本身也同样宣誓维护我们的法律。当查理王臭名昭著地破坏了这些诺言,并且首先向我们进攻的时候,我们用武力打败了他。不论是把他当成以往的征服王也好,或者是当成现在作伪证的国王也好,反正我们是征服了他。根据你自己的意见,"在战争中夺得的东西就成了夺得者的财产。"说到这里你的宏论又来了,而且噜噜苏苏说个没完。你就像不久以前评注索利尼奴斯的书时变成了一个普里尼派的尖刻批评家一样**,现在你在所有的饶舌者中又是最噜苏的一个。不管你下面怎么嘟囔,怎么叫嚷,怎么援引犹太法学家的说法,也不管你一直叫嚷到这一章末尾,把嗓子都叫哑;请你相信我的话吧,你出了一身臭汗搬出来的东西,对那个被打败的国王并没有好处,而是对我们有好处。多谢上帝,我们已是他的征服者了。

* 公元1066年诺曼底公爵威廉一世举兵征服英国,称征服王威廉。——译者注

** 公元1629年撒尔美夏斯曾评注索利尼奴斯的"博学志"。——译者注

第七章

为了躲避开两个极大的弱点，并且考虑到你自己的重点（的确是重点！），你在前面那一章里，否认了人民的权力大于国王的权力。因为你要是承认这一点，国王就得另找名称，“君主”这个称号就得转让给人民，你那政治体系中的某些分类也就发生混乱了。第一个后果是把你的词汇打乱，第二个后果是把你的政治学彻底粉碎。关于这些，我已经答复过了，我的意思是，首先应当考虑我们的安全与自由，然后，有可能的话甚至也可以考虑你的词汇学与政治学。现在你说，“别的理由也可以证明国王不能被自己的臣民审判，尤其国王在国内没有平辈的人这一点是最坚强、最富于说服力的理由。”什么话？君王在王国之内没有平辈？那么法国古时的十二天王是什么呢？难道这是图宾捏造出来的神话和胡说吗？这难道是无故给他们安上这么一个称号，或者是嘲笑他们吗？请你注意一下，你是怎样在侮辱法国的天王！难道他们只是在十二人之间彼此平等吗？这样说就好像是我们可以设想全法国的贵族只有十二个是平等的，而这便是称他们为法兰西十二天王的理由。或者说他们似乎不是真正和法王平辈的天王，不是由于和他平权治国并以平辈相称而形成的天王。请你注意这一点吧：字典是你唯一的根据；这样说，你那部字典在法兰西王国所受到的嘲笑恐怕会比英吉利共和国还多！

好吧，就让我们听听你怎样证明君主在王国之中没有平辈。你说，“因为罗马的人民放逐了国王之后，再推举的执政官不是一个而是两个，其用意是：当一人越权时，另一人可以约制他。”谁还能提出一个比这更蠢笨的理由呢？假如两人都是被推举出来互相约制的，那么为什么其中只有一个人能有权威棒呢？假如他们两人串通背叛共和国又怎么办呢？这比罗马人没有给执政官派一个同辈是不是更好呢？但肯定的事实是：当元老院和人民决定为了共和国的利益，而要求两个执政官和其他官员服从时，他们都必须服从元老院。关于这一点，我在玛尔库斯·图里乌斯(西塞罗)的“为色斯修斯辩护”中可以引出充分的根据来。同时还请你听听他关于这一点的简要说明，他常常说，这是“规定得非常明智的”，同时还说一切善良公民都应当好好认识它。这一点我也同意。

“我们的祖先抛弃了王权之后，产生了一年一任的官职，但他们在共和国之上设立永远存在的审议议会——元老院。议员是由全体人民选举出来的。这一高尚机构应当对勤恳而值得为全体公民服务的人打开大门。他们把元老院当成国家的卫士、保护人和战士。照这个机构的权力来讲是人民委任他们当官吏、使他们在富有权威的人民大会之下当仆人。”

十人委员会*可以作为辉煌的例证。他们虽然具有执政官的权力，而且也是国家元首，但当他们敢于反抗时，元老院就可以运

* 纪元前452年，罗马为了订立十二铜表法选出十人委员会，后其领袖无道，被人民推翻。——译者注

用自己的权威使他们就范。我们看到某些执政官在职时被宣布为人民公敌,并且还派兵剿捕他们,因为那时对国家公开作战的人,是不会有人把他当作执政官的。因此安东尼虽是执政官,但在元老院的号令下,人们敢于对他开战。在这一仗中他被打败了,本来应当处以死刑的,但屋大维·恺撒正觊觎王位,所以就和他共同策动了一个阴谋,以推翻共和国。

你说:"君主至尊之权的特点,就是大权集中在一人身上。"这话也同样站不住脚,并且也是自相矛盾的。你曾说过:"希伯来的士师是终身任职,每任只有一人。圣经上也称他们为君王,但他们却必须向高等参议院作陈述。"你本是想让人家认为你把一切可能说出的话都说出来了,但实际上除开自己打自己的耳光以外却什么也没有说。我问问你,罗马帝国有时是两个皇帝同时执政,有时是三个皇帝同时执政,你把这种政府又叫成什么呢?你认为他们是皇帝(君主)还是贵族政体的成员,抑或是三人同盟呢?你是不是说安东尼努斯和维奴斯、代奥克里兴和马克西明,以及君士坦丁与李启尼乌斯治下的罗马帝国根本不能成为一个帝国呢?假如这些人都不是君主,你那"三种政府形式"就被你自作聪明地弄糟了。但这些人如果都是君主,那么王权的特点就不是集中在一人身上。你又说过:"假如这些人之中有一个犯了法,那么其他的共治者就可以向人民或元老院告发,让他受到指责或定罪。"人民或元老院对共治者告发的对象所进行的事情不是审判又是什么呢?因此,如果你的意见还能算数的话,当时根本就不需要一个共治者来审判另一个共治者。唉,你是多么巧妙的一个辩护者啊!你要是不挨人骂也会让人感到可怜!你在每一方面都摆好架势准备挨

打,谁要是想戳你一下的话,不论他想戳的多么不是地方,也准不会有所失误。

你说:“一个国王竟授权给法官,让他们有权处死自己,这是极其荒唐的说法。”关于这一点,我倒要引证一个绝不荒唐而是十分圣明的皇帝——图拉真——来答复你。他依照当时习惯,将近卫军的象征——匕首交给近卫军统领萨班拉奴斯,并常常提醒他说:“把这剑拿去,如果我的所作所为合乎正道,就为我使用这剑,否则就请对我使用这剑。因为治人者不循正道是最违法的。”这话是代昂和奥列里乌斯·维克多谈到他时说的。由此可见,这位圣明的皇帝派了一个人做他的审判者,而这人还不是他的共治者。这话要是提庇留说的还可能是出于虚荣和虚伪,但图拉真的品德是无可訾议的,如果说他说这话时心里不诚恳地认为是真理、正义和公道,那就是一种罪恶的看法了。图拉真的权力在元老院之上,他本来是大可拒绝服从元老院的。而他却纯粹由于考虑到自己的责任而服从了元老院,承认元老院在法律上高于自己,这是多么合乎正义!普里尼在他的颂词中告诉我们说:“元老院希望而且命令你第四次连任执政官,这一点决不是奉承而是命令,你可以相信你自己的服从性。”接着又说:“你努力做到的是恢复我们的自由。”图拉真对自己的看法正是元老院对他的看法。他们也的确认为自己的权威是至高无上的。因为他们既然能命令皇帝就一定能审判皇帝。在玛尔库斯·奥理略时代,叙利亚总督卡西约想夺王位。他就提请元老院和人民审议,说,他们如果叫他放弃政权他就放弃政权。谁又能比最圣明的皇帝亲口说的话,更能恰如其分地评定或确定王权呢?

诚然,根据自然法,每一个圣明的皇帝都认为元老院或人民不止和自己平等,而且高于自己。至于暴君则本质上就低于一切的人,谁要是比他强大就应当认为是和他平等或高于他的人。古来自然法则就使人们在暴力中认识到必须服从法律。不论什么地方,法律一旦失效,同一自然律就必然迫使我们重新采用暴力。西塞罗在"为色斯修斯辩护"中说:"认识这一点就是一种智慧,实行这一点就是一种勇敢。既能认识而又能实行,就是极其完美的丈夫气概。"不论是对昏君说还是对贤君说,元老院或人民总是高于君主的,这一点应成为自然法中的金科玉律,决不可为佞臣的阿谀所动摇。当你说君主的权威来自人民的时候,你自己实际上就承认了这一点。因为人民纵使把权力赋予君主,根据自然法则和物源本质来说,这权力仍然是掌握在自己手中的。因为一切充沛而卓越的自然原因产生出效果时,它保留的物源本质总比赋予对方的要多。当他把本质赋予对方时也不至于使自身耗尽。你可以看出,我们愈接近自然,人民的权力就愈显然处于国王之上。

选择权既然掌握在人民手里,人民便不会以盲目崇拜的方式把自己的权力赋予国王,根据自然法则也不能这样办的。他们只能是为了公共安全和自由才把权力赋予国王,当国王放弃这种职守的时候,人民便等于没有给他任何东西了。人民由于受到自然法则本身的告诫,把权力赋给国王只是为了某一种目的。如果不能达到人民和自然法则所要求的目的,那么,他们所赋予的权力就像一张作废的契约一样无效了。这些理由牢固地奠定了人民对于国王的优越地位。你说:"国王不受人民审判,因为他在国家中没有和他平等的人,也没有比他更高的人",根据以上的话看来,你

这条“最可靠和最令人信服的理由”就不攻自破了,因为你事先假定的条件,正是我们绝对不能承认的。

你说:“在民主政体中,官员既是由人民委派的,犯罪时人民自然同样可以有权惩治他。在贵族政体中,贵族可以受同僚的惩治。但一个国王在自己的王国里被迫不得不为保全自己的生命而辩诉则是天地所不容的。”从这里你所能得出的结论只能是:自己立一个国王统治自己的人是人类中最可怜的和最愚蠢的人。请问人民为什么不能像惩治民选的官吏和贵族那样惩治一个犯罪的国王呢?难道你认为所有生活在王权下的人民都那样不要命地爱上了奴隶制,以致获得了自由以后还要挑选奴隶身份,让自己完全匍匐于独夫的专制之下么?何况这人还常常是一个恶棍或笨蛋呢?他们如果不幸而遇到一个最残忍的暴君,难道会不在法律或自然法则中为自己的安全留下一点儿防护的办法或躲避的余地吗?假如是这样的话,当国王登位的时候,人们为什么要提出条件、甚至规定进行统治的法律呢?难道就是为了使自己更加受人践踏、更加受人污辱么?一个完整的民族难道会这样作贱自己,抛弃自己的利益,断送自己的事业,以致把自己的希望完全寄托在一个人身上么?何况这人往往又是一个最靠不住的人呢?试问国王是否要发誓不做违法的事呢?这样只能使可怜的人民痛切地感到只有国王可以随便推翻誓言而不受到惩处!你那恶毒的结论中显然含有这种意思:“一个民选的国王,如果由于恐怕不许下诺言就不能当选,因而进行宣誓,答应办某些事情,但事后又不遵守这些誓言,这时人民仍然不能审判他。如果在选举时国王向臣民宣誓,表示他将根据国家法律进行司法事宜,而事后又不遵守誓言,人民就可以

解除效忠誓言,他实际上也就退位了。但他破坏的如果不是法律而是誓言,能惩罚他的就只能是上帝而不是人民。"我把这些话抄录下来,并不是由于文字优美,其实这些话说得十分粗鄙;同时我也不打算另作答复,因为这些话都是赤裸裸的谎言,令人作呕;它自己就答复了自己、谴责了自己,可以不攻自破。我抄录下来只是想把你这"丰功伟绩"推荐给国王们,让他们在朝廷的无数官爵中给你找一个适当的职位。有些人当财政大臣,有些是侍臣、管家,有些是圣诞节筵席的主席,而你就最好是去当伪证大臣。像彼得朗尼阿斯那样的文卷大臣你是不能胜任的,因为你的知识太贫乏了。当个皇室的奸计大臣倒还合适。

这里不妨把你刚才说过的话仔细地掂量一下,让大家知道你在极端无知之中,还加上了绝顶的流氓作风。你说:"国王在被选的时候虽然对臣民发过誓,表示要依法临政,"如果他不遵守法律的话,"臣民就解除了效忠的誓言,国王实际上也就退位了。"但这时国王还是不能被臣民废黜或惩治。试问国王犯法时为什么不能像民主政体中的官吏一样处理呢?"恐怕是因为在民主政体中人民没有把权力完全授予官吏"。那么难道人民把权力全都交给国王了吗?其实只有当国王善用王权的时候,人民才承认国王对于自己的统治权。因此,一个国王如果事先宣誓要遵守法律而实际上又犯了法,就可以像民主制中的官吏一样加以惩治和废黜。这样你那无敌的论点——全部权力让渡给国王的说法就再也拿不出来了,因为你自己已经把它毁了。

各位请听另一条"最坚强而驳不倒的理由",来说明臣民何以不能审判国王。这是因为:"国王本人既是唯一的立法者,他便不受法律约束。”这一点我已经不止一次地论证过完全是谎言，所以甚至连你这“驳不倒的理由”也和前面那一条同归于尽了。至于国王另外的私罪，如私通、奸淫等没有受到惩治，倒不是因为人民认为他不应受法律惩处，而是因为人民善于忍耐。要不然，国王死去以后改朝换代的骚动所引起的祸害，就会大于伸张个人权利所得到的好处。但国王祸国殃民一旦使人民到了忍无可忍的地步，那么，所有的国家都会认为不论定罪与否，斩杀暴君总是合法的。因此，玛尔库斯·图里乌斯（西塞罗）在他的“反腓力”第2讲中，谈到那个杀恺撒的人时，说：“他们首先用剑杀死了一个实际高踞在宝座上的人物，而不仅是一个觊觎王位的人。这是一种近乎神性的光荣壮举，为我们立下了榜样。”可是，你和他是多么不同啊！

“谋杀、通奸和徇私都不是公罪，而是私罪。”你今天说得倒不错！所有的老鸨和佞臣都会为你这些话而感激涕零。你既当了马屁精又当了老鸨，真是一举两得，干得漂亮极了！“一个国王纵使进行通奸谋杀，政事也许还很清明，因之便不应当处以死刑。因他一旦丧生，势必丧失王位。不论神和人的法律都不会把一个罪犯惩罚两次。”卑鄙无耻的流氓嘴啊！如果根据你这一理由，对于民主政体或贵族政体中的官吏，也可以由于考虑到双重惩罚而不处以死刑了。任何贪污腐化的法官或元老，要是处以死刑，难道不也把官职丢了么？

你挖空心思要从人民手中夺去一切权力和至尊之位，并把它交给国王。但你要是高兴的话，我可以告诉你这种至尊之位只是转了一道手的次品，而不是原本原样的至尊之位，正如权力也不是原来的权力一样。你说：“一个国王不可能对人民犯叛国罪，只有人民才可能对国王犯叛国罪。”可是，你忘了国王只有为了人民才能成为国王，人民则不必为了国王才能成为人民。所以我认为全体或大多数人民必然比国王具有更大的权力。这一点你不承认，并且仔细地算了一笔账：“他比任何人的权力都大，不论是一个人、两个人、三个人、十个人、一百个人、一千个人、一万个人都是一样。”这我不反对。“比一半人民的权力还大”这我也不反对。“就算你把这一半加上另一半，难道他所拥有的权力不能比全体人民的权力大吗？”我说：绝不可能！

推算下去呀，精巧的逻辑家啊，你把算盘拿走干什么呢？你难道不懂得算术级数吗？接着你又用另一种方式来计算，你问：“国王加上贵族难道不拥有更大的权力吗？”没有，我的好破铜烂铁贩子啊！如果你所说的贵族就是上议员，那么这一点我也否认。因为他们之中有时没有一个人称得起是高贵的。下议院中明智善良的人往往比上议院要多得多。当大多数人民或民族的精华参加这一边时，我将毫不犹疑地说他们代表了全体人民。“如果国王在权力上不高于全体人民，那他就不是全体人民的国王，而只是个别人的国王。”的确，假如人民不同意他的话，他就不成其为国王了。现在你不妨把你的计算再核对一下，你将发现自己由于计算错误连原则也丢掉了。

“英国人说至尊主权在根源上和本质上都属于人民。这种说法诚然会使一切国家都被推翻。”那么民主政体和贵族政体又怎样呢？不过你的话究竟说得不错；要是把妇人政治也推翻了那又怎样呢？有人说你在家里是几乎要挨打的。孱头大王啊！英国人这样难道对你没有好处吗？但这一点你是没有指望的，你在外面

既然要使全人类忍受暴政的压迫,那么你在家里就应当过一种最丢人、最没出息、最没有丈夫气概的奴隶生活,这真是不爽分毫的安排。

你说:“英国人应当告诉我,他们对人民这个字怎样解释。”应当告诉你的事还多着哩,因为你对许多有关切身利害的事情也是一无所知,似乎除了一星半点的初步知识以外便什么也没有学到,而且哪一点你也理解不透。但你又自以为是地认为我们所指的人民就是平民,因为我们“废除了上议院”。但这一点正好说明我们用人民这个字时指的是全体公民,不论哪一等、哪一级全都包括在内。我们建立了唯一至尊的下议院。在下议院中上议员也可以作为人民的代表投票。但他们却不能像原先那样代表自己,而只能代表他自己那个选区的选民。

接着你又大骂一般平民“盲目而又愚蠢,不懂政治艺术”,你说“再也没有任何人会像他们那样空虚无物、反复无常、朝三暮四、轻佻浮躁”。所有这一切正好说明了你自己,其他最底层的平民也莫不如此。但中产阶级就不是这样了。在这些人中最聪明和最能干的人将不断地被发现出来。除开中产阶级以外有些人是沉湎于奢靡与金钱之中,另一些人则迫于贫穷,因而都不能做出卓越的事业,也不能学习法律和政务。

“国王登位的方式很多,”你说:“因此,他们便不必为此而感激人民,”首先要指出的是:“那些由于传位而登基的国王。”如果一个民族承认君主是绝对的,以致相信由于王位传承关系完全无须自己的同意而应当处于这个君主的治下,那么这种民族便一定是奴隶民族,而且是天生的奴隶。我们绝不能认为他们是公民、自由人或自由民出身，也不能认为他们有任何国家存在，而必须认为他们只是业主和业主继承人的货物、牛羊和财产。我根本看不出他们和奴隶或牛羊的所有权之间有任何区别。其次你又提出："用自己的剑建立王国的人所扩张或夺得的权力，便不能说是由人民缔造的。"但我们现在所谈的并不是征服别人的国王，而是被别人征服的国王。关于征服者的问题我们另谈，请你不要扯得太远。

你一再地把古时家长制的权力加在君主身上，企图从这里推演出"无限王权的基础"。但我已经多次地指出，君主与家长之间并无丝毫类似之处。你一再吹嘘亚里士多德，但你要是念了他的"政治学"的话，这书一开头就把这一点告诉你了。他在这里说，如果有人认为家长与君主之间的差别不大，那他就错了。"因为家与国之间不但在人数上有区别，而且本质上也完全不同。"当村庄逐渐形成市镇与城邦时，君主作为家长的权力便逐渐消失，而且不被人承认了。因此狄奥多罗在他的历史丛书的第1卷中说，在古王国中国王不传位给儿子，而传位于对人民功绩最大的人。茹斯丁说："最初各民族的政府都由君主执政。这些君主登上至尊之位的方式不是由他去争取人民的支持，而是由于善良人民已经事先推许他的温良恭俭。"

由此可见，在各民族形成初期，家长制的世袭政府很快就被依个人才德和人民权力决定的政府所代替。这是必然的道理和趋势，也是真正的王权起源。人们最初组成社会的原因不可能是为了任何个人能侮辱其他的人，而只是当有人伤害别人时，必须有法律和裁判者来保护受害人，或至低限度也要能进行报复。最初当

人们散处四方，到处流浪的时候，某些贤明而善于辞令的人开始帮助他们过渡到文明生活。“主要是因为，”你说：“当他把这些人集合起来了的时候，他就能统治他们了。”你说的也许是宁录[*]吧，据说此人是第一个暴君。要不然就是你恶意的捏造，对古时那种高贵的人是完全说不通的。你这种虚构的话，据我所知，在你以前从来没有人说过。因为一切古人的记载，都说明城邦的创始者所关怀的不是自己的权力，而是人类的幸福与安宁。

有一点，我认为你是打算当成装饰品上的格言一般来点缀这一章的其余部分，这我决不能放过。你说：“一个执政官如在执政时被传讯，就必须为这件事设立一个独裁官。”但在开头你又说：“执政官的共治者正是为了这个目的而设立的。”你的叙述就是这样颠三倒四，使得每一页上几乎都暴露出你所写的东西是一文不值。“在古盎格鲁－撒克逊王治下，”你说：“从没有叫人民参加国民会议的习惯。”这话要是一个英国人说的，我倒很容易说服他，使他认识到自己是错了。但现在你是想用你那种不相干的鬼话来搅混我们的事情，我根本就用不着理会。总起来说，这就是你关于王权所讲的一切。但你扯离本题的地方太多了，其余的要不是完全没有根据，便是牛头不对马嘴。我根本不想跟你比噜苏，所以我就不谈它了。

* 事见创世记第10章及历代志上第1章。——译者注

第　八　章

撒尔美夏斯，如果你只是一般地发表你自己关于王权的看法而不伤及任何人的话，纵使在这个英国革命时期运用你的自由来著作，任何英国人也不会不讨厌你。同时你要在这种情况下树立自己的见解也不会比一般时候差。原先你已经噜噜苏苏、喋喋不休地老是说我们的法律无论如何也应当服从神律。但大作第127页上又说："所有的人，不论是西班牙人、法兰西人、意大利人、日耳曼人、英格兰人还是苏格兰人，不论国王是好是歹，都必须服从国王。"纵使这是摩西和基督肯定提出的命令，那也轮不着你这个完全不相识的外国人来胡扯我们的法律，更用不着你把许多教授的讲词当成自己的论文和杂记念给我们听。

现在我们可以看得很清楚，你所以为这一王室事业辩护，并不是由于你有这种看法，而是一方面贪图金钱（按你的主子的经济情况，他给你的钱并不算少），另一方面幻想日后能得到更大的好处，因而受了人家的雇佣。你被人唆使用你那臭名远扬的书来攻击从不与邻国为难而只管自己事情的英国人。假如不是这样，像你这样一个远处异方的外国人，而竟会无故悍然地对我们的内政作无耻而疯狂的干涉，甚至还参加一个党派，谁又能相信呢？我们英国人的内部问题究竟与你有什么相干呢？你到底要求什么呢，欧娄斯先生？你到底是什么意思呢？你在国内难道就没有事情好做了吗？我希望你能像那鼎鼎有名的欧娄斯先生关心他的警句一样，关心你自己的事情。也许你是有那些事情的，你真有必要那样做做。你写这些东西是不是你的太太怂恿你干的呢？据说她用马刺刺过你这匹驯服的马，叫你将来在查理回国的时候，到英国来找一个挣钱更多的教授职位，并多捞一笔外快。但你们夫妇要知道，英国人决不会容纳一个狼或狼的主人。这就难怪你要把那样多恶毒的言词吐在你所谓"英国恶犬"身上了！你最好还是回到法国去领你那些光荣的头衔去吧。头一个是穷凶极恶的圣·狼主人，其次便是到你那最富于基督精神的国王的御前会议中去。但你离家太久也太远了。咨议大臣大概是当不成了。但我非常了解，法国人既不会要你，也不会要你去参议。你就是早两年回去，把鼻子伸进一个红衣主教的厨房里他们也不会要你。法国人是对的，相信我的话吧。法国人让你这样一个法国阉鸡带着一个牝鸡司晨的太太和塞满废纸的桌子到处游荡，直到你找到一份救济金足够供养你这样一个文法家骑士或著名的伪善者兼批评家，然后再盼望着有一个君主或国家能出最高的价钱来收买一个游方学究。现在我倒愿意出价收买你。你这种货色到底行销不行销，到底能出多少钱，我们一眼就能看出来。

你说："那些叛逆者说英吉利王国是复合的王国而不是纯王室的王国。"在爱德华六世时代，英国就有一个杰出的律师和政治家托马斯·史密斯，在他那本论英吉利共和国的书中几乎一开头就说了这样的话。这人你是不会称为弑逆的。他说这一点还不仅是我国政府是这样，其他国家几乎全都如此。这种说法还是根据

亚里士多德提出的。除开这种形式之外，政府就不可能存在了。但你要是不打自己的耳光就好像是不好受似的，于是就把前面那发了霉的、矛盾百出的话又提出来了。你说："古往今来任何民族对君主这个字的理解，都是仅低于上帝的一种掌权者，而且也只有上帝能当他的审判者。"但过了不远你又坦白道："以往具有君之名的当权者或官吏并不具有无限制的权力，而只依靠人民的意志。"例如"迦太基人的苏非特*、希伯来人的士师、拉栖第梦人的国王"，最后还有"阿拉贡"的国王都是这样。以上难道不是自相矛盾的绝妙例证吗？

接着你又搬出了亚里士多德的五种君主政体，其中只有一种具有你所谓的国王一般拥有的权利。这一点我已经不止一次地指出过，根本没有实例。亚里士多德本人既没有引证过，任何地方也没有存在过。其他四种君主政体他都清楚地说明应受法律限制，且须服从法律。第一种是拉栖第梦人的政体。他认为这是四种有限制的君主政体之中最称得起为君主政体的。第二种是希腊人所不熟习的，它之所以能持久，只是因为有一定限制，而且人民自动地服从它。因为根据亚里士多德本人在这书第5卷中所持的观点来说，当人民不满意的时候，任何企图违反人民意志而盘踞王位的君主都马上失去君主的本质而成为暴君。他所说的第三种君主制——伊新尼底也是这样。这种君主是由人民选举的，绝大多数情况都只是为了某一目的而在位一个时期。罗马的独裁官差不多都是这样。第四种君主是英雄时代的君主。他们由于功勋卓著，

* 原意是审判官。——译者注

人民就自动地把政权交给他,但是受法律限制的。一旦人民不欢迎他的时候就不能保持王位。亚里士多德说这四种君主政体和暴君政体不同的地方只在于它们得到了人民的拥护,而暴君政体则是违反人民意志的。最后,第五种君主政体称为绝对君主政体,享有最高权力,就是你所说的那种王权。这种政体受到这位哲学家无情的谴责,认为它完全违反自然,既不利又不公。若要人民接受这种政体,必须把政权交给品德过人的人。这些话任何人都可以在"政治学"第3卷中找到。

你把"这五种君主政体比作世界的五个大地带",我认为你是想在一辈子也干这么一件漂亮事,所以才打了这个比方。"在两种极端的王权中间,有三种比较温和的政权,好像处在一个极冷和一个极热的两极之间的地带一样。"真聪明!你给我们打的比方是多么可爱!赶快滚吧,滚到你的"绝对君主政体"的严寒地带去。你到了那里当地就会加倍地冷起来了。但我们倒要等你这位现代的阿基米德先生把那种奇特的地球拿出来看看,因为你说那上面的两极地带一个极热,一个极冷,中间还有三个温带。

"拉栖第梦的国王,"你说:"可以依法加以监禁,但把他们处以死刑则是不合法的。"为什么不合法呢?国王阿基斯判死刑以后,是不是由于司法人员和外籍士兵对这种新鲜事感到惊奇,而认为把他依法处死是不合法的呢?是的,甚至连斯巴达人也认为他死得冤。这并不是由于他是一个国王,而是因为他为人和善,受到人民的爱戴,被处死是由于一帮富人的迫害。普卢塔克说:"阿基斯是第一个被监察官处死的人,"这话只告诉我们实际做出来的是什么,但没有说依据法律应当做什么。如果说某些人能依法审讯并监

禁国王，而又不能依法处国王以死刑，这种说法就未免太幼稚了。

最后你专心致志地谈起英国国王的法律来。你说："英国在同一个时期内永远只有一个国王在位。"你说这原因前面已经说过了："国王在政府中除非是唯一无二的，否则就不能成为国王了。"我以往本来认为某些人是英国国王，但这样一说他们就不是真正的国王了。因为即使不说许多撒克逊族的国王在政府中都有自己的儿子和兄弟作为共治者，有一件事情也是无可争辩的，即诺尔曼世系的国王亨利二世是和他的儿子共治的。

你说："不论王权是松弛还是严格，我倒要请他们指出来，在一人执政的王国中，是不是有任何一个国王不具有绝对的权力。"笨驴啊！你是不是向我们提出过任何松弛了的绝对权力呢？绝对权力难道不就是至尊的权力吗？它怎能既至尊又松弛呢？不论你认为哪一个国王具有松弛的权力，我就可以清楚地证明他不具有绝对的权力，因之也就低于天生自由的人民。这种人民既是自己的法律的制定者，于是便能放松也能收紧国王的权力。

整个不列颠在古代是不是由国王统治，至今仍然没有定论。很可能他们是随着时势的变化一时采取这种政府，一时采取那种政府。因此塔西佗便说："古代的不列颠人都受国王统治，现在他们的领袖们把他们分成了若干党派。"当罗马人离开他们以后，他们大约有四十年没有国王。因此，你所说的那种"永恒的王位"在古代根本就不存在。我敢肯定地说，那时的王位不是世袭的。这一点从国王的继位和产生上就可以看出来，因为他们都用明确的言词博取人民的拥护。当国王照例进行宣誓的时候，大主教就走向宣誓台的四边，向齐集的人民分别问四次道："你们同意让这人当你们的

国王吗?”这正像罗马时代所问的:“你是不是希望、是不是同意命令这人执政呢?”如果王国依法是世袭的,就不必多此一举了。

但国王们常把篡夺当成权利与法律。查理本来常被征服,你却要把他的王权建筑在征服者的权力上,绰号“征服王”的威廉诚然曾经征服我们。但对我们的历史不完全陌生的人就可显然看出,英国民族的力量不会在海斯汀一役被打得一蹶不振,而是很容易地就能重整旗鼓继续作战。但他们宁愿接受一个国王,而不愿忍受一个征服者和暴君的压迫;因此他们便向威廉宣誓愿意做他的臣属,威廉也同样在祭坛上向他们宣誓愿意在各方面按照一个贤君应有的态度对待他们。后来当威廉违反自己誓言时,英国人就重新拿起了武器。威廉不敢过分相信自己的力量,于是便凭圣经起誓愿意遵守英格兰古法。因此,往后他如果再残酷地压迫英国人民,他根据的便不是征服者的权利,而是伪誓者的权利。此外,我们还可以肯定地说,征服者和被征服者在许多世纪以前就已经融合成为一个民族了。所以征服者的权利如果曾经存在过的话,也早就被时间所否定了。看看威廉临死时所说的话,便可以扫除一切怀疑。他说:“我不指定任何人作为英吉利王国的继承人。”这话是我从一部完全可靠的文件,“凯城书”*中抄来的。从这些话看来,征服者的权利和世袭权已经由官方正式宣告寿终正寝并与死去的征服者一起化为乌有了。

我知道你现在已经在朝廷中钻营到了一个职位,这一点我已经预言过。你当上了财政大臣和皇室庶务局长。往下一段,你似

* 凯城书在法国北部。——译者注

乎是用你这大官的身份来写的，你说："如果从前的国王由于权要人物的党派活动或民间的叛变而被迫放弃了某些权力，这并不能阻止他的继承人恢复这些权力。"好一个提示大臣啊！你说得很对，假如我们的祖先由于偶然的疏忽而遗忘了任何权利，这是不是能阻止我们后人恢复它呢？假如他们自愿卖身为奴，也不能把我们出卖去当奴隶，不论他们卖身的主人是谁，我们总是永远保留着解放自己的权利。

你不了解"大不列颠的国王现在何以只能当成王国中的官吏，而其他基督徒的王国则能行使完整而无限制的权力"。关于这一问题，在苏格兰方面我请你去参考一下蒲加南的书，在你们贵国法兰西方面(其实你在法兰西简直是一个外国人)我请你去参阅何特曼的《法兰克高卢史》和杰拉德的《法兰西史》。至于其他国家则可参考其他作家的作品，据我所知他们没有一个是独立教会派*的人物。从前面这些人的书中，你可以在王权问题上学得崭新的一课，内容和你宣扬的东西迥然不同。

你既无法根据征服者的权利为英王求得暴君权力，于是只好去尝试一下拍马屁的权利。你说国王们公开宣称他们凭"上帝的恩赐"来进行统治。那又怎样呢？即使他们宣称自己就是上帝又能怎样呢？我深信那时他们要把你请去当祭司倒是不困难的！坎特伯雷的大主教公开宣称自己是由于"上帝的意旨"而当上主教的。你难道会傻到不承认教皇是教会之王，而又确认国王在一个

---

* 即布朗主义者在17世纪时的名称，主张各教区独立选举神职人员并处理自身的事务，不受世俗和宗教当局的辖治。作者拥护这一派，此处说明其他作家都与他无关，意见是公正的。——译者注

国家中比教皇还大吗？你说根据一国的法令，国王被称为“我主国王”。你忽然间又十分精通我们法令中的名称，但你还弄不清楚，有许多被称为贵族的人根本不是贵族。你也不知道凭职衔决定权利和真理是多么不公道，凭谄媚逢迎就更不用说了。你看，议会也被称为“国王的议会”，同时又被称为国王的缰绳。你不妨从这一点同样地推论一下。国王并不会因为这个名称而成为议会的主人，正如同马不能成为缰绳的主人一样。但你说“议会既是由国王召集的，为什么不能说议会是属于国王的呢？”让我告诉你吧，罗马的元老院也是由执政官召集的，可并不能使执政官成为元老院的主人。同样道理，国王召集议会时，他只是在执行人民交给他的任务和职权，使他能和被召集的人商议王国的困难问题，而不是商议他本人的问题。假如有任何问题可以说是他自己的问题，也总是摆在最后讨论。并且不是由国王高兴怎么办就怎么办，而是按议会的意图办事。有关这方面的人士就完全清楚，议会自古以来就是依法每年开会两次，不论国王召集不召集都是一样。你又说：“法律也被称为国王的法律。”老实说，这种话不过是给国王捧捧场而已。英国的国王自己根本无权制订法律。他被指派为王并不是来制订法律，而是来执行人民所制订的法律的。

你自己在这里也承认“议会开会制订法律”。因此法律便被称为国法与习惯法。国王伊泰斯坦在他的律令序言中对臣民说：“我按照‘你们的法律’把一切东西赐予了你们。”英国的国王在没有登位以前也经常以誓言方式约束自己。人民在这宣誓中便正式问他：“人民所选定的公正法律你承认吗？”国王答道：“我承认。”但你又说：“议会闭会期间，国王完全凭王权统治国家。”这话你完

全说错了，离开事实简直有整个英国那么远，因为国王对于平时与战时的重大事件都不能做决定。甚至在执法时他也不能干涉法庭的判决。正是由于这个缘故，法官才宣誓在执行司法职权时完全按照法律办事。纵使国王本人传话、下令或下达玉玺诏书，都不能迫使他们改变。因此，国王在我们法律面前便被称为"孺子"，他所拥有的权力与尊荣，只是像一个受监护的小孩所拥有的权力（参看"司法宝鉴"第 4 章第 22 节）。所以有一句俗话说："国王也不能犯错。"这话你竟用一种流氓的口吻解释道："国王办事不会错，因为他不可能因此受罚。"单就这一个解释来看，便可看出你这个是多么鲁莽而下流啊！

你说："发号施令的大权属于元首，而不属于议员，国王正是议会的元首。"你的心里如果还明白事理，如果还有一点智慧的影子，难道会作出这样狂妄的推论来吗？

你把国王的枢密院和议会的两院混为一谈，这又是一个错误，你的错误真是不胜枚举的。因为按照法律枢密顾问官也不能全部由国王选定，选上议员则全部必须征得其他议员同意。至于选下议员，国王甚至无权参与其事。被人民选任这种职务的人都是由各选区选民分别投票选出的。以上是众所周知的事情，所以我说得简略一些。你又说："崇拜独立教圣的人说议会是由人民建立的，这不符合实际情况。"现在我已经看透了你为什么要不遗余力地推翻教皇制。我敢说你怀里就藏了另一个教皇制。你是你太太的太太，你这个雄狼被雌狼授了胎，你生出的不是一个妖魔或一种新的教皇制又是什么呢？你至少也像是真正当了教皇一样，一本正经地封了许多圣男圣女，你还在为国王消罪呢！就像你已经打垮了你的敌人——教皇一样,把他抢来的东西全装到你的腰包里去了。其实你那"论教皇统治机构"再写出第二部、第三部、第四部以至于第五部也没有把教皇打倒,你让许多人都腻死了也没有把教皇推翻。我倒要提醒你,知足不辱,你就当个假教皇吧。因为除开你所嘲笑的独立教会派以外,还有一个你奉为神圣的圣女,那就是王室暴政。你可以去当王室暴政大圣女的教皇,这样你便有了教皇的头衔,当上了"仆人的仆人"*,但不是上帝的仆人,而是宫廷的仆人,因为迦南人的诅咒**已经钻到你的五脏六腑中去了。

你把人民称为"野兽"。那么你又是什么呢?你们的御前会议和圣狼教区都没法不把你这个圣狼主人不列为叛民之一,也不能使你不成为可恶的野兽。老实说,圣经中的先知书向我们预示强大国王的政体与统治时都是用大野兽的名字与形象。

你说:"在征服王威廉以前,根本就没有人提过在国王之下还有议会开会的事。"你想含糊其辞地用一个法文字眼混过去是不行的。议会一直就存在。你自己也承认在撒克逊族统治时代,议会经常被称为"贤人会议"。但平民和贵族中同样有贤者。你又说:"在亨利三世第二十年的墨顿法***中,只提到了封疆伯爵****与男爵。"你老是被字眼欺骗了,然而你整个一辈子又只是玩弄了一

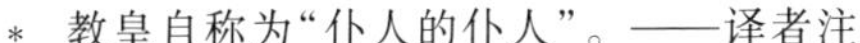

* 教皇自称为"仆人的仆人"。——译者注

** 据圣经所载,挪亚醉酒后赤着身子睡在棚里,他的次子,迦南人的始祖含,把这事告诉自己的兄弟闪和雅弗,触怒了挪亚。挪亚因而诅咒他必给他兄弟的奴仆做奴仆。事见圣经创世记第9章。——译者注

*** 1236年亨利三世在萨里地方墨顿城所颁布的法令,其中对议员资格及佃农与地主的关系作了规定。——译者注

**** 英国古代威塞克斯、东盎格力亚、诺森伯利亚和麦西亚等四大地区的封建统治者。他们的地位可与国王平等,与现代无封土的伯爵不同。——译者注

下字眼儿而已。如所周知,那时男爵这个字不但是用在五港太守*和城市议员身上,有时也用在商人身上。议员则全体都更有理由称为男爵,不管是不是平民出身都是一样。因为亨利三世王朝第五十二年,马桥法**和其他大多数法令都公开召集平民与贵族出席会议。你还旁征博引地为我引出爱德华三世的市场法***的序言。这里面就把这种平民称为“郡县要人”,也就是“来自各城为全郡服务的人”。下院的成员正是这批人,而不是贵族,同时也不可能是贵族。此外还有一本比这些法令更古的书籍叫“议会会议法”。其中说国王与平民在没有封疆伯爵与主教出席时也可以召开议会并制订法律,但国王和封疆伯爵与主教没有平民出席时则不能召开会议。这事的理由是这样:在封疆伯爵和主教没有出现以前,国王就和人民举行议会和全民议会****。同时,贵族只代表个人,而平民则代表着本选区。因此平民便被认为是以全国的名义出席的,在这个名义下他们就比贵族更有权威、更高贵、事事更应占先。

你说:“司法权从没有交付给下议院过。”但也没有交付给英王过。请你别忘记,一切权力的源泉一向是来自人民,现在也是一样。玛尔库斯·图里乌斯(西塞罗)在他的“土地法案”讲稿里曾

* 英国的道维尔、桑德威克、海斯丁斯、龙尼及海斯等五港在古时具有警备特权,港太守也特别显要。——译者注

** 1267 年于马桥市开会的议会上,重新制定 1258 年的牛津条例而形成的法令。先是亨利三世与男爵有冲突,所以才开全民议会制定出牛津条例,规定国王方面的十五个枢密顾问官每年必须与男爵方面的十二个代表会商三次。——译者注

*** 根据爱德华三世二十七年法第 2 条(关于主要商业城市的出口货物的法令)规定债权人与债务人关系的法令。——译者注

**** 1213 年约翰王为筹款事令各郡派骑士四人聚集到牛津开全民议会,后亨利三世又增加平民代表四十余人,这便是议会的前身。——译者注

有过一段精彩的说明:“更确切地说,一切权力、权威和职衔,全都来自全体人民,尤其是那些为人民的利益而筹划和制定的东西更是如此。在这种情况下,一方面是全体人民挑选他们认为最能为自己谋幸福的人,另一方面是个人在竞选中,可以为自己接受任命铺平道路。”

在这里你就可以看出议会的真正起源是什么,它远比撒克逊民族的有史时代早得多。我们将本着这样的真理和智慧之光来讨论问题,你企图把黑暗时代的阴影散布在我们周围,那完全是白费力气。但读者千万不要以为我在说这些话的时候,有丝毫损及我们祖先的权威与审慎思虑的地方。我们的祖先所采用的良法,简直令人难以相信是他们那个时代或他们的智慧与学识所能达到的。他们所实行的法很少不是完美的,但他们由于看到人性的愚蠢与多变,便把下列原则作为一切法律的基础传给后人:任何法律要是违背神律或自然法,换句话说,若是违背人类的理性,便不能认为是有效的法律。我们所有的法律家也都承认这一原则。从这一点你就可以看出来,你虽然在我们法律中能碰巧找到一些命令或条文赋予国王以暴君的权力。然而这些都不合上帝、自然和理性的意旨,根据上面所说的这条普遍而基本的法律说来,便在我们当中被取消了,这种法律根本就不能生效。你在我们的法律中诚然找不到这类的王权。所以很显然,司法权原来是属于人民的,英国人并没有援引任何皇室法把它交付给国王,英国国王除开依据既定的法律外,便不能也从没有审判过任何人(见弗里塔书*第1卷第

* 英国13世纪出版的讨论法律的书,作者姓名不详,据说是弗里塔监狱中的囚犯所著。——译者注

17 章)。由此可见,司法权一直是完整地掌握在英国人民手里。这种权力并没有交给上议院,即使是交了的话,也可以根据法律收回来,这一点你也没有否认。

但你说:“国王有权把一个村庄变成一个自治镇*或把自治镇变成城市,因此国王实际上便指派了下议院的成员。”但我说,市镇或自治镇的历史比王位要古老得多,而人民则仍旧是这些人民,纵使他们没有城镇而在旷野生活,也还是他们这些人。

你所提出的英国制度真让我们笑破肚皮。“郡法庭”、“两年巡回法庭”**、“百家村镇”等等。你真是听话,学会这些好用英语来数你那一百个金雅可布!

“谁给了撒尔美夏斯”那一百***,
还“告诉他这鹦鹉来学舌”?
文学士学位就是他的学问,
一百雅可布是亡命王的资本。
“贪图赃银的念头如果能发光”,
一口气要吹灭教皇假基督****的人
将自动歌颂红衣主教的荣光。

接着你又连篇累牍地讨论起封疆伯爵与男爵来,想说明他们全是由国王册封的。这一点我们完全同意,因此,他们才对国王唯

---

* 具有议员选举权的城镇。——译者注

** 英国郡长每两年在百家村镇举行的巡回法庭,后根据 1887 年的郡长法取消。——译者注

*** 百家村镇与一百个,在英文中同为“Hundred”。——译者注

**** 据圣经记载保罗说,耶稣要用口中的气吹灭假基督。事见帖撒罗尼后书第 3 章。——译者注

命是从。我们才因此注意到今后不让他们当人民的法官。你断言:“随时召集议会、随时解散议会的权力自从远古以来就属于国王。”你这个被收买的外国小丑,专门把那些亡命者告诉你的东西转抄下来,而我们有的却是白纸上写黑字的法律,到底哪个可靠,我们留待以后再谈。你说:“但还有一条坚强无比的理由可以说明国王的权力大于议会,因为国王的权力是当然的和持续的,就是没有议会它本身也能掌管政权;议会的权力则不是当然的,而且只限于某些特殊事项,没有国王就不能作出任何有效的决定。”这话的特殊力量到底在什么地方呢?难道在“当然的和持续的”这两个词上吗?其实许多低级的治安推事也有当然的和持续的权力。他们是不是因此就有了最高权力呢?我已经说过,国王的权力是人民为了一定的目的而交给他的。他应当通过付托给他的权威来防止任何违法的事情产生,应当监督法律,而不应当把他擅自制定的法律强加在我们身上。因此,国王除开在政府范围内并通过政府执行权力以外就没有权力,但人民的权力却是完整的和当然的。他们通过十二人组成的陪审团解决一切的争端。所以,当一个被告人在法庭被讯问时,问:“你将如何受审?”他总是按照法律与习惯答道:“凭上帝和我们国家,”而不说凭上帝和国王或国王的代理人。但议会的权威则确实是人民把最高权力交给议会而形成的。这个权力如果可以说是非当然的、非常规的和特殊的,也只能是由于它有杰出之处。此外还有一个理由,人人都知道,议会中的等级都称为秩序,所以确切点说就不能称为非常规的。他们对各种法庭和普通权力机关都具有一种持续的控制力和权威;这种控制力和权威如果不像字面上所讲的这样明显,但至少也是潜在的

和实际的，而且是无需有国王就能存在的。

说到这里，就好像是我们的粗话刺激了你那粗浅的耳朵似的，真不错！如果我有功夫，而且认为值得费那么大劲的话，我就能在你这一本书里举出两车子粗话来。你如果要挨鞭子的话，一切打顽童的教鞭都会落在你身上。你决不会像从前那些打油诗人一样得许多钱，而是要挨许多耳光。“疯人们而竟要在国王的人身与国王的权力之间加以区别，这简直是荒天下之大唐。”关于这一问题，我不打算把所有的作家的意见都引证出来。如果你所说的人身指的就是人，那么并没有发疯的金口若望就会告诉你，人身可以毫不荒唐地和权力分开。因为他解释使徒保罗命人服从“在上有权柄的人”时说，他所指的是那种权柄，而不是掌权的人。那么，一个君主如果违法，我为什么不能说他是以个人的身份或暴君的身份干出来的，而不是以拥有法律权威的国王身份干出来的呢？如果你不知道一个人可以具有几重身份和资格，而且这些身份或资格在观念或思维上讲来都可以和人身分离；那么你便非但对拉丁文法一窍不通，而且还缺乏普通常识。然而你却说，你可以解除国王的全部罪行，并且要我们相信，你具有从教皇那里夺来的至尊地位。

“一般认为国王不可能犯罪，”你说：“因为他的任何罪行都不可能受惩处。”照这样说来，不受惩罚就等于没犯法，那么构成窃盗的原因便不是盗窃而是惩罚了！文法家撒尔美夏斯现在不发生笔误了，因为他的手已经从板子底下抽出来了！有朝一日当你推翻罗马教皇而自己登位的时候，不论你自称为圣·暴君大祭司，或圣·奴才，你都应当把这几句话当成你的教皇座右铭，或纵欲箴

言。你在这一章末还乱七八糟地对“英吉利共和国和英国教会”骂了一大堆脏话,我都不去提了。像你这种卑鄙的奴才都一贯是对最值得赞扬的事情骂得最凶。

为了使人家不发生误解,以为我对于国王在我们中间的权力(更恰当地说是人民对国王的权力)作了莽撞的叙述,我很愿意从我们大量的记载中找出少数几桩事来,说明不久以前我们英国人是根据国家成法和祖先常规审讯国王的。自从罗马人退出这个岛国之后,不列颠人在四十年之间是完全独立自主的,并且没有立国王。起初拥立的国王后来有几个被处死了。季尔达斯*也谴责了这一点,但理由却和你的完全不同。他谴责的不是不该杀国王,而是不该不经审讯就杀国王。用他自己的话来说便是“不该不查究事实真相”就杀国王。仅次于季尔达斯的第二个古代历史家南尼阿斯告诉我们说:沃梯根王由于乱伦和自己的女儿结婚被“圣·吉曼和不列颠扩大枢密会议”判罪,并立了他的儿子沃梯麦继他的王位。这些事都发生在圣·奥古斯汀死后不久。这一点很容易地就驳倒了你那毫无根据的话——教皇札加利亚是第一个主张国王可以依法审判的人。在公元600年的时候,威尔士王摩堪修斯谋杀自己的叔父,被朗达夫地方的主教奥多修斯判处流放驱逐出国,后来因他赠予教会一些土地,才赎了罪取消了这个判决。

现在不妨谈谈撒克逊人。由于他们的法律一直流行到现在,所以我就不打算引证它的实例。请你记住撒克逊人是从日耳曼人

* 英国中世纪历史家,曾以拉丁文著《不列颠的毁灭与仇恨》一书,叙述罗马人入侵到6世纪中叶的历史。——译者注

那里分支出来的。日耳曼人从没有赋予君主以绝对和无限的权力,有关政府的重大事件他们经常开全部落会议。从这一点我们就可以看出议会甚至在撒克逊人的祖先之中就已经具有极高的权威了,只是没有这个名称而已。这种会议一直到爱斯伯特*时代还仍然称为"贤人会议"。据毕德**说,爱斯伯特"通过贤人会议根据罗马人的陈规制订法律"。因此,诺森伯利亚王埃德温和西撒克逊王英纳都是与"贤人和人民长老举行会议之后"才制订新法律的。毕德还说,阿尔弗雷德所制定的其他法律"也是通过贤人会议制定的,国王也都表示要服从"。从这些事情上,就可以十分明了地看出,甚至从平民中选拔出来的人都可以成为最高会议的成员,要不然我们便只得承认,除开贵族以外便没有贤人了。

我们还有一本很古的法律书籍叫"司法宝鉴"。这书第 1 章第 2 节中告诉我们,从前撒克逊人征服不列颠后便拥立国王,但要求他们宣誓愿和一切臣民一样服从法律的审判。同一节里又说,国王在议会中应有平权者考核他本人和王后的错误行为,这是公平合理的;阿尔弗雷德王时代所订的一条法律,规定议会每年在伦敦开会两次,必要时还可临时召开。这条法律以后由于不用而逐渐松弛了,到爱德华三世时代又两次重新申令实行,于是又得到重视。另外还有一个叫"议会会议法"的古代典籍说:"如果国王在议会没有解决原先召开时规定应办事务而解散议会,就犯了伪誓罪,并可认为是违背了加冕誓言。"如果他少召开议会,或提前结

* 中世纪英国肯特郡王。——译者注

** 中世纪英国伟大历史学家。——译者注

束,使人民无法加以选择,那他又怎能说是遵守了誓言、执行了人民所选定的法律呢?英王的加冕誓言永远被我们的法律家认为是最神圣的法律。召开议会的目的就在于解决国家的紧急事件,如果这样一个伟大而庄严的会议可以被愚蠢而顽固的国王(大多数如此)任意解散,那又怎能寻求出解决的办法来呢?

国王不出席议会比解散议会当然问题较轻。但上述的"议会会议法"说,根据我们的法律,国王除了病重以外,就不能也不应当不出席议会。国王病时,还必须经十二个贵族查明并向议会证实他的确不能出席。奴隶难道能对主人有这样的态度吗?从另一方面来讲,议会如果没有下议院就不能召开,而下议院虽经国王召集,但可以不开会。休会以后还可以诤谏国王的暴政。这也是上述文献中载明的。

还有一件最重要的事情需要说明一下。一般称为守教者的爱德华的法律中,关于国王的义务有一条极卓越的法律。其中规定:如果国王不履行义务,"他就不能继续保持国王的称号"。为了避免理解不透彻,它还引了因此被废黜的法兰克王契尔配利克作例子。根据这条法律,昏君是可以惩治的。守教者爱德华的无刃剑就是它的一个象征。这剑加冕时通常由宫廷伯爵在仪仗队中肩负。我们的历史家马太·巴利说:"这就是象征宫廷伯爵在国王违法时有权依法约束国王。"很显然,用剑惩罚就不外乎是死刑了。贤君爱德华所定这条法律以及其他许多法律,都由征服王威廉在就位后四年于威兰姆一次全民议会上用最庄严的誓言承认了。这时,不仅铲除了他任何征服者的权利(如果他对我们还有这样的权利的话)而且是让他也服从这一条法律的裁决和审判。

他的儿子亨利也宣誓遵守爱德华的各条法律，其中也包括上面这一条。也正是由于这样，亨利才在自己的哥哥罗伯特在世时被选为国王，往后每一个国王在加冕前都要作同样的宣誓。因此，我们古代著名法律家布莱克顿*在他的书的第1卷第4章中说：

“没有法律
就没有国王。”

接着在第3卷第9章中说：“国王只有在行仁政的时候才是国王，如果施行暴政蹂躏子民，就成了暴君。”在同一章中又说：“国王应当作为上帝的仆人和代理人来运用自己的权利和法权。行恶的权力是魔鬼的权力而不是上帝的权力。如果国王为非作恶，他就成了魔鬼的仆人。”另一古代名法律家、著名的“弗里塔书”的作者也几乎说了同样的话。他们两人实际上都记述了真正的皇室法——真正的爱德华法和我在前面所提的英国法的基本原则。根据这个原则，一切违反神律和理性的东西都不能称为法律，正如同暴君不能称为君主，魔鬼的仆人不能称为上帝的仆人一样。因此法律首先必须是正确的理性。如果我们必须服从上帝的仆人，那么根据同一理性和同一法律，我们就必须反抗暴君和魔鬼的仆人。

由于名义的争执往往比事实的争执还要多。因此以上两位作者都告诉我们说：英国国王虽然没有失去君主的称号，也同样可以并且应当和平民一样受审判。“在执行法律时任何人的权力都不能大于国王，但国王如果犯法就应当像最微贱的平民一样受到法

* 英国中世权威法律家，著有《英国的法律与惯例》一书，为一般所推重。——译者注

律的制裁。”有人认为“犯法时”应改作“有必要时”(见布莱克顿“英国的法律与惯例”第1卷第8章及弗里塔书第1卷第7章)。

总而言之,不论是以暴君的名义还是以君主的名义,国王都是可以加以审判的。谁应当是他的合法审判者也是很明显的。关于这一点,我们也可以参考一下同一作者的书籍。布莱克顿的书卷2第16章以及弗里塔的书卷1第17章都说过:“国王在政府中有高于自己的权威法律,也就是使他登上王位的法律,还有封疆伯爵和男爵,组成的朝廷。封疆伯爵就是国王的同僚,有同僚的人就有一个主人。因此,国王如果没有法律加以约制,这些人就有责任约制国王。”上面已经说过,平民也包括在男爵之中。我们的古法律书一再告诉我们,这些男爵都被称为议会的贵族。“议会会议法”一书特别指出:“从国内所有的贵族中将选出二十五人”,其中包括“五个骑士和五个公民”,这些都是城市代表,此外还有“五个平民代表。两个郡骑士在通过和否决议案上比英国最大的封疆伯爵具有更大的表决权”。这是完全有理由的,因为他们代表全郡、全自治镇或其他选区,而封疆伯爵则只代表自己。我们现在已经没有古代那种封疆伯爵了,这些伯爵就是你所谓的“特权”伯爵,也就是“历史上的”伯爵,他们的爵位都是国王赐予他们的,谁又看不出来他们比别人更不适宜于审判君主。从“司法宝鉴”这部古籍中看来,根据我们的法律国王有他的平权者。“国王蹂躏任何人民的时候”,他们在议会中便有审判权。如所周知,任何个别臣民,甚至在低级法院中都可以要求国王赔偿损失,那么,如果国王蹂躏了全体人民,是不是更需要有人掌握权柄约制他、使他就范,并审判和惩治他呢?这样做难道不是极公平的吗?如果国王只是

使个别的平民受到轻微的损害,还有补救办法,而当他对全体人民造成了极大的危害时,却又没有补救办法,也没有任何安全保障;按法律来说,国王不能伤害任何一个臣民,可是当国王蹂躏全体臣民时,法律又不能予以保障;那么这种政府的组织就一定是十分糟糕而又荒谬透顶了!

上面我已经说过,封疆伯爵当国王的审判人是不适合也不恰当的。因此,这一司法权最好是全部归于平民等级。这些人就是一个区域的"贵族"和"男爵",具有全体人民托付给他的权力与权威。我在前面已经引证过,我们的法律明文规定,国王加平民不要贵族和主教就可以召开议会。因为国王在贵族和主教还没有产生以前就常常和平民开议会。根据同一理由,平民单独就具有至高的统治权,他们可以不依靠国王,而且可以审判国王本身。因为在没有国王以前,他们就以全民的名义举行全国代表大会和议会,执行审判,通过法律,以至于任命国王。这倒不是要使国王骑在人民头上,而是要让他们为人民办事。如果相反地,国王反而企图为非作歹,奴役人民,那么根据我们法律的精神,他就不再保有国王的称号,同时也就不能成其为国王了。如果他不是国王,我们又何必再找他的平辈干什么呢?如果一切善良人民都肯定他实际上已经是个暴君,这时人人都有资格宣判他死罪。

事情既然如此,我认为我引证这么多权威和法律,已经足以证明我所要说明的问题了。也就是说,审判国王的权柄既然完全应当属于平民,同时他们又由于国王对教会和国家犯下了不可饶恕的罪恶,而实际上处死了国王,这样说来他们便是以完全合乎我国法律和本身尊严,大公无私地为国家的利益而执行了自己的任务。

说到这里,我不禁要为自己有这样的祖先而感到庆幸。他们以古希腊、罗马人那样的审慎精神创立了国家,并树立了同样充分的自由。他们如果能看到今天的情况,同样也能以有这样的后裔而自豪。当我们几乎沦为奴隶的时候,又以极大的智慧和勇敢,把这个贤明地建立在自由基础上的国家从国王的残暴专制之下解救出来了。

第 九 章

我认为我已经充分证明,英国国王同样可以根据英国法律加以审判。至于国王的合法审判者的问题,则尚待证明。往下你将怎么说呢?你若光是重复前面说过的话,我就不必重复我的答复了。你说:"召开议会所解决的一般问题也说明国王高于议会,这方面的证明简直像从陡坡上走下来一样,很容易援引出来。"你爱叫这个坡多陡就让它多陡吧,因为你马上就会发现自己将连着几个跟斗栽下来。"议会"你说:"通常只是为了关系国家与人民的安全这类非常重大的事件才召开。"这样说来,国王召开议会便只是为了解决人民的事务,而不是为自己的事情。同时他要是没有得到与会者的同意和决议,他就不能解决这些问题。那么他不是人民的仆人和代理人又是什么呢?凡是关于他人,甚至关于国王自己的事情,若没有得到代表的票决便连最小的问题也无法决定。这一点也可以证明国王有责任根据人民的意志随时召开议会,并且要开多少次就开多少次。因为议会中要解决的和根据人民愿望决定的事情都是人民自己的事情,而不是国王的事情。

为了礼貌的缘故,一般也征询国王的意见;同时有关国王私人的较小事情,国王诚然也可以否决,并用"国王的意见"这种方式提出来。但有关公共安全和全民自由问题,国王便没有任何否决权了。如果否决,就是违反了他的加冕誓言。对他说来,这一誓言就等于严格的法律。同时,否决这种事情也违反了大宪章的主要条文:“凡是权利与公道所规定的事情,我们对任何人都不会拒绝,也不会拖延。”(见大宪章第29章)国王既无权拒绝根据权利与公道所规定的事情,他是不是有权拒绝执行公平的法律呢?他既无权否定公道对任何人所规定的事情,他是不是有权否定公道对全体人民所规定的事情呢?他既然在任何低级法院中都没有权否定,那么他在最高法院中是不是有权否决呢?任何国王是不是能这样不可一世,以致认为他一个人比全体人民都更清楚地知道什么是公道呢?尤其是“他的责任就在于为所有的人主持公道”(见布莱克顿的书第3卷第9章)。这话就是叫他依照人民所选择的法律办事。所以我们的议会记录中便有一段这样的话:“任何王权都不能损害任何权利与公道所规定的事。”(见7H. IV, Rot. Parl. num. 59)以往国王拒绝执行大宪章等议会的法律时,我们的祖先往往用武力使他们服从。如果国王应当自动承认的法律只在被强迫以后才承认,我们的法律家也并没有因此就认为这些法律不像其他法律那样有效,或不能成为国家的法律。此外,你力图证明其他国家的国王也和我国的国王一样处在高等参议院、元老院或议会之下。像这样你并没有说服我们当奴隶,而只说明了他们的自由。从你的宏论一开始,你就一再重复许多事情。这些就像一个笨拙的讼棍的行径一样——把没被发现的、不利于自己一边的事全提出来了。

你以为我们承认了这一点:“国王不出席议会时,由于他的权力的缘故仍被认为是出席议会。因为议会中进行的一切事情都被

认为是国王亲自办的。”你一想起查理送给的那些金币马上心花怒放，于是便像是大捞了一票或领了赏似的，说道：“国王给我们什么我们就接受什么。”把你应得的诅咒拿走吧，因为我们给你的东西并不是你所想望的那句话：“法庭所具有的权力只是国王所付托的权力。”我们假如说，不论国王有什么权力都不能不出席议会，这并不等于说，国王的权力是至高无上的。而只说明王权似乎已转移到了议会，并且本身是一个较小的权力，并且已包括在较大的权力里了。肯定是这样，因为议会可以不经国王的同意，不顾国王的反对而否决国王的提案，并且可以取消他赐给任何人的特权。假如他们发现有什么问题的话，还可以对国王的特权加以限制。对于他的年俸、宫廷的开支、他的扈从，以及一切家政都可以加以调整。他们可以把他的亲信和枢密大臣撤职，甚至可以从他的怀里拉出来，送到断头台上去。最后，法律也允许任何平民从国王那里上诉到议会，但不允许从议会上诉到国王，我们的公共记载和我们最渊博的法律家都证明所有这一切不但是可以行得通，而且是经常发生的。我想任何头脑清醒的人都会承认议会是高于国王的。在王位虚悬时期，议会的权柄依然存在，他们还可以完全不考虑世袭关系随意选择所喜爱的国王；这一点在我国历史上是极其明确的。

总而言之，议会是国家的最高机关，议员是由绝对自由的人民选任的。他们具有商讨重大事件的充分权力和权威。设立国王只是为了监督议会两院所提出的一切法案和法令，使它能按他们的票决和决议去推行。

议会在不久以前，用公告宣布了本机构的事情，根据他们公正的议程,他们自动陈述了本身的议案,这些甚至连外国人也不隐蔽。请看看,这时不知道是从哪个黑角落里钻出了个十分卑贱、声誉扫地的穷光蛋,一个地道的勃艮第奴隶,正当英国的枢密院通过一个公开的文告肯定它本身和国家的权利时,他却骂这是“卑鄙和可怕的骗局!”流氓啊!你们的国家会因为出了你这样一个旷古未闻的小丑而感到羞耻的。

也许你为了有助于我们,还有一些东西要告诉我们。往下说吧,我们正在倾听着哩;“一个议会甚至连一个主教等级的人都没有出席,怎能制订什么法律呢!”疯子啊!你是不是要把主教们从教会里拔出来然后再栽到议会里去呢?你这个恶浊的混蛋!应该把你送给撒旦去,教会应当把你当成一个伪君子和无神论者驱逐出去。你是人类自由的瘟神,任何文明社会都不会要你。你竟然想从亚里士多德、哈利堪纳苏斯的狄奥尼修斯的书中,以及最腐败的教皇法令中找出根据,以便证明英王是英国教会的首领。实际上,像这样的事情要是不能从福音书中找出证明来,就根本不能成立。你搞这一套只是为了想让最近和你勾结在一起,成为亲密伙友的那一帮主教重新统治上帝的神圣教会,重新成为强盗和暴君。这些人都是被上帝亲自驱逐出去的,你自己从前出版的书也曾大声疾呼说,这个等级全都应当作为基督教的祸害连根拔掉。哪个叛徒能像你这样无耻而恶毒地叛道呢?我所说的道不是你自己的“道”,因为你根本没有固定的“道”,我说的是你曾经信仰过的基督教的道。

“这些主教原先在国王治下,蒙国王恩准拥有对宗教事务的裁判权,”你说:“如把他们去掉,这种权力将交给谁呢?”恶棍啊!

你至少也应当照顾一下自己的良心。在事情还没有太晚的时候，你就应当记住：嘲笑上帝的圣灵是不可原谅的罪过，将来难免不受惩罚，否则我的忠告也就来不及挽救你了。你现在该收场了，要不然，激起上帝的愤怒，你会突然遭到报复的。你竟要把基督的子民，把上帝的不可侵犯的受膏者重新送给那些残酷的暴君去蹂躏践踏。原先上帝已经伸出显大能的手把这些子民从暴君的压迫下解放出来。你自己也承认，这些人民是应当从暴君的压迫解放出来，我不知道你这样说到底是为了他们的利益，还是要使你自己的心肠变得更硬，或者是让你自己多受一些天罚。主教如果无权统治教会，国王就更无权统治教会了，不管人间的法律如何跟这一点冲突也是一样。任何人只要稍稍知道一点福音书，就会明白教会的管理完全是神圣的和性灵的，绝对不属于俗界。

你说："英王在俗界事务中永远具有最高司法权。"但我们的法律却有大量的证据可以证明事实刚刚相反。我们法庭的建立与撤销不是根据国王的命令，而是根据议会的命令。同时，就是最微贱的人民也可以到法庭上跟国王辩诉。法官也经常对国王下判决。假如国王要下禁令、谕旨或信件阻挠这种判决，那么法官是受着法律和誓言的约束，决不能服从国王，而只能拒绝这些谕旨，把它们看作无效。国王不能监禁任何人，或没收其财产。一个人如果没有事先被传到法庭上（由普通的法官而不由国王）判决，那么国王就不能把他处以死刑。前面已经说过，这种判决往往是违反国王意旨的。布莱克顿的书的第3卷第9章说："王权是为善的权力，而不是为恶的权力，国王除了依法办事以外不能做任何事情。"你请教了一批最近亡命国外的小讼棍，他们花言巧语地给你说了许多别的东西。这些东西也是根据某些条例来的，但不是根据古代的法律，而只是爱德华四世、亨利七世和爱德华六世时代订立的法律。但他们忽视了一点，即国王批准的任何法令都必须通过议会。国王可以说只是求得了一种恩宠。这种法令可以由原制定的权力机关——议会予以撤销。你这个人本来是很精明的，怎么又让自己受了骗呢？你认为用你的理由可以证明王权是绝对的和至高无上的，然而事实上却正好极其令人信服地证明，王权必须依据议会的法案。我们一切权威的文件都证明我们国王的权力不是来自继承、征服或世袭的关系，而是来自人民。因此，我们在亨利四世的议会记录第 108 号中，看到这种王权是由下议员赋予亨利四世的，在他以前也曾赋予理查二世。其方式就像国王通常用公告或诏书将职位或官衔颁发给他的代理人一样。因此，下议院便明确载入史册："本院准许国王"运用"以往诸英王运用的同一自由权"。这个国王后来因滥用自由以破坏法律，"并违反加冕誓言"，又被同一下议院褫夺了王权。根据同一记录，这些下议员还在议会中宣布：他们由于信任亨利四世谨慎谦恭，"所以便愿意并明令他享有他祖先所具有的同一王室自由权。"假如他祖先所具有的自由权和他的不一样，不是一种纯粹付托的权利，那么议会就是把不属于自己所有的权利付托给人家了，这就未免太愚蠢而且太虚荣了。同时，这种权利如果本是国王们自己的，他们要是愿意去接受人家的付托，那就对他自己和后代都造成了极大的不利。这两种事情都是让人没法相信的。

"王权的第三部分"你说："是关于武力的，英王在行使这部分权力时是没有平权者和竞争者的。"这一点跟你依据叛徒们讲的

话所写的其他一切东西一样,都是不正确的。首先,我们自己和外国的历史,只要对我国的事情谈得仔细一点,就会说明宣战与媾和的决定权永远是属于议会的。英国国王必须宣誓遵守的圣·爱德华法在"赫勒托克辖区"一章中说得非常清楚:"我因每一个地区及郡都指派军官为军队的指挥官称为赫勒托克,拉丁文称为duolores exeroitus",他们指挥几个郡的兵力,目的不止是为了"王室的光荣",而且是"为了全国的福利"。他们由"各郡全体居民大会及市议会选出,方式与郡长选举相同"。从这里可以清楚地看出,王国的军队及其司令官在古代就是由人民指挥而不由国王指挥,在现代也应该这样。这一条最公正的法律,正如以往罗马的情形一样,曾在我国盛行过。关于这一点,看看西塞罗在"反腓力"一书第10讲中所说的话是很有益处的,"一切军团,一切军队,不论在什么地区,都属于罗马人民。安东尼当执政官时,背叛他的军队也不能说是属于他而不属于共和国。"圣·爱德华这条法律和其他各条,都由征服王威廉根据人民的愿望和要求承认了。在第56章上还补充了这样一段:"所有的城市、自治镇与城堡,每晚都应由市议会根据国家安全状况,指挥郡长、郡伯及其他官员加以防守。"第62条又说:"城堡、自治镇与城市都是为保护全国人民的安全而设的,应尽一切办法保障其自由完整与不受侵犯。"这又怎么说呢?城市和其他防御地区,平时为了防范盗贼和歹徒都由各市议会指挥,那么在国家危急之秋,为了防御国内外敌人难道就不应当由全国下议院指挥吗?这一点如果不能成立,它们便不能"尽一切方法"保障其"自由"与"不受侵犯"。同时,市镇与城堡建立的目的便也无法达到了。毫无疑问,我们的祖先可以把其他的东西交给国王,但自己的军队与城防军可不能交给他。他们知道,这样做就等于把自己的自由交给暴虐无道的君主去处理了。如所周知,我国的历史还有许许多多的例子,在这里就没有必要再举了。

你说:“国王应当保护人民,他如果不能指挥军队又怎么能达到保护目的呢?”我的答复是:他掌握这一切也不外是为了王国的利益。在前面我已讲过,不能利用它们来摧残人民和国家。在亨利三世时代,有一个非常博雅的辽奥纳多,在一次主教会议上很机智地答复了教皇代表兼国王的大法官鲁斯坦,他说:“一切的教会都属于我主教皇,正如同我们说一切东西都归国王保护,而不归他当成自己的财产享用一样。”这就是说,归他保护而不归他“摧残”。前述爱德华法也说明同一问题,这种权力难道不是付托的而是绝对的权力吗?战场上的指挥官所具有的权力也是同一性质的权力,也就是付托的权力而非绝对的权力。但一般说来,指挥官在平时和战时保护选举他的人民并没有因此而有所延迟失误。如果我国的议会认为兵权应当完全归于君主,那么他们自古以来为了自由和爱德华法而进行的斗争便完全没有意义了。在这种情形下,便任凭国王把多么不公正的法律加在他们身上,他们用再“大”的“宪章”也没法进行自卫并和国王的刀剑相抗衡!

但你又问:“议会没有得到国王同意便不能向人民征收一分钱供养军队,他们掌握了指挥权又能起什么作用呢?”这事用不着你操心!首先,你毫无根据地肯定说“议会各等级”未经国王允许便不能向人民征税——不得向选派他们的人民,向他们所维护的人民收税?!可是,你这个专管闲事的人,大概也不会不知道我们

的人民都自动把许多金银器皿熔掉来捐款支持反抗国王的战争。

接着你又计算我们的国王每年有多少收入。你喃喃不绝地数到不下“四十五万”。你贪婪地听到“我们的国家以赏赐丰厚著称的国王”常从“自己的世袭财产中提出大量赏金”。你贪婪地听到了这一点，于是我国的叛徒便把你拉到他们那一边去了，正像古时巴兰被诱骗一样*。这样你才敢于咒骂上帝的子民，敢于反对神圣的判决。傻瓜啊！像查理那么一个徇私不公、残暴不仁的国王从这种无尽的财源中是不是得着了任何好处呢？像你这样的人是不是得着了任何好处呢？因为你那样眼巴巴地盼望着的东西据说除开一个珠子做的钱袋里装上一百金镑以外，别的什么也没得着。现代的巴兰啊，把这份罪恶的酒钱拿走吧，这是你为之醉心的钱，对你的好处大着哩！

往下你还是在当大傻瓜。你说：“树立军旗的权力”也就是“号令军队的权力只能属于国王。”这是为什么呢？因为：——“邓奴斯在劳伦敦塔上树立了战旗。”——文法家啊！你难道真的不知道这是战场上任何指挥官的职权吗？你又说：“亚里士多德说过，国王必须经常有一个卫队帮助他保卫法律，因此国王便必须具有比全国人民更强大的兵力。”你这个人在下结论时，真像奥克奴斯**在地狱里搓绳一样胡搅蛮缠，搓出来的东西只能喂驴。其实人民交给的卫队是一回事，控制全军的权力又完全是另一回事。亚里士多德就在你所引的这一段里说，后一种权力不应属于国王。

---

* 据圣经民数记记载，以色列人出埃及后与摩押人相遇，摩押王巴勒因恐惧而厚贿巴兰，请他代为诅咒以色列人，但巴兰每一次诅咒都成了祝福。——译者注

** 维琪尔诗中所描写的懒人典型。——译者注

他说国王应有一批武装扈从,“使他强于任何一人或多数人,但不能强于全体人民。”(见“政治学”第3卷第11章)不然的话,他就能在“保护”的幌子下践踏法律和人民。君主与暴君的区别实际就在这一点上。君主是经过元老院与全体人民的同意,可以保有足以防御人民公敌和叛乱者的卫队。暴君则是违反元老院与人民的意志,力图无限扩充卫队,不管是人民公敌还是其他牛鬼蛇神全都罗致进去,以便反对元老院和人民。因此,议会把“树立军旗”的权力赋予君主时,正像赋予其他东西一样,目的不是要他发出与人民为敌的号令来攻击人民,而是要他防御经议会宣布为人民公敌的人。他的行动如果违反了这一点,根据同一条圣·爱德华法,更严格地说,根据自然法,他就会失去王者的称号了。因此,西塞罗在前面提过的那篇“反腓力”中说:“不论何人,如果利用其武力和职权向国家进攻,他便失去了一切指挥和执行职务的权力。”

至于“骑士兵役*队伍”,未经议会决定,君主也不能征集来参加战争。这一点从许多法令中也可以看出来。至于进出口关税、牲畜税和造船税等等也都是这样。这些要是没有议会通过的法案,国王就不能向人民征收。在十二年前,正当王权鼎盛时代,我们最有权威的法律家就是公开这样规定的。在这批法律家以前很久,亨利六世的大法官,杰出的法学家傅特斯丘就发表过同样的见解。他说,英王未经人民同意,便不能修改法律,也不能征税。

我们从古代文献中找不出任何根据说明:“英国政府是一种纯粹的君主政体。”布莱克顿说:“君主对所有的臣民都具有审判

* 每个骑士应为君主服兵役,按照习惯约为四十天。——译者注

权”;也就是说,在他的法庭中,权力诚然是以国王的名义执行的,但必须完全遵守我们的法律。“每个人都服从国王”。这里所说的是每一个平民。布莱克顿自己对我前面所引的那段话就是这样解释的。

往下你的话便只是像滚石头一样老是翻过来覆过去地重复,连西息佛斯*也被你弄腻了。我在前面所讲的就已经充分地答复你了。至于说,我们的议会在对贤君致敬时也曾用过许多称颂之词,但这并不等于说,他们对暴君也会这样,更不等于说他们会在损害人民的情形下说出这样的话来。因为适当的尊敬并不会使自由受到任何损害。你还引证了爱德华·柯克爵士等人的话,说:“英国的统治权是一种绝对的权力。”但这话是对外国君主和皇帝说的。坎邓就说过:“因为这不是对国内臣民说的。”同时这几位作家又补充道:这个权力不但属于“国王”,而且也属于整个“国家”。因此傅特斯丘在他的“英国法律颂”中说:“英王”统治人民“不是依据纯粹的王权,而是依据国家的权力。因为英国人民是受自己订立的法律所统治的。”这一点连外国的作家也不是不知道。可靠的权威腓力浦·康民斯在他的“注释”第5卷中说:“全世界的国家中,据我所知,没有一个政府像英国这样节制有度,赋予国王统治人民的权力也没有一个像英国那样少。”

最后你说:“他们讨论了一个很荒谬的论据,——王国在国王出现以前就存在了。这就像是说光线在太阳出现以前就产生

* 希腊神话中科林斯的昏君,死后在下界被罚永远将石头送上山顶滚下来,然后再从下面搬上山顶去往下滚。——译者注

了。”但我的好先生啊，我们说的不是王国，而是说：人民在国王之前就存在。你竟把光出现在太阳之前这回事*当成是荒谬的，并加以否认，试问还有谁比你更荒谬呢？你还老爱管人家的事，你自己连起码的常识都忘了！最后你还大惊小怪地说：“他们亲眼看见国王在议会中坐在宝座上，顶上有金丝线的天幕覆盖着，他们又怎么竟然会怀疑至尊之权究竟属于国王还是属于议会呢？”这些人诚然是桀骜不驯；他们对于从天上，尤其是从金丝线的天幕上祈求下来的道理还不能信服。你作为一个斯多噶主义者竟贪婪而罪恶地望着这幅金天幕，以致把摩西和亚里士多德的天都忘了。因为你曾经否认过摩西的天上“有任何出现在太阳以前的光”，而在亚里士多德的天上你又指出了三个气候较温和的地带。你在这国王的金丝线的天幕上到底发现了多少地带我可不知道，但有一点我是知道的，你在这次仰观星象之中，找到了一个金带，上面闪耀着一百颗金子做的星。

* 按圣经创世记记载，上帝第一天造光，第四天才造太阳。——译者注

第十章

在这一场争论中，不管是泛论一般的王权，还是特指英王的王权，都有些弄得不好谈了，原因出于顽固的党派成见的多，而出于事物本质的少。因此，对于那些爱真理超过党派利益的人，我希望从神律、万国公法和我国的各种国内法中引出的证据已经足以确定不移地证明：英国的国王可以加以审判，并且可以处以死刑。但有些人则完全囿于狂妄的成见，还有些人幼稚地迷惑于王室的荣华，以至于在真正的庄严精神与自由中看不出任何庄严与光荣来。对于这些人我们不论怎样说理或是举例都是徒然的。

撒尔美夏斯，你在旁的事情上固然非常笨拙，但在这一点上更是笨透顶了。你不断地大骂独立教会派，但你又断言你为之辩护的这位国王是人类中最独立的，因为“他的统治权不是来自人民而来自世袭。”

其次，你在你那本书一开头就为他“被迫为自己的生命辩诉”而悲恸不止，现在你又抱怨道：“他默默无闻地死去了。”但你要是有意去看看他那全篇的答辩（法文版非常正确），你也许会有不同的看法。因为查理确实有好几天的工夫可以有充分的机会尽量为自己辩护，但他却完全不把法官和审判放在眼里。那时被告不是一言不发，便是离题万里地胡说，而他的罪过又已经是确定无疑的了，即使不经审讯我们判了他的罪也没有什么不公道的地方。

假如你认为查理“完全是轻生而死”，我倒完全同意你的说法。但如果你说他死时态度极其诚笃、神圣而“镇定自若”，那我就要请你想一想他的祖母——淫荡的女人玛利，她在断头台上死时也是像他这样外表上充满了慈祥、神圣和镇定的表情。任何恶棍在死的时候往往都给人一个强烈的印象，让人认为他是勇敢的。为了使你不致过分地夸张这种印象，我可以告诉你，绝望和硬化了的心肠往往会装出一副大无畏的假面具，愚顽的人也往往表现出镇定自若的态度。最恶劣的人往往不但在临死的时候，而且在生活中都想要表现得善良、坚忍和无辜，有时甚至还想表现得神圣。他们直到因自己的罪恶而受刑的时候，往往还要尽可能漂亮地表现一下他们的伪君子欺骗作风。就像那些愚蠢的剧作家和演员在剧终以后还要去讨观众一次鼓掌一样。

但到这里你又说你“已经追问到一个地步，必须讨论谁是给国王判罪的主谋者。”其实值得追究的倒是你这个法国流氓，为什么要到我们这里来过问与你毫不相干的事呢？你到底受了多少金钱收买？不过后一点已经是妇孺皆知的了。但最后谁满足了你对我们的事的好奇心呢？我国那些叛徒和亡命者一下子就抓住了你那种胸无点墨的特点，很容易地就把你雇佣来骂我们。后来他们还向你乌七八糟地说了许多有关我们的事情，其中有些是疯疯癫癫的接近天主教的宫廷牧师写的，有些是逢迎谄媚的佞臣写的。而你的工作则是把它们翻成拉丁文。你从这些东西里面找出了许多现成的故事，假如你愿意的话，我们不妨稍微审查一下：

“同意这个判决词的人还不到全体人民的十万分之一。”那么其余那些人眼看着这么一桩大事违反着自己的意志做出来了的时候,他们又干什么去了呢?他们难道是石头是木头?难道都是一批行尸走肉?难道都像维琪尔描写的挂毡上那种死人物?——“交织成的英国人,点缀了挂毡。”——我认为你说的不是真正的英国人,而是画成的皮克特人*,或是锈成的缙绅肖像!一个英勇善战的民族而竟会被少数几个人类的渣滓征服,这是谁也不会相信的。你这开宗明义第一章,显然就是毫无根据的。

“宗教贵族都被议会赶出去了”。原先你也长篇大论地写出书来,说应当把这些人逐出教会,你现在又抱怨说,议会把他们赶出去了。你竟没有感到自己是在乱咬,像这种疯狂劲儿又是多么可悲啊!“议会中的第二等级——世俗贵族,其中包括公爵、伯爵、子爵等,全都被推下台去了。”这是完全合理合法的,因为他们并不是由任何选区选出来的,他们只代表自己。他们对人民并没有权利,而只是沿袭着自己所创立的一种成规,其目的大半是用来反对人民权利和自由。他们是由国王册封的,和国王一鼻孔出气;是他的仆人,也是他的尾巴。国王一旦被废除,他们自然就应降到原先出身时的人民中去了。

“议会中的一部分,而且是最恶劣的一部分,不应擅自审讯国王。”我已经向你证明,下议院即使有国王也是议会的主要部分,而且在各方面都可以形成一个完整而合法的议会,有没有世俗贵

* 古时住在苏格兰东部的部落。——译者注

族都完全一样。至于宗教贵族就更不用提了。但“下院在审讯国王时也不是全体都有机会投票”。诚然，那些没有机会投票的人在感情上和意见上都公开地唾弃查理，反对这个名义上的君主和实际上的敌人。当国王假意要求停战，并开始在伦敦谈判时，英吉利议会各等级和苏格兰议会代表在1645年1月13日写信回答他说，他首先必须补偿自己在三个王国当中所造成的内战状况，以及他下令屠戮的无数臣民，同时还要他明令规定，按照两国议会曾经一再提出，这次又将重新提出的条件，缔结真正的和巩固的和约，然后才允许他入城。这些极公正的要求曾非常谦恭地向他提出过七次，但他不是表示不愿倾听而予以拒绝，便是含糊其辞地躲避开了。议会两院已经忍耐这么多年了，他们深恐狡猾的国王在战场上虽然无力征服共和国，也将在监狱里采取拖延手段来摧毁共和国。他希望我们的分裂复起，以便坐收渔人之利，那时他虽然成了人民公敌，但可以出其不意地制胜他的征服者。为了防止这一切，两院决定以后不再理会国王，既不向他提出要求，也不接受他的任何要求。作出这个决定以后，人们又发现议会中有某些议员甚至怀恨那坚忍不拔的军队，嫉妒他们的光辉功绩。军队为国家立下了这么多的功劳，他们还企图加以贬谪和解散。这些议员被几个阴谋煽动的魁首操纵了，被那些人当成奴隶一般统治着。后来他们看到许多异己者被议会派到各地区去镇压开始蔓延的长老会骚动，于是便抓住了时机。他们十分狂妄地（暂且不说背信弃义地）票决把那个国家的死敌、尸位素餐的君主在他没有作出任何保证或补偿的时候迎回城里并把他当成足以君临万民而无愧的人重新扶上王位。所以他们不惜为了君主而抛弃自己的宗教、自由和一

再宣扬过的严肃同盟盟约*。这时头脑清醒的人看到这种瘟疫式的小集团猖獗一时又将采取什么态度呢？难道当这种瘟疫已经蔓延到议会本身时，他们还可以对国家采取袖手旁观的态度，不去设法保障国人的安全么？

是谁把议员中的败类驱逐出去了呢？你说是“英国的军队”。因此，军队的成员便不是外国人，而是由最英勇和最忠诚的公民组成的。军官绝大部分就是议会的议员，这些议员正是那些被驱逐的议员认为必须驱逐出境，必须远远地送到爱尔兰去的人！这时苏格兰人的行径也极可疑，他们派大军占据了邻近的四个英吉利的郡，在这些地区的最大城市中部署了城防军，并把国王置于自己的监护之下。他们在城乡各地鼓动苏格兰人结党叛乱，使议会受到莫大威胁。不久之后，这种叛乱不但爆发为内战，而且成了苏格兰战争。

一个平民如果献良策、执兵器以纾国难，人们总认为是值得赞扬的；那么，我们的军队被议会召回城里来，并受命胜利地镇压了严重威胁议会的保王党之乱，就自然更没有任何可以指摘的地方。那时的局势已经达到这样地步：不是他们消灭我们，就是我们消灭他们。他们那边大部分是一些伦敦的小贩和手艺人，还有许多好事的牧师。而我们这边则是以忠诚、自制和勇敢著称的军队。那时我们有可能通过他们来保卫国家的自由和安全，难道你认为我们全都应当麻痹大意、傻头傻脑地出卖自己，投降于他们吗？

* 1643 年英吉利与苏格兰为了反对查理一世和他所倡导的宗教仪式并拥护长老派，曾立约结成严肃同盟。——译者注

保王党的魁首们被战败之后，被迫放下了武器，但没有忘记仇恨。他们都集中到城里，等待有利时机，企图卷土重来。长老会的人物和这些人虽是势不两立的仇敌，但前者由于看到在宗教界与俗界事务中都不能肆无忌惮地逞其专制淫威，于是便和他们互相勾结，密谋不轨。这完全有辱他们以往的言行。他们仇恨到这样程度，以致宁愿重做国王的奴隶，而不愿和自己的同胞共享自己也曾流血争得的自由。这时，沾满臣民的血污的国王已经燃起了仇恨和报复的火焰，把矛头指向劫后余生的人民；长老会的一些人宁愿重新匍匐于暴君之下，而不愿容忍自己的兄弟和朋友共享自由。唯有被称为独立教会派的人从始至终明白如何忠于自己的事业，如何保卫自己的胜利果实。他们绝不许一个在王位上成为人民公敌的人摇身一变又成为国王，这种看法我认为是很正确的。但他们并不因此而反对和平，只是警惕着在和平的外衣下隐藏着新的战争和永无止境的奴役。

为了进一步污蔑我们的军队，你开始枯燥无味地把我们的事情胡扯了一番。其中有些是纯属捏造，有些是含糊其辞，有些是把值得赞扬的事情拿来攻击我们。但我觉得没有必要从相反方面再来一个叙述。因为我们较量的是说理，而不是讲故事。我们双方都只相信前者而不相信后者。这件事情由于本身分量和价值，不在一部正式的历史书中就不可能作出恰当的叙述。所以我个人认为，正像萨勒斯特说迦太基人一样，对这样重大的事情与其挂一漏万地谈一点，倒不如完全不提。我决不反对在我的书中加进一些伟人们对我们的赞扬，特别是上帝对我们的赞扬。在这样一个古今罕见的事业中，上帝的赞扬是应当一再重复提出的。我加进这

些目的是要拿来和你那些诽谤与谰言对比。所以我将照例只挑出有说理价值的东西来谈。

你说:“英吉利和苏格兰人庄严地宣誓保持国王的尊严。”但你却没提我们是在什么条件下应允这桩事情的;我们的条件是不能和我们的自由与宗教的安全相冲突。关于这两点,国王一直到呼吸最后一口气时都是极其敌视、都是心怀叵测的。很明显,如果他继续活下去,我们的宗教必将受到威胁,我们的自由也将遭到毁灭。

接着你又回头来追究将国王处以死刑的策动人。“如果从决定性的影响来看,这一令人毛骨悚然的行动便应当归咎于独立教会派,长老会的成员只是在开始发动时参加了。”听啊!你这个臭长老会分子。你对国王被处死,竟这样“毛骨悚然”,这到底对于你赤胆忠心、效忠王室的名誉有什么好处?根据你这个哓哓不休的王室辩护士的口气听来,控诉你的人便“已经演完一半多了”,“演到了第四幕,当他把这幕悲剧变成一幕杂技表演时,往下人家就看到他从一匹马跨到另一匹马上去、唧唧喳喳、结结巴巴地乱嚷。”但矫揉造作的修辞家啊,你既然骂人家骂得这样凶,你又何必去模仿人家呢?你在这篇“王室辩护书”中,让人看到的只是从一匹马跨到另一匹马上去,在那里“唧唧喳喳、结结巴巴地乱嚷!”

接着你这个长老会信徒又说话了:“人家完全可以说你们在谋杀国王,因为你们给杀害国王铺平了道路。”“把该死的斧头斫在国王颈子上的不是别人而是你们。”查理的后裔如果在英国复辟的话,首先遭殃的就是你们这批作辩护的人。相信我的话吧,你们应当感谢上帝;热爱救援你们的同胞,他们虽然是违反你们的意

愿，但一直使那个灭身之祸不落在你们身上。同时你指控我们说："几年以前你们提出了许多请愿书，请求缩小国王的权力。在你们用议会的名义呈给国王的文件中，你们加进了并且发表了某些侮蔑国王的话。"例如在"1642 年 5 月 26 日上议院与下议院的宣言中，你们在几篇充满叛乱气息的疯狂提案中，公开表示了你们对国王权力的看法，贺但奉议会之命，把议会大厦的门关着不让国王进去。""你们想利用这个叛乱的开端来试探一下国王到底能忍耐到什么程度。"还有什么东西能比这些话更使英国人万众一心地背离国王呢？从这些话里，人们可以看出，要是让国王回国的话，他们便不但会因为查理一世之死而受到惩罚，而且连很久以前提出的请愿书、全体议员通过的废除主教与国教祈祷书法案、三年一次的议会以及其他一切得到人民一致同意和支持的东西，全都会受惩，全都是谋叛的"长老会的疯狂提案"！

但这个反复无常的小人一会儿又变了心。不久以前，当他"直接认识事物本身时"，他认为这完全是长老会的人干的。现在他"从高处"再把同一"东西看一看"时，他认为完全是独立教会派干的。不久以前他断言长老会人物"公开以武力进攻国王"而且国王也是被他们"打败、俘虏、监禁"的。现在他又说，这套完整的"叛乱理论"都是独立教会派提出的。这个人就是这样地"可靠和前后一致"！你自己的话就驴唇不对马嘴，反驳你又有什么必要呢？

谁要是弄不清你到底是个老实人还是一个流氓，谁就该念念你下面这几段话："现在我们应当解释一下，这一批王室的敌人是在什么时候、从什么地方出现的。这些可爱的清教徒在伊丽莎白时代从黑暗的地狱中跑出来，从此便开始捣乱教会，捣乱国家，因为他们对国家就和对教会一样，都是一群瘟神。”你这一段话就充分地流露出你是一个地道的巴兰*。因为凡属你企图毒骂人家的地方，你都不知不觉地、事与愿违地在替人家祝福。在英国，人人都知道：我们的主教用许多繁文缛节和迷信把神圣的仪式普遍地玷污了。任何人要是企图效仿德国或法国真正经过彻底改革的教会，采用比较清高的仪式，或者是在对神的诚敬上超过别人，在行为上比较清高，主教党人便一概称之为清教徒。你疯狂地叫嚣说在原则上不利于国王的正是这批人。他们在这件事情上并不是孤立的。你自己就说：“大部分新教徒虽然没有接受他们的另一些原则，但反对王室独裁这一点却似乎是赞成的。”所以当你痛骂独立教会派的时候，你正好是在赞美他们出身在最纯洁的基督徒家庭。起初你到处说某原则是独立教会派所独有的，现在你又承认“大部分新教徒都赞同”。你真是鲁莽和渎神，你叛教简直到了惊人的程度，原先你主张应把主教们当成瘟神和假基督，从教会中清除出去，现在你又说“国王应当保护他们，”以便“不违背加冕誓言”！像你现在这种下流无耻的作风，再进一步就会立即自绝于被你玷辱了的新教。你说我们“容忍一切教派和异端”，但教会也容忍了你这个渎神的混蛋、胸无点墨的谎言家、受人雇佣的污蔑者；你这个叛徒还曾咒骂大部分神圣的基督徒、甚至大部分新教徒（这一大部分人刚巧都反对你）是从黑暗的地狱中出来的！教会既容忍了你，你为什么还要在这一点上找我们的毛病呢？

---

* 参见本书第 202 页。——译者注

你这一章其余的部分大半是一些拨弄是非的流氓话，你还把一些稀奇古怪的教义说成是独立教派的教义，想让他们受人唾骂，这难道还值得我去多理会吗？这些东西和国王的争论毫无关系，其中大部分只能让人家耻笑和鄙视，而不值得一驳。

第十一章

撒尔美夏斯,你写到第11章时虽然还是十分无耻,但多少意识到自己的立论是软弱无力的。在这里你一方面给自己提出要探讨一下"根据什么权柄"对国王下判词的问题,但紧接着你又加上了一句谁也没料到的话:"提出这种问题是完全没有用处的。"也就是"做这桩事的人的品质根本没有让人发生问题的余地"。起初,你来管这桩事根本就是十分莽撞,多管闲事,现在你也心怀歉疚地认识到自己是多嘴不识趣了。由于认识到这一点,我可以给你一个较简短的答复。你问下议院本身或委托别人给国王定罪"是根据什么权柄";我的答复是"国内最高的权柄"。至于说,他们何以能具有国内最高的权柄,你可以从我前面说的话去体会;前面你曾一再对这问题发表谬论,我也一再地驳斥过你。假如你相信自己能透彻而圆满地说明一个问题,你就不会总是不厌其烦地重复同一个老调。你说,国王可以用什么方式把他从人民那里得来的司法权委托给他人,那么下议院也可以用同样的方式委托给他人,所以英吉利与苏格兰各等级,便在你所攻击的那个"庄严同盟"中庄严地提出抗议;关于处理卖国问题则相约让"两王国最高法院或法院授权处理有关事件的人员使用他们认为适当"的方式。这时你可以听到两国的议会异口同声地说明,可以把他们自称为“最高”的司法权付托给别人。所以你提出这个权力的付托问题完全是无理取闹。

你说：“除了下议院选出的法官以外，还加上军队派来的法官。其实军人从来就没有权利审讯公民。”我只要用几句话就可以回敬你了；请你记住，我们讲的不是公民而是敌人。假如有这么一个敌人被俘了，军队的司令和军官决定在军事法庭审讯他，认为应判处死刑，他们这样做难道有任何地方违反军法或习惯吗？在战争中所俘获的国家公敌，不能算是公民，更不能看成国王。圣·爱德华的神圣法律有一个原则，就是昏君既不能算是君主，也不应称为君主。

你还反驳道：“审讯国王并给国王定罪的并非‘全体’下议院，而只是‘阉割了的残缺不全的’议院。”关于这一点请你听听下边的答复：“纵使有人缺席，但投票赞成将国王处死的，还是远远超过了议会处理任何问题的法定人数。至于缺席的人是他自己不对，也可以说是他自己的过错（对人民公敌漠不关心因而缺席的是最不应当的缺席），但他们决不能阻挠那些忠于国家事业、拯救国家的人执行任务。”当时国家正处在风雨飘摇之中，甚至沦入奴役状态而遭毁灭，全体人民在肯定他们的忠诚、谨慎和勇敢以后，才将国家付托给他们。他们以英勇的气概完成了自己的任务。他们反对了死心塌地与人民为敌的国王的恶毒暴行，粉碎了它的困兽犹斗的阴谋计划。他们把人民的自由和安全摆在前面。他们的明智、慷慨和忠于事业的豪迈精神胜过了已往历届议会，胜过了他们的祖先。可是有一大部分人虽曾允诺竭尽忠忱、支持并协助他们，但在事情的进展过程中，又不光彩地背弃了这些议员。这部分

人所要求的条件只是奴役性的和平、懒惰与奢侈。另一部分人则坚持要求自由，要求唯一确实可靠的光荣和平。这时议会是如何行动呢？是继续效忠于国家呢？还是偏袒那些已被双方抛弃了的人呢？你的意见我是知道的，因为你不是尤利洛科斯而是爱尔潘诺*，你是赛西的可怜的野兽——肮脏的猪，你甚至习惯了在妇人裙带下过最卑贱的奴隶生活。因此你丝毫没有丈夫气概，也丝毫没有男子汉与生俱来的自由精神。你想让所有的人都变成奴隶，在你的心目中，丝毫没有豪迈气概和自由意识，你的言语，你的气习全都充满了卑鄙已极的奴隶根性。

你又提出了另一个理由："他们处死的国王也是苏格兰的国王。"好像这么一说查理就可以在英吉利为所欲为似的！你这一章是最枯燥无味而又极端无聊的，为了在结束时还能有一两句俏皮话，你说："有两个小字眼——VIS 与 IVS（强权与公理）字母相同，字数也一样，只是位置颠倒了。但它们的意义却差之千里了。"你这个"三字君子"**要来玩弄这三个字母是毫不足怪的。奇怪的倒是你在整部书中所肯定的理论；根据你的理论这两种截然相反的东西在君主身上便合而为一了。国王的暴政岂不都被你说成是王权了吗？

在长长的九大页中，这是我认为唯一值得答复的。其他的都

---

* 两人都是史诗"奥德赛"中的英雄——优利西斯的同伴，当他们漂流至太阳神的女儿赛西处时，爱尔潘诺喝了酒后变成了猪，尤利洛科斯拒绝喝酒，所以没变猪。——译者注

** 拉丁文中"贼"字（fur）是三个字母拼成的，所以"三字君子"等于我国说"梁上君子"。——译者注

是重复得不值一驳的东西,不然就是文不对题的东西。所以我纵然答复得很简短,也不能怪我懒惰。我虽然已经快烦死了,但丝毫也没有松懈过。我所以说得很简短,只能怪你自己老是喋喋不休地说废话和空话。

第十二章

查理王命数已尽，受到了他应得的惩罚，我不愿人家说我这时还对他过分苛刻。撒尔美夏斯，我希望你对他的“罪行”也完全保持缄默，因为这对你和你那伙人都是比较合适的。但你既要把握十足地大谈特谈，我便要让你清楚地认识：你这样抢救你那事业的最糟糕的部分，就是说撕开这些老伤口，即国王的罪行去彻底寻缝子，真是最鲁莽的做法。因为当我证明这些都是他实际犯下的滔天罪行时，便不但使一切善良人民对他产生厌恶和愤恨的回忆，而且也会使你的读者对于你作为他的辩护者这件事感到深恶痛绝。

你说：“对于他的控诉可以分为两部分来讲：一部分是指控他的私生活，另一部分是指控他作为国王所犯的过失。”我不想多谈他在筵宴、剧场和脂粉队中的私生活，像那种荒淫无度的私生活又有什么值得一谈的呢？如果他只是一个平民，这些事情对我们又有什么意义呢？但他是国王，所以他的生活便不能单纯是私生活，同时他犯罪也不可能只是对他自己犯罪。首先他是其身不正给臣民立下了竞相效尤的坏榜样；其次，他在位时长期荒废国政，完全耽湎在声色犬马之中；最后，他为了王室的奢靡享乐，竟浪费了国库的巨额公款和财富，这是他开始变为昏君时的私生活情形。

我们最好还是“谈谈他临政暴虐时所造成的罪恶”。你在这一方面因为他被判决为“暴君、卖国贼和杀人犯”而感到悲痛不已。但我要说明他是丝毫没有受冤枉的。首先，我们对暴君的定义可以不必采取人云亦云的见解，而要根据亚里士多德和所有博学之士的看法；暴君就是只管个人享受而不顾人民利益的人。亚里士多德在他的“伦理学”第10章以及其他地方曾下了这样的定义，其他许多学者也持同样见解。至于说查理所关心的究竟是他自己的享受还是人民的利益，只要从他的行径中简略举出几件事就足以说明了。

当他的王室产业与收入不足以应付宫廷的开支时，他就对人民课重税。而在挥霍尽净之后，他又巧立名目、横征暴敛。这些都不是为了国家的利益、荣誉和安全，而是为了把它聚敛在一姓的府库中，将几个王国的帑藏挥霍一空。他以这种非法方式搜刮了骇人听闻的大量民财以后，便企图废除议会，或者只在他认为有利的时候才召开议会，并使议会只对他个人作陈述。他很清楚，议会是唯一能制约他的机关。他一旦把自己身上的这缰索甩掉之后，马上又给人民套上了另一缰索。他在和平时期也在许多城市驻上德国骑兵和爱尔兰步兵，表面上好像是加强城防。难道你还认为他不像一个暴君吗？你还讥笑着，说我们不该把查理和尼禄相提并论，但在这件事情上他和尼禄一模一样，我在前面还指出了许多你偶不经心所提示的事情，这也说明同一问题，因为尼禄也威胁着要解散元老院。

同时国王还肆无忌惮地迫害神职人员的良心，让他们采用他从天主教中重新带到教会来的仪式和迷信崇拜。人们稍敢反抗就被放逐或监禁。他还曾两次对苏格兰人用兵。就这些事情来说，

至少给他安上"一个"暴君的称号是毫不过分的。

现在让我告诉你,卖国贼这个字为什么也列入他的起诉书里去了。他曾一再向议会提出诺言、宣言、并指天立誓,保证他对国家决没有任何阴谋,然而就在这个信誓旦旦的时候,他却征集大批爱尔兰的天主教徒,或派密使到丹麦王那里去求借兵马武器,声言要用以反对议会;同时他还企图以大量贿赂募集一批军队,首先是募集英格兰人,其次是募集苏格兰人。他答应英格兰人洗劫伦敦城,而对苏格兰人则说要把英吉利北部四郡并入苏格兰,只要他们尽量采用一切手段帮他驱逐议会。这些计划都没有获得结果,于是他便让一个卖国贼——狄龙——带着密令到爱尔兰去叫他们突然袭击英吉利在爱尔兰的所有移民。这些都是他卖国的罪证,而且还不是从一般的报告中获得的,乃是从他亲笔盖章的函件中找出来的确凿证据。

他还曾经下令叫爱尔兰人拿起武器酷刑拷打,折磨死了五十万……英格兰人。那时正在承平时代,谁也没有意料到有这一招。他又在苏格兰与英吉利发动了一次规模巨大的内战,像这样的人难道还有谁会否认他是个杀人犯吗?我还要补充说明,在崴特岛的谈判会上,国王公开地承认了战争的罪责,而且在那尽人皆知的坦白中,他洗清了议会的责任。在这些事情中,你可以看到一个梗概,知道查理王何以被宣布是一个暴君、卖国贼和杀人犯。

你说:"长老会或独立教会派人物过去为何并没有这样判决他",在"严肃同盟"以及后来投降时,也没有这样判决,唯独在"恭恭敬敬地迎他重登王位时,却又作了这个判决,这是什么缘故呢?"这恰恰说明议会各等级是在忍受了一切苦楚、试用了各种办法,直到忍无可忍时,最后才不得不决定废黜国王。在一切善良的人看来,这些都足以说明他们的极端忍耐、镇静、自制,甚至还过分地忍受了国王的骄横;唯独你才心怀叵测地抓住这一点来攻击我们。

你又说:“八月间,在国王还没受刑的时候,众议院已经单独执政,并由独立教会派操纵政权。那时他们写了一封信给苏格兰人,抗议说,他们自己完全无意把英吉利长期奉行的由国王、贵族与平民共同掌管的政府形式加以改变。”请你看看,废黜国王的事和独立教会派的原则又有多少关系?!对自己的原则毫不加以掩饰的人,甚至到独自执政的时候,仍然公开宣称他们“决无意改变政府形式”。假如这是他们事先没有考虑到的,以后又想起来了,那么他们为什么不可以采取直接地导向共和政体的道路呢?尤其当时他们已经看到起始对查理所提出的公正要求已完全无法获得他的同意了。这时,他仍坚持他一贯坚持的许多有关宗教和本身权利的一切顽固意见。那个臭名远扬的、在平时与战时作恶多端的查理仍然一点儿也没有改变。即便是他承认了任何事情,马上他又毫不含糊地说,这是违反自己的意志而承认的,他一旦能够行其所素的时候,马上就会把它作废。他的儿子带着一部分舰队逃跑时所公开宣布的正是这种说法,国王本人在致城里的某些保王党人的信中,也表明了同样的见解。

同时他又不顾议会的公开反对,在丧权辱国的条件下和最野蛮而无人性的敌人——爱尔兰人秘密地订了和约。但当他一再要求英格兰人谈判(他曾一再要求谈判,但每次都无结果)时,却又尽一切力量准备作战。在这种情形下,肩负共和国重任的人究竟应当采取什么步骤呢?全体人民安危所系的职权都付托给他们

了，难道他们应当把人民的安全出卖给最恶毒的敌人吗？难道他们应当让我们再忍受七年毁灭性的战祸，让我们饱罹兵燹的痛苦而遗患无穷吗？上帝使他们得到了明智的看法，他们追随着严肃同盟，拥护了共和政体、宗教和自由，放弃了不废黜国王的原议（当时他们还没有票决）。从这一切事件中，他们看清了国王跟他们是势不两立的。这一点诚然是看得晚了些，但还是看到了！议会诚然应当根据时势的需要完全自由而不受任何限制地以最妥善的方式为国家谋福利。但如果上帝使他们能洞晓大势而获得了新办法时，他们为了国家和本身的利益也不应拘泥于以往的成见而不另行采用更为明智的方策。

你说："苏格兰人的看法完全不同，他们在上小查理书中称他的父亲为最圣明的国王，并说将他父亲处死是一种万人唾骂的罪行。"你既不了解苏格兰的情形，以后千万别再谈他们了！我们完全知道苏格兰人，知道他们曾经把这个国王称为"万人唾骂的"谋杀者和卖国贼，并认为把这样一个暴君处死是"最神圣的"事情。

接着你又在我们对国王的判词中吹毛求疵，说它拟定得不恰当。你问："暴君的罪名已经包括了一切罪行，何以还要加上卖国贼和谋杀者的罪名？"看来你倒从文法上和词汇学上解释了暴君是什么！迂腐不堪的家伙啊，收起你这些噜苏话吧！前面引证的亚里士多德的定义就能很容易地解答你这些问题，并且教训你这个冬烘先生，暴君这个字（你所要理解的只是字眼儿）可以完全不包括谋杀和叛国等罪行在内。

你又说："国王如果对自己或对国家发动变乱，英国法律并不称之为叛国。"我的意见是：议会如果废黜一个昏君，人们也不能说它是危害王室，或颠覆王权。他们以往也经常废黜国王，但从来就没有人加过这样的罪名。我们的法律上反而明确地宣布过国王能危害王室、损害王室的声威，甚至丧失王位。圣·爱德华法中“丧失王者的称号”一语说的正好是褫夺王位与王者的尊严，就像法兰西王契尔配利克所遇到的情形一样。在这条法律的同一段中，就引证了这位法王的事情作实例。我们的法律家还没有一个能否认对王国和国王都可以犯叛国罪。我要引用你所引用过的格兰威尔*的话来证明：“任何人如果企图将国王处死，或在国内煽动叛变，就是叛国。”因此，过去当某些天主教士阴谋用炸药一下炸毁议会大厦和各等级时，詹姆斯王和议会两院判决他们不但是对国王，而且对议会和国家都犯了叛国罪。我虽然还能随手举出许多先例来，但事情已经这样明显再举又有什么用呢？如果说人民对国王可能犯叛国罪，国王对人民则不能犯叛国罪；而国王之所以成为国王，又只是由于人民、为了人民、出于人民的恩宠和同意，这样荒谬百出的话岂不违反理性么？你这样噜噜苏苏地对我国的法律妄加非议是完全枉然的。你费了很大的力气钻到我们的法律古籍中去也是完全白费力气。因为议会永远有权批准或取消法律。同时也唯有议会才有权宣布什么是叛国罪，什么是危害王室罪。我已一再说明这种至尊之权决不能离开人民而转移到国王身上，以致在议会中不能显然看出人民比国王更高贵、更庄严。

谁还能耐心听你这个令人作呕的法国江湖术士来解释我们的

* 十二世纪英国法律家，曾著《论英国的法律与习惯》一书对英国法律的发展有一定贡献。——译者注

法律呢？现在请那些英国的叛徒们听着！你们中间有那么多主教、博士和法律家，并且说英国的学术都随着你们跑出英国了。那你们为什么就没有一个有能耐的人写出拉丁文来为国王和自己的事情声辩，却要把这些事交给一个外国人去办呢？你们难道就那么无用，一定要让这个法国疯子和扒手跑出来为你们呐喊助威么？那个可怜的穷光蛋国王身边有那么多噤若寒蝉的长老和博士，难道一定要让他来作辩护吗？相信我吧，由于这一点你们在外国人眼中也会更加声名狼藉的。你们连用言词防卫一个事情都办不到，更谈不到用武力和勇敢来防卫；人家看到这种情形自然就会认为你们是注定要失败的。

好吧，吹牛专家！你终于把话题回到自己的身上来了，那么就让我把话题再回到你身上来吧。你这本书已经马上就要结束了，我才看到你瞌睡沉沉地、懒洋洋地打了一个呵欠，说了几句不相干的话，谈到自愿的死。接着你又否认“一个国王在头脑清醒的时候会把自己的臣民卷入叛乱之中，出卖自己的军队让敌人打败，并结党反对自己。”其实这些事情许多国王都干过，查理本人尤其如此；一切暴君都是浪荡的流氓，你作为一个斯多噶主义者，更不能怀疑他们是十足的疯子。请你听听弗拉科斯是怎么说的吧：“任何人要是被不可救药的愚蠢和对真理的无知引导着，克利西帕斯*的廊下学派就会称他为疯子。这句话包括一切强大的国王和整个国家在内，只有聪明人除外。”所以你如果要为查理王洗清疯

* 斯多噶派的宗师之一，该派自创始者芝诺起就讲学于廊下，故称廊下派。——译者注

子之名，你首先就应当叫他不作恶，然后才能免除他的疯狂。

但你说："国王不可能对自己的臣属与臣民犯叛国罪。"首先，我们和各民族一样，都是尊重自由的，我们决不能忍受任何野蛮的风俗来危害我们。其次，即使我们以往是国王的"臣属"，我们也不能容忍一个暴君骑在我们头上。至于说到"臣民"问题，一切法律都说明我们的臣服只限于"光荣的和有益的"事情（见亨利法第I卷，第55章）。我们所有的法律家也说这种关系是"相互"的，条件是君主履行了"对臣属尽的保护之责"。但君主对臣下如果残暴虐杀，那么"一切臣属的关系便彻底解除、完全消失了。"这些正是布莱克顿和弗里塔书的话。因此，在某些情形下，法律本身就准许臣属武装起来反对君主，必要时还可以把君主交与臣民在决斗*中格杀他。如果说整个的国家或民族还不能依法惩处暴君，那么自由人的境遇就会不如奴隶了。

接着你又力图为查理王开脱谋杀罪；你一方面援引出其他国王的谋杀案，另一方面又说明查理这种行为是正确的。关于爱尔兰谋杀事件，你让"读者"参考国王的名著——"神圣君主的偶像"，我倒要叫你去参考一下我所写的"偶像破坏者**"。"罗舍尔被攻占时"出卖这个城市的居民，"口惠而实不至地叫嚷着要帮助他们"***，这

* 古代有些法律具有很深的迷信观念，认为是非曲直由神决定。故两人有争端时令其决斗，被杀的一方就成为理屈的。——译者注

** "神圣君主的偶像"（Eikon Basilike）据说是查理一世的日记。弥尔顿专为驳斥此书而写了"偶像破坏者"（Eikonoklastes）。书名在拉丁文中也是针锋相对的。参看本书序言注。——译者注

*** 十七世纪时法国胡格诺教徒占据西部罗舍尔港，成立封建国家。法国大臣黎塞留以兵围攻，胡格诺教徒希望获得英舰队帮助，但英人未予帮助，后城被攻下。——译者注

些事情你都不算到查理账上。至于说应不应当算在他账上我不打算多说。他在国内的暴行已经够多的了，在国外的坏事我根本懒得去说它。（然而你却要说，根据同一理由，任何新教教会在任何时候要是为了保卫自己，用武力反抗了公开与他们为敌的国王，便是谋叛*。我们不妨让教会自己来考虑一下，为了保护宗教的清规和教会本身的完整，不放过自己的门徒所加上的侮辱，这该是多么重要的事。）事实上使我们受影响最大的是，我们英国人在那次远征中被出卖了。国王长期以来就想把英国政府变成暴君政体，他认为除非是借此剪除臣民的兵力，他的计划就不能成功。

国王另一个罪行就是删掉了加冕誓言中的一些话，否则他就不接受。这真是一种卑鄙而可怕的行为！做这桩事的人我已经称之为万恶不赦了；为这桩事辩护的人我又将如何说呢？凭上帝作证，什么样的失信和违法行为能比这更严重呢？对查理一世来说，除开圣礼以外又有什么东西能比这誓言更神圣呢？比方说：当一种人是违犯法律，另一种人是使法律变成他犯罪的工具，或者毁掉法律掩饰自己的罪行，请问到底是哪一种罪行更严重呢？请你看看吧，你那位国王把自己应当庄严遵守的誓言破坏了。他为了避免公开破坏誓言的罪名，便奸猾地篡改了誓言，并且卑鄙地毁坏了它。他为了使自己不犯违背誓言的罪过，便伪造了一个假誓言。像这样的人开始临政时就犯下了令人难以容忍的罪行，竟敢篡改防止他侵害法律的基本法，试问我们所能期待于他的除了最不义、

* 胡格诺教徒即法国新教徒，撒尔美夏斯虽属新教，但却认为新教徒以武力反抗国家是一种罪恶，作者指出其矛盾。——译者注

最奸猾和祸国殃民的暴政以外又能有什么呢？但你又替他辩解说："那种誓言至多只能像一般法律一样约束国王。国王在名义上虽说受法律约束，并在生活中遵守法律，但实际上是不受法律约束的。"谁还能像你这样亵渎神明！你竟然说出凭福音书所起的誓能无缘无故地失效，好像它本身是个一文不值的东西！流氓啊！魔鬼啊！查理本人就驳斥了你这种论调。他决不认为誓言是不值一顾的。他只能偷偷摸摸地，或作伪弄假地来规避它的约束力，而不敢公开地破坏它。他宁愿负篡改誓言的罪名，而不愿公然背誓。

"国王诚然向人民宣誓，就像人民向国王宣誓一样，但人民是宣誓效忠于国王，而国王则不宣誓效忠人民。"好一个独出心裁的论调！一个人如果宣誓忠实地执行某项事情，难道可以不效忠于宣誓的对象吗？关于履行诺言方面，国王事实上要宣誓"效忠于人民，为人民服务并服从人民。"接着你又回到征服王威廉身上来了。然而纵使他也是不止一次地被迫宣誓不为所欲为，而实行人民和国内重要人物对他提出的要求。

假如许多国王"接受王位"时都没有举行一般的庄严仪式，于是便可以不宣誓而临政；那么人民也可以同样地说，他们大部分都没有宣誓效忠于国王。如果国王没有宣誓就不受约束，那么人民便也不受约束。同时，人民之中举行宣誓的这部分也不仅是向国王宣誓；而是向国家、向国王所借以登位的法律宣誓。他们向国王宣誓也只是在他愿遵守"普通人民"（也就是平民或下议院）"所选择的"法律时才宣誓的。把我们的法律用语完全变成更纯粹的拉丁文是非常愚蠢的。"平民所选择的"这一句，查理在加冕前就设法把它从国王誓言中删掉了。你说："人民要是没有国王的同意

就不能选择法律”，关于这一点你还引证了亨利六世三十七年法第15章，以及爱德华四世十三年法第8章的两个条文来证明。但这种条文决不可能在我们的法律书中出现，因为在你所说的两个年代里，这两位国王都从没有订制任何法律！你受骗了，那些叛徒们把纯属子虚的所谓法律告诉了你，你去抱怨他们信口开河吧！事实清楚地说明，某些书你从来就没看过，而你竟恬不知耻地冒称非常精通了。你这样不可一世而又胸无点墨，真是让人吃惊。

你这个厚颜无耻的小丑，竟然把加冕誓言中那一句话称为“虚设”的。你说：“国王的辩护士说可能……”这一句话在某些古代抄本中可能存在，但“由于没有令人满意的意义，所以已经废弛了”。但正是为了这一点，我们的祖先才把这一句加到誓言里去，使它对暴君政体永远具有一种不能使他们满意的意义！你说它废弛了，其实这完全是捏造的。纵使已经废弛了，谁又能说不迫切需要重新恢复呢？这样做也许是没有用的，因为按照你的说法，“目前国王一般都照例宣誓，但这不过是一个形式而已。”可是当有人要求国王废除主教的时候，他却借口誓言，宣称不能那样做。如此，这个神圣不可侵犯的誓言便有时会变成为确定不移的誓言，而有时又变成了一纸空文的“形式”，它所依据的准则，就只能看是否有利于国王而已。

英国的同胞们啊！我郑重地请求你们注意这一点：万一国王要回来的话，你们所希望的国王作风是什么？请看这位外国的流氓文法家所说的一切！这就是秉承父志的小查理被放逐后，跟着一帮肆无忌惮的佞臣在挖空心思把他们要说的话都告诉了他。否则他决不会想到写这些，同时也不会认为自己能写这种东西。就

是这帮人在说给他听:"议会是国王的臣属,但它竟然未得国王的同意,就擅自宣布一切以武力反对议会的人为卖国贼,"光凭这一点,"整个议会就可能被控以谋叛国王的罪名"。不过,国王的加冕誓言既然"只是一个形式",那么臣属的誓言又为什么不能"只是一个形式"呢?国王如果从小就受着教育,把法律、宗教以至于自己的诺言都看成自己的工具,随意运用,而不受约束;那又如何能使他尊重法律、确守誓言,而不肆无忌惮地去破坏它呢,我们的生命财产在一个放纵无度、深怀仇恨、图谋报复的国王面前,也就不可能从法律或誓言中得到任何保障而必然要遭到蹂躏了。假如你们期望财富、自由、和平与帝国的荣誉,那么就决心以德、勤、智、勇等品质去求得好了,这岂不比在王室专制之下缘木求鱼高明而且恰当得多吗?如果有人认为不在一个国王或君主之下就无法谋求这些东西,那么这种人对自己的看法纵使不是卑鄙的,也是十分低贱而不光荣的。他们这种话难道不正供认了自己是懒惰、懦弱,而且缺乏智慧和审慎吗?这难道不正说明他们的灵魂和肉体生来就是奴才坯子吗?任何奴役,对自由人说来都是可耻的;你们已经由于上帝主持公道,由于自己的努力而恢复了自由,你们的军队已经立下了许多光辉功绩,在这样强大的国王身上大显身手,如果你们还要违背自己的命运重新成为奴隶,这不仅是一桩最可耻的想法,而且是犯罪和恶毒的事情。你们这种恶意正和人们当初留恋埃及的奴役*那种恶意一样。他们终于被神用各种方式毁灭了,

* 据圣经出埃及记记载,以色列人在埃及受到法老奴役,上帝将他们救出埃及,但有人仍然留恋埃及的奴役生活,终于遭到了毁灭。——译者注

他们由于心灵中存在着根深蒂固的奴性而从救世主——上帝那里受到了应得的惩罚。

撒尔美夏斯，你想哄骗我们变成奴隶，那么你能说出一些什么来呢？你说“国王有权赦免谋叛罪和其他罪行，这就充分证明国王不受法律约束”。国王诚然可以赦免谋叛罪，但只能赦免对他本身的谋叛罪而不能赦免对国家的谋叛罪。他虽然可以赦免某些罪犯，但是不能经常赦免。一个人要是有时能救出几个罪犯生命，难道就能够认为他有权毁灭一切好人吗？如果国王在低级法庭中被人控告，他像其他平民一样，当然可以请律师去答辩而不必亲自出庭；但是如果全体臣民要求他出席议会，难道他也能拒不出席吗？

你说我们“力图援引荷兰的先例来为自己的行为作解释”。同时你又深恐开罪荷兰人而失去供养你这个混蛋和瘟神的薪俸，于是便力图说明“他们的行为和我们是如何地不相同”。岂知你在骂英国人时便让人认为你也在毁谤供养你的荷兰人。你那些话有的是信口雌黄，有的是阿谀拍马，所以我不想去多谈它，因为这些东西恐怕连你的工资都不值。我们英国人根本不用引用外国人的前例来解释自己的行为。我们有国法可循，我们的国法是世界上最完善的国法。我们有祖先的成例可援；我们的祖先都是伟大而勇敢的，从不屈服于放纵无度的王权，并在忍无可忍时处死了许多国王。我们生来就是自由的，完全不需要其他国家的帮助。我们需要什么法律就可以自行制定什么法律。我们特别尊重一条由自然法则所制定的极古的法律，这条法律在衡量公权、政府与人类的一切关系时不根据国王的贪欲，而首先根据善良人民的安全与福利。

你的书到这里就只剩下前面各章的一些渣滓和垃圾了。但你在结尾时又堆上了一大堆这样的东西，你除了蓄意把整个结构压垮以外，再也看不出有什么内容了。你说了一大堆不伦不类的话以后，又说出你的收场白：“凭上帝作证，我为这件事情声辩，并不只是因为我受人之托，而是因为我的良心告诉我说：我能够为之声辩的事情，没有比这个再好的了。”如果你仅仅是受人之托，那我们并没有请你，你何以竟来过问我们这些与你毫不相干的事呢？英吉利民族的官员只是根据本身受托的权力和权威在辖区内执行义务。他们连你在哪儿生的都不知道，所以根本就不可能有一点点伤害你或刺激你的地方。如果你仅仅是受人之托，那么你何以竟这样平白无故地去送给人家侮辱得淋漓尽致呢？你何以还要用一本受人唾骂的书来污蔑和毁谤我们的最高官员呢？请问究竟是谁请了你？我认为就是你的太太。据说她对你就像皇上一样。前面（见大作320页）你还把一篇描写声名狼藉的弗尔维雅*的猥亵警句凑成一段集锦。你的太太就像弗尔维雅一样，高兴时就向你喊道：“写”，要不然“我们就干！”这时你就只好俯首听命写了起来，而害怕听到进攻的号角声！也可能你是受到小查理和那一帮乌七八糟的亡命朝臣之托，就像第二个巴兰受到第二个巴勒王之托一样，想用咒骂和输定了的笔杆来挽救国王在战斗中输掉的那个危亡事业。这是非常可能的，不过有这么一点区别：巴兰是作为一个聪明人骑在一个哓哓不休的小驴身上出来咒骂的**，而你则

* 罗马妇人，曾嫁与克劳狄乌斯和安东尼等人为妻，曾受过西塞罗的痛斥，后帮助安东尼发兵反抗屋大维，纪元前四十年被击败于波斯湾。——译者注

** 据圣经民数记记载以色列人出埃及后与摩押人相遇，摩押王巴勒请巴兰咒诅以色列人，上帝使巴兰所乘的驴能说人话，阻止巴兰咒诅，巴兰果然为以色列人祝福。——译者注

本身就是一头哓哓不休的小驴而又被一个女人骑上了。同时又把你自己原已负伤的主教脑袋安在自己的颈子上，看来就具体而微地体现了启示录中那个怪兽*。

有人说你写完这部书不久就后悔起来。这是再好也没有了。为了要向所有的人表示你的忏悔，你不必再写下这么一本又长又臭的书，只要识趣地自己上吊就行了。伽略人犹大就是这样忏悔的**，你非常像他。小查理也发现了这一点。他把犹大的标志——钱袋送给你，正是因为他事先听说过，事后又亲身体验到你是一个叛徒和魔鬼。从前犹大出卖了基督，你却出卖了基督的教会。以往你宣教说主教是假基督，但你已经叛变到他们那边去了。你原先咒诅他们的事业入地狱，现在你又从事他们的事业。基督解放全体人类，你却企图把所有的人类赶回到被奴役状态中去。你对上帝、对教会、对各族人民都是这样一个瘟神，所以你的前身的命运也一定在等着你，这是毫无疑问的。与其说你是出于忏悔，还不如说是由于悲观失望，因而你对自己的生活完全感到厌倦。你最后只好吊死在那绞架上，并像你的前身一样碎裂，把你那背信弃义迫害善良和神圣人类的奸诈不忠的良心事先送到受煎熬的地方去，这是迟早给你安排好的地方。

现在我认为，我已在上帝的帮助下完成了最初从事的工

---

* 据圣经启示录所载，有一位天使在旷野中看见一个七头十角的怪兽被一个淫妇骑着，淫妇手中拿着金杯，杯中盛满淫乱的秽物。此处作者痛骂对方，并暗指其惧内。——译者注

** 出卖耶稣的人，据圣经马太福音第27章记载，耶稣死后他因后悔而上吊自杀。——译者注

作——在国内外为我国同胞的高贵行为进行辩护，驳斥这个疯癫的诡辩家的精神错乱的狂语，伸张人民的共同权利，痛斥暴君的专制制度；——这一切都不是出于痛恨君主而是出于痛恨暴君。我的论敌所提出的论据、例证或文件，只要看上去有一点点实在的内容或说服力，我决不装聋作哑拒不作答。我可能还犯了相反的错误，把他的蠢话和谰言当成正经理由过多地答复了。我似乎过分地重视了它们。

同胞们，现在还有一桩事业尚待完成，这也许是最伟大的一桩事业；就是说，你们应当起来驳斥这个敌人。我认为驳斥的唯一途径，就是用自己的善行去答复一切人的恶言。你们发誓，你们热诚地祈祷；当你们受到奴役残害时，你们逃到上帝那里去求庇护，上帝也仁慈地倾听了你们的话，答应了你们的要求。上帝光荣地把你们从尘世生活里危害美德最深的两大恶——暴政与迷信之下解放出来。上帝把伟大的精神赋给了你们，使你们毫不犹疑地对战败被俘的国王作出公正的判决，并处以死刑，在人类之中形成先例。你们所完成的这桩光荣的事业，决不应当看做是琐事，而应看成是伟大神圣的事业。你们取得这荣誉的途径只有一条，那就是你们在战场上战胜了敌人之后，还要证明你们在放下武器的和平生活中，仍然具有人类最崇高的勇敢来击溃那些腐蚀各民族的事情——结党营私、贪婪利欲以及贻害后代的腐化堕落行为。当你们在把自己从奴役中解放出来的时候，表示出了无比的勇敢，现在你们在维护自由时，也应当同样地表现出公平、克己和谦恭的精神。唯有这样才能证明你们不像撒尔美夏斯这个毁谤者所谩骂的那样，是一些“卖国贼、强盗、杀人犯、弑君者和疯子”；并证明你们

原先处死国王并不是由于争权夺利的党争所驱使,也不单纯是好勇斗狠的乖张愿望,更不是出于疯狂或一时的激怒;而是因为你们对自由与宗教、正义与光荣,以及自己的祖国燃烧着热爱的火焰才惩处了暴君。

假如事实证明你们别有用心(愿上帝永远禁绝!);假如你们在战争中是勇敢的,在和平中又堕落了;假如你们原先深刻体会了上帝对你的善意和对敌人的愤怒,而现在又没能从敌人的殷鉴中学会敬畏上帝,矢志为善;那么我就会不折不扣地承认目前最凶恶的诽谤者和谎言家所诬蔑你们的事情都是真的,因为我根本无法否认。在这种情形下不久你就会发现上帝对于你们的愤怒将会比对于敌人的更严厉。上帝对你们比对世间任何民族更仁慈、更宠爱,现在就会转为更深的震怒。

本书发表已经几年了。当时因为形势所迫,仓促付印。我常想:假如有功夫或者有机会重新整理的话,我打算修改一部分,删节一部分,也可能还要增添一些内容。这些,我认为我都做好了,只是比预定的要简略一些。依现在的情形来看,我认为这是一个不可磨灭的里程碑。有人也许会发现有更广阔的方式可以保卫公民自由,但很难找到比这本书更伟大和更光荣的例子。假如我们相信像这样一个崇高而光荣的模范行为其所以能成功决不会没有上帝的庇佑;那么根据同一理由,人们就可以相当我的赞颂和辩护也得到了同一神力的庇佑。诚然,我愿让所有的人都同意这一看法,而不愿用任何其他智慧来判断这事业的成就。有一个著名的罗马执政官退休时在公共集会上发誓说:整个国家和城市的安全都亏他独力维持,而我在结束这部书时所敢于说的却是这样:凭神

和人作证,我用从神圣和尘世的最高智慧权威那里所发掘的材料说明了许多真理,我相信这些材料不但为英国人民的这次事件作了充分的辩护,使他们的荣誉流芳百世,同时这部书还彻底地解放了那些对自己的权利一直一无所知并受到了假宗教招牌所蒙骗的许多人。唯有那些自愿并应当受到奴役的人才是例外。那位执政官的誓言口气虽然大一些,但得到了在场的罗马人异口同声的承认。我也理解到我这个信念不但完全得到了我国最优秀的公民的承认,而且也得到了外国各地人民的一致赞同。

这是我辛勤劳动的成果,是我一生中的伟大收获。这一点使我心怀感激并得到了慰藉。同时,我还在考虑如何能使我不但对我们的同胞有所贡献(我对他们已经贡献了我最高的一切),而且对其他任何民族的人们,尤其是对基督教徒们的事业,有所贡献。只要精力允许,或者说只要上帝允许,我将追求更伟大的事业。我正在为这个事业着想,并在研究怎样进行准备。

英国人弥尔顿再为英国人民声辩，驳斥无耻的诽谤性的匿名书“王族向上天控诉英国的弑君者”

人生在世，不论在任何情况下，都应当感谢上帝，永远不忘上帝的恩惠，这是作为一个人的首要义务；特别是当事情出乎我们的想象和愿望之外，发展得很顺利的时候，更应该赶快向上帝致以隆重而深厚的谢意。在开始写这篇文章时我体会到感谢上帝是我的义务。这主要是由于以下三个原因。首先我要感谢上帝的是，我出生在我们祖国的伟大时代。在这个时代里，我国公民的德行辉煌无比，他们的宽厚和坚定超过了他们祖先所获得的最高荣誉。他们首先恳求了上帝，在上帝的监督和明确的指导下，把我们国家从悲惨的暴政中拯救出来，同时又使宗教摆脱了极可耻的被奴役的地位，留下了史无前例的榜样，创造了最伟大而英勇的业绩。第二，我感谢上帝的是，这期间忽然间出现了一些人，他们像专门干坏事的无赖一样，对光明正大的事情进行恶毒的污蔑。其中有一个人更为突出，他自以为有满腹经纶、获得像他那一流人物的拥戴，张牙舞爪地承担起为所有暴君作辩护的责任，用一本臭名远扬的书来攻击我们。而对付这样一个大名鼎鼎的对手，讨论这样意义重大的问题，我自认力能胜任，于是承那些拯救祖国的人的一致同意和委托，我便义不容辞地接受了这个任务，那就是公开地（如果过去有人做过的话）为英吉利人民声辩，也就是为自由本身而辩护。第三，我感谢上帝的是，在这样一项举世瞩目的艰巨任务面前，我既没有辜负同胞的期望，没有使舆论失望，也没有使许多国外人士（不论他们是博学之上，还是关心公共事务的人）感到不满

意。尽管我的敌人嚣张无比，我却彻底地打垮了他，使他丧魂失魄，声名狼藉地败退下去。此后，他还活了三年，这期间，虽然他怀恨在心，企图要卷土重来，反噬一口，可是他并没有给我们带来多大的麻烦，只不过是嗾使一些极卑鄙下流的脚色干些不可告人的勾当来替他撑腰，再不就是收买一些无名的流氓和丧尽天良的人来给他捧场，企图设法弥补一下最近遭到的意外和可耻失败。这种可耻失败，我们将在下面提到。我认为我能很荣幸地遇到这样意义重大的事件，完全是上帝的意旨，而且事实上这些事件不但额外给我一个报答上帝恩惠的机会，而且对我计划中的工作也是极有利的预兆，因此我认为我有责任像目前所做的那样，用虔诚的心来叙述这些事情。试问谁不为祖国的光荣而引以自豪呢？对任何国家来说，还有比恢复世俗生活的自由和敬仰上帝的自由更光彩、更荣誉的事情吗？为了争取这两种自由，哪个民族、哪个城邦能比我们所取得的成功更英勇、更伟大呢？实际上，勇敢并不单纯表现在战争中或武器上，在反抗各种恐怖的斗争中也同样表现出它的无畏的力量。我们最崇拜的希腊人和罗马人，在把暴君从祖国驱逐出去的时候，除了爱好自由的热忱外，就是握紧拳头准备随时参加战斗。他们从这里取得的力量，鼓舞着他们在欢呼、赞美和喜悦的气氛中完成余下的工作。他们这样热烈与其说是出于冒险以图侥幸于一时，倒不如说是为了崇高而荣誉的斗争，为了奖赏和荆冠，以期名垂千古。这时候还没有人认为专制的权威是神圣不可侵犯的；暴君也还没有因为不能仁政亲民，而利用平民的盲目迷信来巩固自己的权位，忽然自称为基督的代理人，而独揽大权；一般平民也还没有受教士卑鄙伎俩的愚弄，而蜕化到连人类中最愚蠢的印第安人也不齿的野蛮程度。印第安人只是把那些无法驱除的恶魔奉为神明来膜拜,而那些完全有能力驱逐暴君的人不仅不驱逐他们,却把最无能的暴君奉为神明,让他骑在自己头上,这不啻把人类的败类神明化而毁灭自己。现在英吉利人必须奋起攻破的是那些长期以来的成见、宗教、诽谤以及恐惧心理的顽固堡垒,这个堡垒比敌人本身要危险得多。英吉利人由于受过比较良好的教育,同时又无疑地受过上帝的启发,因而在斗争中能够信心百倍,坚毅不拔,终于战胜了上述的一切。从此以后,英吉利人不但从人数来说是一个伟大的民族,而且也具有非常正直而高尚的道德,因此英吉利不仅仅是拥有一大堆人而已。就大不列颠本土来说,过去人们常说它是出暴君的地方,此后它就要变为爱国志士的发祥地,而千秋万世永受赞美了。英吉利人从来没有放纵自己、藐视国法或破坏国法达到无法无天、任意妄为的地步,他们没有用空洞的美德和光荣的幻想来激发自己,也没有步先人的后尘,愚蠢地追求自由的虚名。他们受过教训,认识到只有高尚的生活和神圣的行为才是获得真正自由的唯一正确途径。他们迫于需要,才不得不拿起了武器,站在正义立场捍卫了法律和宗教。他们深信这样做一定能得到上帝支持,从光荣的战斗中,摆脱了被奴役的状态。在这一光荣的事业上,虽然我不能说自己有什么贡献,但是有人责怪我胆怯或懦弱,我可不难为自己声辩。因为,我逃避战争的艰苦和危险,正是为了可以利用另一种方式忠实地为自己的同胞效劳,用这种方式危险并不小,而效果却要大得多。在我们事业还处在风雨飘摇的时候,我从来没有意志消沉的表现;而当我受到恶毒攻击、甚至面临死亡的关头,也没有畏缩不前。从童年时代开始读

书，我就立志成为一个比较有教养的人，因此，我的意志始终比体力更坚强。我感到从事军役贡献甚微，任何一个体力较壮的普通人都可以压倒我，于是便决定从事可以作出较大贡献的职业。如果我还聪明的话，我应该发挥自己所长，避自己所短，为国家事务和这一崇高斗争，尽最大的努力。因此，我认为，如果人们创造这样辉煌的功绩是上帝的意旨，那么在功成之后，由另外一些人恰如其分地以尊严和彩饰来表彰他们的功绩，使得到武力保卫的真理也同样地得到理性的保卫，必然也是上帝的意旨。唯有理性的保卫才是真正的、合乎人道的。因此，当我赞美那些在战场上坚贞不屈的人们的时候，对于分配给我的工作，我不仅不抱怨，而且还要为自己祝贺，要再一次向上天的恩赐者致以最崇高的谢忱。下面可以看到，我所遭遇到的命运有很多地方令人羡慕，而自己无论如何也是义无反顾的。不过，我并不打算跟任何人比，纵使是和最卑微的人，也没有比的意思，同时我感到我也没有妄自尊大、自吹自擂的地方。但是当我想起那种最高尚最引人瞩目的声辩时，想起这个经过祖国的保卫者一致决定和推选而委托给我的为他们作辩护的任务时，我承认，只让我谈符合序言精神的事情，而不能超越序言的范围，飞向更高一层，谈一些更庄严的事情，我的确感到很困难。毫无疑问，古来著名的演说家都比我高明许多倍，不论作为一个演说家，还是作为一个语文学家，他们都比我高明，特别是当我需要应用外国文而常常感到力所不及的情况下更感困难。但是尽管如此，在论题的深刻和富有意义方面，我也以同等程度毫无逊色地超越了历代的演说家。我的论题由于受到这样热烈欢迎而声名远播，以至使我感到，在我的会场或讲台周围的不只是一个民族

（不管是罗马人也好，希腊人也好），而好像是整个欧洲的人，他们来到了会场，倾听我的演讲，并作出评语。我觉得我似乎向所有的场合和会议讲过“为英国人民声辩”，现在我还要向这些集会再一次为英国人民声辩，不管他们是哪些最高权威人物，也不管他们属于哪个国家和城市。我想象我似乎已经出发去旅行，我从高原地带瞭望海外和辽阔无边的地区，我看到无数张陌生的脸孔，但是所有这些人在心灵的感觉中却和我很亲密。出现在眼前的，这边是蔑视奴役制的不屈不挠的日耳曼人，那边是名副其实的活泼而豪迈的法兰克人，一面是慎重稳健的西班牙人，另一面是恬静而豁达的意大利人。不论在什么地方，都可以看到自由、机敏和豪爽的性格，这些性格不是含蓄地隐藏在内部，就是公开地表现出来。他们之间有些人虽默默无语，但暗地却赞成我，有些人则公开表示拥护我；有些人欢欣鼓舞地跑过来欢迎我，另一些人则在被真理打败以后，便低头认输。我受到广大群众的拥护，使我感到，从直布罗陀的悬崖直到印度最遥远的边陲，在这整个一片辽阔的区域里，我似乎为每一个民族带来了从前被驱逐流放在外边的自由。正像古代有关特里普托列木斯*的传说一样，我从自己的国家里，把粮食运送给每一个民族，但是我所运送的要比塞里斯**的粮食高贵得多。我把欣欣向荣的人民文化和自由生活传播到各城市、各王国、各民族间去。如果我是击败那位曾被认为不可战胜、同时他也自以为

* 按古希腊神话，特里普托列木斯曾把谷和稼穑之术授予人类。——译者注

** 按罗马神话，塞里斯是司谷物的女神。——译者注

不可战胜的那个暴君的凶恶奴才的人，如果这奴才敢于轻举妄动，向我们和我们的阵势进攻（我们的领袖首先注意到我），而我正是那位用他所选择的武器——这支秃笔——和他单独交锋，直刺叫阵者的心房；而获得大批战利品的人，那么我相信，在我凯旋归来时，便不再是一个无名小卒，甚至还会受到欢迎，除非我不信任和根本轻视四面八方的千千万万实际上并不忠于我、或对我并没有义务的明智读者的正确评价和意见。以上所讲的都是事实，并不是信口雌黄，甚至从下述的情况中，也可以得到确切的证明：当撒尔美夏斯或撒尔美茜（他究竟属于哪个性别，还极值得怀疑，因为在有关他名誉的事情上以及在家庭事务上，他都完全受他老婆的支配）有幸得到最高贵的瑞典女王（我认为从来没有一个人比她更热心地培植文艺，更慷慨地奖励学者）的邀请而到达那个国家的时候，虽然是个外国人，却受到了特殊的礼遇。在那里，他看到了我们的"辩护书"，感到大吃一惊，因为这是他做梦也没有想到的。我确信，只有上帝的意旨才能出现这样的事情。当时立刻就有许多人仔细地阅读了这篇"为英国人民声辩"，女王也是最早的一位读者，但是她只顾到自己的尊严，对于她的客人却丝毫没有减少过去的眷爱和优渥的待遇。请允许我说穿我常常听到而事实上早已不是什么秘密的后来情况，瑞典人民的情感骤然起了显著的变化，以至昨天还沐皇恩万人尊敬的人物，今天几乎完全变了样。不久以后他离开了瑞典，离境时并没有狼狈不堪的表现，可是，有许多人不免要怀疑，究竟他来时受到的尊敬多呢，还是离开时受到的轻视多呢？事情很明显，他的名誉在别的地方也受到了严重的损害。关于这一切，我并不是非谈不可，因此谈论它是根本没有必

要的。我只愿意更清楚地说明，我有充分理由，正如我过去做的那样，一开始便向至高至尊的上帝致以崇高的谢忱；我愿意指出，在这篇序言中，由于我能用许多证据来说明我和我的事业（虽然还不能完全避免人世间的不幸）是在上帝的眷顾之下的，因而它必然能恢复我的光荣和名誉；我愿意指出，在这种头等重要的大事上，我得到了上帝的眷顾和帮助。这件事是根据我国的需要而提出的，它对社会和宗教都要起极大的作用，从反对人类自由的敌人方面来说，我不仅为一个民族，更不仅是为一个被告，而是为整个人类辩护，我正好像在一个包括所有民族的济济一堂的大会演讲一样。对于我来说，我不可能而且也永远不希望再把比这件事更伟大、更光荣的事业归功于自己。我过去仰仗上帝的支持和仁慈，才能站在正义立场勇敢地为那史无前例的事件做辩护，现在我再祈求永生的上帝，允许我以同样的甚至更大的热情、勤勉、真诚来成功地替那些作家和我自己辩护，因为由于对方蛮不讲礼的污辱和诽谤，我和其他许多作家不是为争取荣誉而是为了雪耻而联合起来了。也许有人认为这些事不值一提，蔑视它们就行了，不必斤斤计较；关于这一点，我并不想置辩，假使这些事只在对我们有正确认识的人中间传播的话；但是最后我们怎样才能向其余的人揭穿我们的敌人的弥天大谎呢？因此，我们应该尽一切力量（这也只是为了伸张正义而已），不管诽谤传播到哪里，打击诽谤的真理也必须跟到哪里；这样，我深信那些受骗的人不至于再对我们有误解，而我们的对手也许会为自己的谎言而感到羞愧了。如果他还恬不知耻的话，那么最后就会受到我们的唾弃。他自始至终都用毫无根据的谎言来掩饰自己，经常发出威胁性的警告，说什么撒尔

美夏斯正在积极写新的文章来驳斥我们，并且很快就要出版等等；如果不是他们这样造谣生事，我早就对他作出适当的答复了。他这一套伎俩收到一个效果，那就是把他那副善于诽谤的嘴脸所应受的惩罚推迟了一些，因为我认为我应该等待，以便积蓄全副力量来对付更凶猛的敌人。关于撒尔美夏斯，我认为我和他的战斗现在已经结束，因为他已经死了。至于他是怎样死的，我不准备谈，因为我不愿意像他那样把我的双目失明说成是罪恶的后果，而把他的死也列为一项罪名加在他身上。不过，把他的死归罪于我，归罪于我那些过分尖锐的讽刺的却不乏其人；他们说，他为了对我的讽刺进行抵抗，以致病况加剧。事实上，当他看到自己正在写的著作毫无进展，看到反击的时机白白溜过去，看到自己作品的魅力已经过时，不得不黯然神伤了。此外，往事的回忆也刺激了他，他的名誉、地位都完蛋了；总之，由于他没有能很好地为王族做辩护，已经在王公大臣们的面前失宠，据说，他为了这件事苦恼了三年，因心病而不是因身体上的疾病慢慢地死去。但是，不管他是怎样死的，如果我有必要和这位我已经很了解的敌人交锋，进行一场死后之战，我对他的虚弱的死后挣扎是没有理由畏惧的，因为就是在击退他最疯狂的攻击时，我也毫不困难。

最后，让我们谈谈提出这个"控诉"对我们进行攻击的脚色吧。我确实听到了"控诉"，但它却不是像所标榜的所谓出自王族的"控诉"，而是某一个鬼鬼祟祟的无赖之徒的"控诉"，因为我根本找不到提出"控诉"的人。喂！你究竟是谁？是不是人呢？你一定是人类中一个无耻之尤，因为连一个奴隶也有个名字。那么，我是不是应该永远为匿名的人伤脑筋呢？虽然这些人特别希望成为保王党，我怀疑他们是不是说服了国王，使国王相信他们这一套。国王的追随者和朋友是以国王为荣的。但是这些人是怎样在国王面前献媚的呢？他们没有向国王进贡，相反地，他们却随时准备接受恩赐。他们不是那种愿意为皇室事业而捐资的人，他们甚至连自己的名字都不愿为皇室拿出来。那么他们到底贡献了些什么呢？他们只贡献了嘴皮；但是他们没有足以说服自己的良心，没有敢于公开自己名字的气魄，因此，为国王而无代价地耍嘴皮也就很为难了。可是ὦ ἄνδρες ἀνώνυμοι，匿名的大人先生们！（请允许我用希腊文称呼你们，因为在拉丁文中我找不到你们的名字）你们的克劳狄乌斯以匿名的方式写了一篇题目相当冠冕堂皇的有关国王权利的文章，我本可以效法他也用匿名来反驳，可是我却不以我自己以及我要声辩的问题为可耻。此外，我认为谈论这样辉煌的题目，不公开自己的名字是很不光彩的。我在一个共和国里，在众目睽睽之下公开地反对国王，而你们在一个王国里，而且在国王的庇护下，却连公开攻击一个共和国的胆量都没有，只是偷偷摸摸地干，这是什么道理呢？你们在平安无事的时候，担心害怕。在光天化日之下，偷偷摸摸，为什么要用这种鬼鬼祟祟的态度来给最高权威的执政者散布上一层阴霾呢？你们是不是担心你们的君王过于软弱而不能保护你们呢？你们这样隐姓匿名、躲躲闪闪，人们一定认为你们不是挺身而出捍卫国王权利的卫士，而是盗窃国库的小偷。我到底是什么人，我就公开地承认。凡是我认为不属于国王的权利，在任何合法的王国里，我也一定大胆地坚决否认它。任何君王假使伤害我，便必然会首先伤害他自己，因为这种行为本身就证明他是一个暴君。如果我攻击暴君，那么，这与国王有什么

关系呢？我认为国王和暴君之间有显著的区别。正如同一个好人和一个坏蛋有很大区别一样。我认为一个国王和一个暴君之间也有同样显著的区别。因此,我们可以说,暴君不但不是国王,而且永远是国王的不共戴天的敌人。我们只要翻一翻历史的记载,就可以看到被暴君颠覆和取而代之的国王,要比被人民推翻的国王来得多。因此,呼吁打倒暴君,并不意味着是要打倒国王,而是要打倒国王最可恨的势不两立的敌人——暴君。相反,你们所赋予国王的为所欲为的权利,实际上并不是权利,而是一种错误、是罪恶、是在毁灭自己。你们把这种有害而无益的权利赋予国王,你们本身也就等于变成了国王的刽子手,因为正如你们所要求的那样,国王可以不受任何威胁和危险,这样国王和暴君之间就没有任何界限了,因为你们把同样的权利赋予了他们。假定国王根本就不滥用赋予他的这种权利(只要他是一个真正的国王,而不是暴君,他是绝不会使用这种权利的),那么这种权利便不是赋予国王,而是赋予个人的了。如果一个国王使用了这种王权,就是说,当他要做一个国王,他就不再是一个好人,而当他宁愿做一个好人,这就证明他不再是国王了。试想想还有一种权利比这更荒谬的吗？对于国王的侮辱还有比这更甚的吗？宣扬国王有这种权利的人本身必然是最不义的人,必然是败类中的败类,因为他首先把自己变成一个坏蛋,然后现身说法去教唆别人作恶,可见他已坏透顶了。如果按照古代某一派冠冕堂皇的说法,每一个好人都是王者,那么依这个道理推下去,每一个坏人的成分都是暴君了。不过要知道,不要用暴君这个名字来自吹自擂,因为暴君绝对不是什么伟大的东西,而是人世间最卑鄙的东西,正像他的地位一样,比别人爬得愈高，他也就愈下贱，就愈是一个大奴才。因为别人只不过甘心情愿做自己恶习的奴才，而他竟违反自己的意志，不仅做自己恶习的奴才，而且被迫做他的大臣和喽啰们的最卑鄙龌龊的放荡行为的奴才；他必须把他的暴政的各级权柄分配给最不足道的喽啰。所以，暴君是最无耻的奴才，他们甚至是自己奴才的奴才。因此，这个称呼同样可以恰如其分地应用到暴君的无耻透顶的打手身上，更可以应用到这位“控诉”者的身上。在为暴君辩护这个问题上，他气焰之所以如此嚣张，不难从我们已经说过的以及下面将要说的事实中得到充分了解，而他隐姓埋名的道理也同样可以看出来。因为他或者像撒尔美夏斯一样，卑躬屈膝地受人收买，用自己的这份“控诉”作为向皇族讨赏的资本，再不然就是因为自己的理论太污浊，连自己也感到心虚，或者是因为自己的生活太卑鄙，有意识隐藏起来，这都是不足为奇的。也许他是有心把自己安排在一个可以来去自如的地位上，以便将来看到别处有了有利可图的机会，可以心安理得地背叛国王，投靠某一个还没有建立起来的共和国去。即使是这样打算，他的伟大的撒尔美夏斯也已经创下先例了，撒尔美夏斯被耀眼的奖赏迷惑住了，虽然到了晚年，仍然变节背叛了正统派，倒向主教，离开了人民的党派而投靠了保王党。你这个从某一间黑洞洞的小房子里提出“控诉”的人，我们一定能发现你是谁，你企图躲藏起来不让人知道，这是枉费心机的。我告诉你，我们一定要把你揪到光天化日之下来，就连阎王也无法再庇护你。即使你剩下最后一口气，我也要你发誓承认我没有瞎眼睛，至少对于你我并没有半点儿含糊。在我叙述他是谁，什么出身，是在什么目的和引诱下受了那个混账王八蛋的嗾使才来干这为国王“控

诉”的勾当时，如果你们有功夫，就请听听吧，它颇像米利都人*或贝埃人**的故事。

有个叫莫鲁斯的，为了不让一个民族或一个国家被他的卑鄙人格过分受到玷污，只好说他一半是苏格兰人，一半是法兰西人。他是一个毫无原则的人，所以连他的忠实朋友都变成他的最大敌人了。根据一般人的反映，最重要的是根据他朋友的供称，他是一个不忠、不义、不敬，专门颂扬罪恶、肆意诬蔑、专门污辱妇女贞操和名誉的家伙。这个出身微贱的角色的早年生活，我们不打算提他，他最初以希腊文教师的身份出现在日内瓦。尽管他常常用希腊文向他的学生解释他自己的名字“莫鲁斯***”的意义，但无论如何也不可能忘记自己是个傻瓜和笨蛋。此外，虽然事情还没有被调查出来，但他罪恶累累，自己是很清楚的。不过这一点反而使他更加肆无忌惮，气焰万丈，竟然做起教堂牧师的候选人，用自己的丑行来玷辱牧师的职务。但是他长期逃避长者们的谴责是不可能的。他行为放荡，迷醉女色，还犯过其他种种罪行，单单违反正统信仰的越轨行为经证实的就有许多件。对于这许多罪行，他一面低头发誓决不重犯，一面又无耻地继续犯罪，终于成了一个声名狼藉的奸夫。他偶然间对房东的使女产生了非法的情欲；不久之后这位姑娘和另一个人结了婚，他仍然追逐她。邻居们常常看到他俩一同出入于小花园的一间小屋子。也许有人会说，这并不能证明他们有奸情，他也许是为了一些别的事情。这话没错，他很可能

* 米利都是小亚细亚西南的古城名。——译者注

** 贝埃是意大利那不勒斯湾沿岸古城。——译者注

*** 按“莫鲁斯”（morus）在拉丁文中既可作桑树解，也可作傻瓜解。——译者注

跟她聊天,比如说,聊聊园艺;他也可能借机从花园的话题,从阿耳西努斯或阿道尼斯*的花园上,扯到自己的某些演说内容,而那位妇女也许是个天才,完全能够理解他的谈论,并且衷心地倾听着。他又可能赞美花园里的花坛,甚至说过:他一生最喜欢的是绿荫如盖的美景;他还可能说过他只希望有机会把桑树嫁接成为无花果,并迅速地长成一排无花果的林荫,使他们得以愉快地到那里散步。接着,他也可能把嫁接的方法比画给她看。所有这些话以及其他许多话,他都可能说过。谁又来否认它呢?但是所有这一切并不能使长者们满意,他们坚持把他当作一个奸夫来惩罚,宣布他根本没有担任牧师的资格。这些罪行以及类似行为的控诉摘要还保存在那个城市的公共图书馆里。这期间,当这些诉讼尚未公开发表时,由于撒尔美夏斯的帮助,密德堡的法国教会邀请莫鲁斯到荷兰去。他设法取得日内瓦教会当局的所谓证明文件,但附带的条件是他得离开日内瓦,老实说,这样的证明文件也实在使人够难堪的了。就连发给他这样的文件也引起了斯班海姆很大的反感,他是一位博学之士,第一流的牧师,在日内瓦以前就知道他的底细。此外,也有人认为像他这种人居然能取得教会的证明文件,实在令人忍受不了,但也有一种意见,认为只要莫鲁斯离境,什么都好办。他一到荷兰,便去拜访撒尔美夏斯,这时他那双色情狂的眼睛又看上了撒尔美夏斯的妻子的使女叫庞蒂娅的,因为他一见到使女欲火就燃烧起来。从此以后,他便开始奔走于撒尔美夏斯的门庭,极

* 阿耳西努斯是费阿西(Phaeacia)人的王,他的花园极闻名。阿道尼斯是爱神维纳斯(Venus)所爱的美少年。——译者注

尽献媚的能事，同时他又挖空心思跑去向庞蒂娅献殷勤。至于究竟是撒尔美夏斯喜欢莫鲁斯的诚惶诚恐的态度，并忽然想起大可利用他一番，而首先提起弥尔顿的答辩这个话题来的呢，还是莫鲁斯由于想找更适当的机会多见庞蒂娅几面，而首先谈起这件事来呢，我就不得而知了。不过，不管是谁先提的，反正莫鲁斯挑起了为撒尔美夏斯做辩护的担子。撒尔美夏斯这一方面保证为莫鲁斯取得该城市的神学教席；而莫鲁斯这一方面除了这个位置以外，还指望得到与庞蒂娅幽会的犒赏。他借口和撒尔美夏斯商谈辩护书，日夜在撒尔美夏斯的家里流连忘返。于是古代的派腊马斯*就变成了桑树，而现在的桑树又摇身一变而成了派腊马斯了，就是说，日内瓦人变成了巴比伦人了。不过，他的艳福超过了那位古代的巴比伦青年，正像他为非作歹的本领超过那位青年一样，他可以在撒尔美夏斯的同一屋檐下，随心所欲地找他的锡斯比**——庞蒂娅——谈情说爱，毕竟不必像古代的派腊马斯那样偷偷摸摸去钻墙隙缝。他答应跟她结婚，并用这不可靠的诺言诱奸了她。在这位传播福音的牧师干这种罪恶勾当时，他甚至连他主子的公馆也给玷污了。我在叙述这件事时，气得直哆嗦，可是我又不得不提。经过若干时日以后，这个罪恶关系就出乎一般的自然规律而产生了某些离奇古怪的后果。不但是女方怀了孕，连男方也怀下了鬼胎。庞蒂娅生下了一个小桑树，后来在一段很长时间内，它使

*，** 按古代传说，派腊马斯（Pyramus）和锡斯比（Thisbe）是巴比伦的一对情人。他俩在墙隙间谈情说爱。有一天锡斯比到了幽会的地方，遇到一只牝狮正在咬杀一头牛，她被吓跑了，丢失了外衣。而后来赶到的派腊马斯看到这种沾满牛血的外衣，误以为锡斯比已死，遂自杀。随后锡斯比发现情人自杀，自己也自戕身死。——译者注

普里尼*学说的实践者撒尔美夏斯苦恼不已。后来，莫鲁斯所怀的这个鬼胎突然膨胀起来而产下了一个坏蛋——“王族的控诉”。起初我们流亡在比利时的饥饿的保王党满以为它是一顿最好的美餐，可是现在蛋壳破了，里面净是令人作呕、臭气熏天的东西，他们只好掩鼻而去。而莫鲁斯则为这个新产儿洋洋得意，自以为是为整个奥伦治派系立了功，并且依自己的愿望，肆无忌惮地攫取了新的教席。这个无赖汉，这时把可怜而又微贱的庞蒂娅遗弃了，她不过是个使女，何况已经大腹便便了。受到歧视和欺骗的庞蒂娅到议会和地方首长那里去控诉，请求他们主持公道。这件事终于闹得满城风雨，长时间成了茶余酒后的笑料。同时，给了某好事者写这首打油诗的题材，我们姑且不问这人是谁，反正他的诗才是不可忽视的：

法国教徒风流太甚，
弄得庞蒂娅腹如盆；
你受莫鲁斯的蹂躏，
谁不说已成了双身？

庞蒂娅的控诉毫无结果，为这件事发愁的只有她自己，因为王族的控诉毕竟很容易把一个贞操受到玷污的弱女的控诉和悲泣掩盖下去。撒尔美夏斯由于个人和家庭都蒙受了损害和耻辱而懊恼万分；看到自己成了朋友和好事者的笑柄，同时又看到自己将因此受到敌手的攻击，感到很懊丧。新的不幸加上旧的为王族辩护的

---

* 普里尼（Pliny）是罗马的博物学家。遗著有自然科学百科全书。这里隐喻小桑树是撒尔美夏斯的撮合而生下来的。——译者注

失败，也许正是他不久以后一命呜呼的原因。不过，这是以后不久的事。同时，就命运来说，撒尔美夏斯和“撒尔美昔斯”*并没有什么不同，因为名字既一样，故事也相同。他没有意识到他的朋友莫鲁斯是一个阴阳人，既能授精，又能分娩，他没有注意莫鲁斯在家里生下来的是什么东西。他迷恋地抚爱起莫鲁斯送上来的东西，就是那本他屡次看到自己被捧成伟大人物的书。毫无疑问，照别人的评价，书中对他的歌功颂德是荒谬透顶的，可是在他看来，却认为自己是当之无愧的。不管怎么说，撒尔美夏斯匆匆忙忙去找印刷商，枉费心机地要设法挽回那早已把他抛弃了的名誉，施展出助产本领，促使那些出自这位莫鲁斯以及其他人物之手的歌功颂德的东西早日问世。这些歌颂说得更恰当点应该是一种谄媚，这也正是撒尔美夏斯梦寐以求的东西。为了这笔交易，他找到了一位名叫弗拉科斯的人，认为他是最适当的人选。他很容易地说服了这个人承印上述那本书，这一点本来是未可厚非的，可是他同时又说服了这个人签上自己的名字，冒充作者写了一封信给查理。信中满纸都是对我的谩骂和侮辱，而实际上，我对这个人却素不相识。不过，只要设身处地替这个人想一下，他可能认为当一次代表，替别人出出气不过是一件微不足道的小事，所以他很容易地便被人说服，平白无故地对我肆意谩骂，也就不足为奇了。我已经知道他的来历，我要指出他是怎样对待其他人的。

这位弗拉科斯是哪国人我不知道，他是一个行踪不定的书商，同时也是一个吃喝玩乐、专门招摇撞骗的家伙。有一个时期，他以

* 按拉丁文“撒尔美昔斯”（Salmasis）一字的意思是像女人似的男人。——译者注

书商的名义，在伦敦做秘密买卖；干过无数次诈骗以后，为了避债，逃离了伦敦。在巴黎，整条圣雅各街都知道他是个不法商人，毫无信用；由于他过去曾被驱逐出这个城市，有许多地方，他根本就不敢去。这时，正好有人需要一个可以用金钱收买的怙恶不悛的歹徒，于是他在海牙又改头换面，以印刷商的姿态出现了。现在你们总可以了解他的言行，了解他是怎样地不务正业，了解在他的眼里，任何最渺小的个人利益都比神圣的事业要高贵得多，了解他并不像某些人可能想象的那样，是根据什么公众的理由才这样疯狂地向我进攻。我将要用他作为一个证人来驳斥他自己。他看到某些书商从我写的驳斥撒尔美夏斯的书上赚了钱，于是便马上写信给我的几位朋友，利用他们和我的关系对我说，如果我有东西要付印最好交给他，并保证用的字体一定比我以前的印刷者所用的好得多。我通过那几位朋友回答他说，目前我还没有什么东西要印。可是且看！不久以后，他竟以作者的身份（十足的冒名顶替的作者）出了一本书，对他最近刚刚极其殷勤地招揽过印刷生意的人，连篇累牍地充满最下流的辱骂。我的朋友们对他的行径表示十分鄙夷。这家伙真是无耻已极，竟写了一封回信说，他对于他们的头脑简单、不谙世务感到不胜诧异，既然了解他靠什么行业吃饭，竟还要期望他，甚至要求他遵守义务或信誉；又说他从撒尔美夏斯那里收到了上面那封信和那本书，询问他是否能帮帮忙，代办上述他实际已经遵办的事；还说，弥尔顿或其他任何人假使要进行答辩，并要他效劳，他是将毫无顾虑的。这就是说，不管是反驳撒尔美夏斯也好、还是反驳查理也好，他都可以效劳，因为在这样的答辩中这是唯一他能期待发生的事情。你们已经很了解这个人，无须我

多说了。

现在我接下去谈其余的人,因为像他们那样要排演一幕王室控诉的悲剧,出场的不仅仅是一个人。照例,首先我们得排出一张演员表:作为开场白的控诉;弗拉科斯,一个下贱的无赖;更恰当一些把他改为冒充无赖弗拉科斯的撒尔美夏斯也可以;两名打油诗人,酗饮劣等酒,已酩酊大醉的醉鬼;莫鲁斯,奸夫和嫖客。真是一批很叫座的悲剧演员!也正是我要攻击的坚强阵容!既然我们驳斥的对手不可能再有其他的人,那么,就让我们向这一伙人一个一个地攻击吧。我得首先说明,如果有人认为我们的驳斥不够严肃,那就请他考虑到我们的对手并不是一伙劲敌,而只不过是一些丑角而已。适应辩驳的性质是必要的,但是我们认为应该常常注意的是什么东西最适合于我们的对手,而不应该过于拘泥形式。

王族向上天控诉英国的弑君者

莫鲁斯,如果你指出了过去流的血是非正义的,那么你的话表面上看起来似乎还有些道理。在宗教改革的初期,由于修道士们穷于辞令,于是搬出了各式各样想象出来的妖魔鬼怪,胡说一通。你在其他所有的伎俩全都破产以后,也施展出前所未闻的“控诉”办法和早已过时的像修道士那样的可耻花招来了。虽然我不难相信(这正是你指控我的地方)你所听到的是地狱的声音,如果我们这些人中有谁说他曾听到上天的声音,那你也无法给他记上一功。我要求你说说,谁听到这个王族的“控诉”了呢?你说你听到了,废话!首先,从来就没有人同意过你所听到的东西;其次,我认为,这个上达天堂的“控诉”,除了上帝之外,假如还有人听到的话,我认为也只有那些本身没有罪恶的正直而诚实的人,上帝允许他去谴责上帝所愤恨的罪恶。但是,为什么非让你听到不可呢?是为了让你这个色鬼好写一首讽刺诗吗?因为当你挖空心思在搞这个向上天控诉的勾当的时候,你正在轻佻地和庞蒂娅调情。莫鲁斯,你有许多难关,你的内心和周围有许多事情在阻挠你,这一切都不会容忍你听到那桩能够上达天堂的事情。如果没有别的事情足以阻止你,那么上达天堂去控诉你的雷动呼吁声也必然要阻止你。不管你知道也好,不知道也好,在花园里的你那位姘妇在控诉你,她在抱怨她的牧师亲身做出的“好事”是引诱她堕落的主要根源;她的丈夫在控诉你玷辱了他的床铺;庞蒂娅在控诉你践踏了你们之间的婚约;如果还有人可以控诉你的话,你那个在耻辱中降生而又被绝望地抛弃了的婴孩在控诉你。要是你连这些向上天控诉你的呼声都听不到,那你就决不可能听到王族的控诉了。况且,这个诽谤书,更恰当一点应该叫做:“莫鲁斯向庞蒂娅叫春”;根本不应该叫做王族向上天的控诉。

接着便是那封又长又臭的信,这封信一部分是写给查理的,一部分是写给弥尔顿的,其中可以说是颂扬前者,痛骂后者。从一开始,你们就可以对作者作出判断:“查理的政权(他说)已经沦入弑君者和(由于找不到恰当的辞,于是便引用了都尔德良*的辞来骂我们)钉死耶稣者的亵渎神明的手中了。”这句评语到底应该指撒

---

* 都尔德良(Tertullian,150—230)初期的基督教教父,著作甚多,是基督教拉丁文杰出的创始者,他所写的拉丁文生动有力。——译者注

尔美夏斯、莫鲁斯、还是弗拉科斯呢？我们暂且不管。但是隔不多远，他说了一句："没有一个人更关心查理的幸福"，这句话对别人只是觉得荒谬可笑而已，但对查理来说，必然会引起他勃然大怒。难道就没有一个活人比你更关心他的幸福吗？你曾要求用同样方式为查理的敌人服务，也就是说，你要为他的敌人写一封信，然后再把它印出来。印刷商弗拉科斯这个无赖，竟然宣称是国王仅存的几位朋友之一，国王真太可怜也太可悲了，他的最亲密的朋友倒不如一位卑鄙的印刷商来得忠实可靠，而竟把他抛弃了。对他自己，他还能说出什么更狂妄自大的话，而对国王以及国王的朋友保王党他还能说出什么更傲慢的话来呢？他们抬出了一个无耻的文盲，居然以哲学家的姿态来讨论极重大的问题，讨论关于国王的德行，并且让他煞有介事地大谈其感想，而在这一点上，不论撒尔美夏斯或莫鲁斯又偏偏比不上他，这也是同样荒唐可笑。说老实话，在这里以及其他许多地方，我根据极明显的迹象，发觉撒尔美夏斯虽然是个博古通今的人物，但是他的判断都是幼稚而缺乏经验。他一定读过这样的历史，在组织完善的斯巴达共和国里，一个微不足道的人要是说出什么至理名言，行政首长就命令剥夺他这些话，然后用抽签办法，说是出自某一位德高望重而明智者的口。但是撒尔美夏斯却不知道什么叫做礼法，以致做出完全相反的事来，把自以为诚实而明智的人讲的话，硬塞在一个臭名远扬的无赖汉嘴里。查理，用不着灰心，无赖弗拉科斯仰仗着"上帝的意志"，请求你不用再灰心呢。但是"不要把你的苦恼全都抛弃"，这位已把全部财产（如果他果真有什么财产的话）花光的挥霍无度的浪子弗拉科斯又在劝告你不要抛弃你的苦恼。"利用那对待你像后娘似的厄运吧。"你能躲避不用这个厄运吗,特别是当你有这样一位顾问的时候?许多年以来,你的这位顾问,不管是对还是不对,一向有利用别人运气的习惯。"你曾痛饮过智慧之泉,那么请尽情痛饮吧",这位喝得酩酊大醉的国王的头号师傅弗拉科斯这样谆谆劝告和指导着。他在一些同伴和酒友之间,用那双乌黑的双手拿起皮囊让你痛饮一大口智慧之泉。这就是弗拉科斯敢于用自己的名字提出的忠告,这也是撒尔美夏斯、莫鲁斯以及其余的战士太胆怯而不敢承认,或者是由于太骄傲而不屑加以承认的忠告。就是说,每当你需要别人提供意见或捍卫时,他们始终是很明智、很勇敢的,但是用的却是别人的名字,出了危险由别人去担当。因此,不管他是谁,这位以才智过人而闻名(请上帝原谅我这样说)的人既不敢拿出"自己的大名",最好还是不要自吹自擂说什么"大胆而刚毅的雄辩"吧。照他说,在这本书里,他曾为王族报仇,但是他甚至连把它直接献给查理的胆量都没有,而要通过他的心腹弗拉科斯。他卑鄙而又自满地用印刷商的口吻表示"哦,陛下,蒙您的恩准,他'匿名'地把这本书献给您。"

这样急急忙忙地打发了查理之后,接着他就气势汹汹地准备向我进攻:"在奏过这几首序曲之后,伟大的撒尔美夏斯就要吹起惊人的喇叭来了。"你给我们带来了好征兆,介绍我们一种新的音乐谐调,因为当那个惊人的喇叭吹起时,除了不断放屁之外,我们再也找不到其他更恰当的伴奏调子了。但是我愿意奉劝撒尔美夏斯,不必把嘴脸鼓得太肿了,因为请相信我的话,为了应和他这支变了调的了不起的乐曲,我们得噼啪地打他的双颊,他愈是把嘴脸鼓得高,就愈容易挨嘴巴。你又是如此迷恋这支曲子,于是便继续

咯咯叫了起来:“在文学和科学的整个领域里,既没有和他并驾齐驱的人,也没有能望其项背者。”你们相信这话吗,博学的先生们,不管你们是谁,你们相信这位唯一的本领就是翻辞典,并且把全部希望寄托在辞典上的文法学书蠹真正比你们都高明吗?如果和真正的博学之士相比,我相信连鬼也会肯定他是个大笨蛋。可是紧接下去的断语更加愚蠢,如果不是出自某一位比弗拉科斯还混账的人,就永远不可能有。这句话是:“他现在请来了一位学识过人、渊博无比、同时又才华绝世的人来为陛下辩护。”你们只要回想一下我上面所说的话,就会知道拿出这封信和书去付印的正是撒尔美夏斯本人。这些东西不是他本人写的,就是一个没有名字的人写的。而作者本人由于不愿意用自己名字,只好请求那位阿谀逢迎的印刷商把姓名安上去。从这些地方,你们就可以看出,他是一个胆怯而渺小的人,这样自吹自擂的可怜相,这样狡猾地引诱一个极其愚蠢的阿谀者来为自己捧场!“少数人企图诽谤这部不朽的杰作是枉费心机的,律师们敬佩得五体投地,一个法国人竟这样一变而成英国的事务、法律、议会法案、文件等问题的大师,并能作出分析”等等。呸,在我们的法律问题上,他胡说了些什么,他是一个专门在鹦鹉学舌,实际上一窍不通的人,我们上面已经明白指出,同时从我们律师的意见中也可以看出来。“在一个有关叛乱问题的意见中,他本人必然会很快地一面堵住锡昂*之流人的嘴,一面替我们论罪惩罚弥尔顿。”至于你自己,正好像一条走在鲸鱼前面的小鱼,只不过为撒尔美夏斯这条鲸鱼摇旗呐喊而已。

* 锡昂(Theon),希腊辩论家,以讽刺语闻名。——译者注

这条鲸鱼现在正张牙舞爪要侵犯我们的海岸!我们已经磨好鱼叉和铁具,决心从这次侵犯和威胁中取得可能获得的油脂或盐渍。同时,我们很欣赏这位伟大人物的赛过毕达哥拉斯*的仁慈,他甚至同情兽类,尤其同情鱼,可是连四旬斋都不禁忌吃鱼。他可拿出大量书籍来端端正正地把这些鱼包起来,可以使千万条可怜的鲔鱼或青鱼,每一条都得到一件纸外衣!

寒冬里住在冰冷海口的青鱼,
还有其他的鱼儿,你们可以欢唱;
撒尔美夏斯骑士真是慈悲好心肠,
他怜悯你们的苦难,要用纸张
慷慨地为你们的裸体作些衣裳,
再佩上克劳·撒尔美夏斯的
名号、勋记和徽章;你们给武士
当侍从,穿着漂亮的纸制服装,
出现到卖鱼市场;那些提着篮子
掩鼻而来的人,一见你们心花怒放。

当撒尔美夏斯像你所说的正在构思这个版本,而你,莫鲁斯由于和庞蒂娅的最无耻的私通而玷污他的住宅时,我就为这部人们早已盼望的名著写下了这几行诗。看来,撒尔美夏斯似乎长期以来就很热心写这部作品,因为据某一位作家对我说,在撒尔美夏斯去世前几天,他曾派人前去问他,什么时候可以出版他的"论教皇统治权"的第二部分。他回答说,在他没有完成手头上的驳斥弥

* 毕达哥拉斯(Pythagoras),希腊哲学家,主张人类友爱。——译者注

尔顿的文章以前,不打算再写那个作品。由此可知,他宁可放弃教皇而选择我作为辩驳的对象。他否认教皇在教会中有崇高地位,而在与我对垒中却自动让我占上风。这样好像我挽救了摇摇欲坠的教皇的至高无上的地位,从罗马的城墙下放走了这位死里逃生的卡提里那*。虽然我放走他时并没有像古代罗马执政官图里(西塞罗)那样穿着执政官的蟒袍,但这也不是在梦境中的事,而是以一种完全不同的方式进行的。这样,由于做了这件事,我应该得到的奖励就不只是红衣主教的头衔了,我甚至怀疑罗马教皇会把赐给国王们的头衔转让给我,称呼我为信仰的保卫者。从这里你们可以看到,他是一位多么关心我的令人折服的设计家啊。但是从撒尔美夏斯的立场来看,他卑鄙地放弃了非常光荣的任务。从与教会的斗争中撤退下来,转而向一些陌生的人,甚至跟他毫无关系的外国政治事务展开论战。他和教皇讲了和;更加卑鄙的是,他在公开地向主教宣战之后,转瞬间又和他们妥协了。

现在让我们来谈谈他对我的攻击吧。他能在我的生活和作风上找到任何弱点吗?显然没有。那么他怎么办呢?他竟做出了只有人面兽心的野蛮人才能干出来的事,他骂我的相貌丑陋和双目失明:

“一个丑陋、庞大而又瞎了眼的可怕怪物。”

的确,我从未想到还得在容貌这个问题上跟独眼龙争论一番!说出上面这一句话以后,他马上又加以更正。“事实上他并不庞

---

* 卡提里那(Catiline,公元前108—前62),罗马的政治家和阴谋家,西塞罗的政敌,曾争夺罗马的统治权,后被西塞罗挤走。这里隐喻拯救了教皇。——译者注

大,因为再也没有比他更瘦弱,苍白和枯槁的东西了。”虽然要一个人去谈他如何美貌是没有什么意义的,但是在这个特殊问题上,为了不使人以为我是个狗头人身的怪物或一头犀牛(像西班牙人由于过分相信他们的教士而想象异教徒那样),我有感谢上帝的理由,并且我也能使这个造谣专家丑态毕露。因此,我愿意说几句话。

据我所知,见过我的人,从来没有人认为我容貌丑陋,至于我是不是美貌那就不是我能决定的问题了。我承认,我的身材并不高,但是与其说我是个近乎身材矮小的人,倒不如说我是个近乎中等身材的人。即令是身材矮小,就像许多在平时和战时都称得上第一流人物那样,矮小又有什么关系呢,同时只要一个人的身材足以担任一切正直善良的事,那为什么要嫌他身材矮小呢?此外,说我瘦弱得无与伦比,也不是事实,恰恰相反,当我的年龄和生活方式都使我日渐走向瘦弱的时候,我同样具有熟练地使用我的武器和应付日常生活的精力。像过去一样,我用这个武器装备了自己,我认为我能够战胜任何人,哪怕他体力要比我强百倍。同时保证不会受到一个人可能加在另一个人身上的任何耻辱。就是在今天,我还具有同样的精力,所不同的只是在于我的眼睛。从外表来看,它丝毫没有受到损伤,清晰而明亮,并没有类似阴霾的瑕疵,完美得就像那些眼力最好的人的眼睛一样。从这一点来看,如果我是个伪君子,我大可以欺骗过去;可是这样做是违反我的意志的。我容光焕发,与苍白而没有血色恰恰相反,完全不像他所说的“再也没有比他更苍白的东西”。虽然我已年逾四十,但差不多人人都以为我要比实际年龄轻上十来岁。说我的身体或我的皮肤枯

稿,同样是不真实的。在这些问题上,如果我说的话不真实,毫无问题,就要受到成千上万认识我的同胞的嘲笑,甚至应受到不少认识我的外国人的嘲笑。而现在,我们已经发觉他竟敢在一个微不足道的问题上,说出这样冒失而没有根据的话,至于其他问题,更是可想而知了。

关于我的容貌,尽管我不想多谈,但也说得不少了,就此结束吧。至于你的尊容,虽然我知道它鄙陋无比,而且是你阴险恶毒的内心的活标本,但是这问题不仅我不屑一谈,别人也不屑一听。在我双目失明这个问题上,如果我同样有权力来驳斥这个毫无人性的敌人,我也一定要驳斥他!但是我没有这个权力。既然如此,那就只好忍受吧。双目失明并不可怜,不能经受失明的考验,那才可怜呢。为什么我不能忍受人人都应该准备去忍受的事呢,如果这种意外事情发生在他自己身上,他会不发牢骚吗?为什么我不能忍受我明知可能发生在任何人身上的事呢?根据我的记忆,我知道实际上就发生在某些最杰出、最优秀的人身上。也许,我应该提一提,据说有一些最老、最聪明的诗人,他们所遭遇的灾难,神明已经用远远胜过灾难的禀赋弥补上了,同时他们得到人间极崇高的荣誉,人们宁可把他们双目失明归咎于神明,而不愿归咎于他们本人。卜者提勒西亚*的禀赋是大家所熟知的。关于菲内厄斯**,阿

* 按希腊神话,提勒西亚(Tiresias)是底比斯地方的一个双目失明的卜者。专司智慧、学术、技艺以及战争的女神阿锡纳曾把预知未来事和通晓鸟语的智慧传授给他。——译者注

** 按希腊神话,菲内厄斯(Phineu)是一个失明的预言家。杰森(见下注)率领众徒出发寻找金羊毛,途中曾遇到他。——译者注

波罗尼阿[*]在他的“阿尔冈诺提克斯[**]”的诗篇中,曾这样唱道:

> 他连主神都不怕;他的真知灼见
> 忠诚地向人类透露了天机;
> 主神为了酬劳他,让他活得很久,
> 但是他的眼睛看不见日光的金曦。

但是上帝本身才是真理,任何人愈紧密地依靠真理,把真理传播给人类,必然也会愈接近上帝,而上帝也必然更加喜爱他。如果以为上帝妒忌真理,或者认为上帝反对把真理毫无保留地传播给人类,这是不虔诚的。因此,不能认为,这位非常热心于启发人类的古代哲人,以及许多哲学家失去了视觉就是罪恶的报应。再说,我应不应该提一提那些学问、智慧以及伟大的行为都非常值得我们敬佩的古人呢?首先是科林斯的替摩利温[***],他解救了自己的故居科林斯城和整个西西里,共和国任何时代都没有产生过比他更伟大更值得尊敬的人。其次是阿披乌斯·克劳狄乌斯[****],虽然他在元老院中大义凛然地发表了意见,从强敌毕洛斯手中把意大利抢救过来,但是他却没有能使自己免于失明。再其次是卡锡里乌斯·麦特留斯大祭司,他在大火中不但拯救了城市,而且把关系

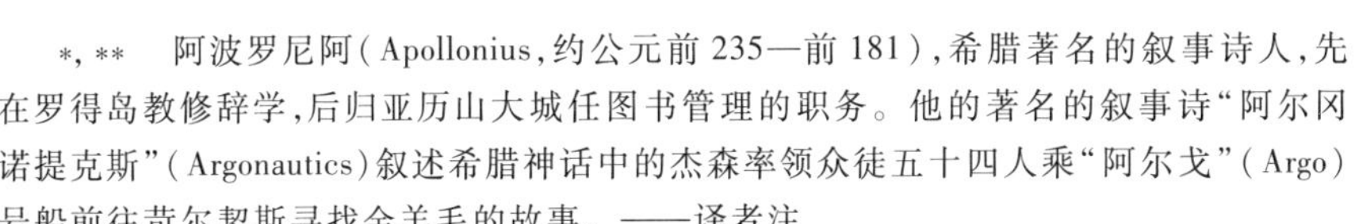

*,** 阿波罗尼阿(Apollonius,约公元前235—前181),希腊著名的叙事诗人,先在罗得岛教修辞学,后归亚历山大城任图书管理的职务。他的著名的叙事诗“阿尔冈诺提克斯”(Argonautics)叙述希腊神话中的杰森率领众徒五十四人乘“阿尔戈”(Argo)号船前往苛尔契斯寻找金羊毛的故事。——译者注

*** 替摩利温(Timoleon,公元前411—前337),希腊政治家和将军。他拥护奴隶民主制度。公元前346年从暴君的压迫下解放了西西里的叙拉古和其他一些希腊城市,击退了迦太基人的进攻。——译者注

**** 阿披乌斯·克劳狄乌斯(Appius Claudius),罗马政治家,双目失明,公元前280年任执政官时,从伊比鲁斯王毕洛斯手中解救了意大利。——译者注

整个城市命运的智慧女神神像*以及最神圣的祭祀用品抢救出来,而他自己却在此次救灾中损伤了双目。虽然我们可以肯定在其他场合,上帝曾经说过,他的恩惠施于特别献身于人类福利的人,纵使是异教徒也是如此。但是我并不认为,这种人的遭遇应被看成罪恶。为什么还要重复后期的其他人物像在全国同胞中高居首位的威尼斯的邓铎洛**;再如正教派的战士波希米亚的英勇公爵季求卡***呢?为什么还要再提最伟大的神学家让克斯****和其他一些人呢?人类中上帝最喜爱的族长以撒*****双目失明多年是尽人皆知的,而他的儿子雅各也许有一段时期两眼也看不见东西。最后,不容置疑的是救世主耶稣曾告诉我们,上帝曾救活了一个并不是由于自己或父母的罪恶而生来就失明的人******。至于我自己,我常常尽我最大的努力,严肃地检查自己,挖遍心灵深处,始终没发现自己在最近或过去曾经犯过任何罪孽,而这罪恶的严重性又足以为自己招致这场应得的灾难。关于这一点,我请求能洞鉴人的肺肝、道破人的隐私的上帝来作证。保王党分子幸灾乐

* 帕拉乌提姆(Palladium),智慧女神帕拉斯·阿锡纳的神像。这里指的是特罗伊城市的神像。相传此像存在则特罗伊安全,否则该城就要毁灭。——译者注

** 邓铎洛(Dandolo,1108—1205),中世纪威尼斯共和国首领,十二世纪末叶至十三世纪初叶的著名政治家。1202年他已九十余岁,而且双目失明,曾利用第四次十字军远征征服了拜占庭,建立拉丁帝国。——译者注

*** 季求卡(Ziska,1370年左右—1424),波希米亚军人,是一个热烈的爱国者和伟大的将领。屡败德意志王季格蒙特的强大军队。1421年双目失明。——译者注

**** 让克斯(Hieronymus Zanchius,1516—1590),意大利宗教改革家,是当时教会改革派最伟大的学者之一。——译者注

***** 以撒及雅各(Isaac和Jacob),以撒是以色列民族的祖先。根据圣经创世记,亚伯拉罕生了以撒,以撒娶利百加为妻,后生子以扫和雅各。——译者注

****** 见约翰福音第9章。——译者注

祸地认为,我正像他们所预期的那样,正为自己所写的东西而不可避免地在受罪。不管我写了什么东西,但在写的时候以及现在,我都深信是正确的、真实的、能够获得上帝赞许的;我写东西并不是由于野心、金钱或荣誉的驱策,纯粹是由于责任心、慈悲感以及热爱我的祖国;我这样做主要是为了拯救共和国,也是为了拯救教会。关于这一点,我也请求上帝随时来作证。当我公开接受驳斥王族"控诉"的任务时,不但健康情况很不好,而且一只眼睛差不多已经失了视觉。这时医生曾明确地忠告我,如果我担任这项工作,两只眼睛在短期内都要瞎掉。但是这个警告决没吓倒我。我认为我所听到的并不是医生的话,甚至更不是从爱辟达拉斯*的神殿中传出来的阿斯苛拉辟厄斯**的声音,而是更加神圣的内心忠告。我认为,摆在我命运面前的是两条道路:一条是双目失明,一条是责任,我必须牺牲我的双眼,不然只有放弃崇高的责任。同时我更没忘掉,在我记忆中的西底斯的儿子***关于他自己所说的两重命运的话,这是西底斯跑到特尔斐****去请教神使后带回来的:

> 我一生的命运是有两条路可走的。如果我在这里呆下去,参加特罗伊城郊的围攻,那我虽然可以赢得不朽的声名,

---

*, ** 按罗马宗教,阿斯苛拉辟厄斯(Aesculapius)是药王。公元前293年左右,祭祀他的礼节,由希腊的爱辟达拉斯(Epidaurus)传入罗马。——译者注

*** 西底斯(Thetis)是古希腊最伟大的诗人荷马的伊利亚特(Iliad)叙事诗中的人物。她的儿子阿喀琉斯(Achilles)是史诗中的主人公。他参加了特罗伊战争,知道自己的命运,可以在光荣的战死和可耻的苟活中选择一条,他选择了第一条道路,成了希腊青年的刚强、英俊、勇敢的典范。——译者注

**** 特尔斐(Delphi),希腊的旧都。以神使著名的阿波罗神殿就在这个地方。——译者注

可是没有我回家的份儿了。如果我回到自己本国去,那我将得不到好声名,可是我可以多活几年,不至于短命而死。

伊利亚特* 9节

因此,我忖度有许多人,以较大的不幸来换取较小的善行,例如,用死亡换取光荣,而我却相反,我打算用较小的不幸换取较大的善行,就是以失去双目的代价来完成一个崇高的责任。责任,就其本质来说,是比光荣更有真实意义的,根据这个道理,它更应该受人尊敬和欣羡。因此,我想,我能利用视觉的时间既然很短,那么,为了大众我就应该尽最高的效能来利用它。这就是我决定选择走失明道路的理由,这也就是我失明的原因。让那些诽谤上帝的判断的人停止他们的诟骂吧;让他们停止梦呓似的中伤的谰言吧。总之,让他们知道,我对我的命运既不发牢骚,也没有丝毫后悔;我对自己的看法坚定不移,我既不相信,同时也没有感觉上帝在发怒;相反,我在绝大多数事物上却体会到上帝给我的是慈父般的怜悯和宽宥。在我失明的灾难上,最重要的是让他们知道,我是默默地服从了上帝的神圣意志,我经常想到的只是他的恩惠,而没有考虑他没有赐予的,因为在精神上安慰我、支持我的是上帝本身。最后,让他们知道,我决不愿用支配我做过许多事情的良心,来换取他们的任何行为,不管这种行为多么好;同时我也不愿丧失我的良心记忆,因为它能始终安慰我,使我感到无比的喜悦。至于我这双看不见东西的眼睛,纵使失去了视觉,我也宁可保留它,而决不去换取他们的、甚至你莫鲁斯的眼睛。你们的眼睛是最下贱

* 伊利亚特是荷马描写特罗伊战争(Trojan War)的叙事诗。——译者注

的感官,它蒙蔽了你们的心窍,使你们看不到任何善良的或真实的东西,而我受到你们诟骂的这双瞎眼,仅仅是看不到事物的颜色和表面罢了,它并没有使我在心灵上对任何真实和永久事物失去了洞察能力。何况世上有多少我不应该看和不愿看的东西;而剩下的我愿意看的东西又是多么少!尽管你们把我列为瞎眼、愁苦、衰弱、受折磨的一堆可怜虫中的一个,并且认为对我是一件可悲的事,但是我却并不为这件事苦恼,因为正是如此,我才有进一步请求天父仁慈和保佑的希望。根据圣保罗的先例*,我有一条由衰弱者变成最坚强者的道路。尽管我是最衰弱中的一个,只要我能够从衰弱中产生永恒不死的坚毅不拔的精神,只要上帝在黑暗中更光明地显现他的圣容,那么我虽然最衰弱却同时又是最有力量的,我虽然失明却又是视觉最敏锐的。这样,我可以通过这个残疾,达到健全;通过这个黑暗,重见光明。事实上,上帝对我们失明的人也是诸多照顾的;除了上帝之外,我们是不能分辨任何东西的,我们愈分不清,上帝便愈仁慈温和地眷顾我们。让嘲笑我们的人去伤心吧;让伤害我们的人去受罪吧,他应该受到群众的咒诅。神律和上帝的恩惠不但保护了我们,而且仿佛使我们避免了人的伤害。我们的黑暗似乎并不是由于眼睛看不见引起的,而是由于神翼把我们遮蔽住了,当强烈的心灵之光发射时,便常常重见光明。这一点我得归功于朋友的深厚关怀与殷切访问。只要和他们之中的一些人在一起,就像和真挚的朋友在一起一样,我可以用派

* 哥林多后书第12章保罗在替自己不利条件辩护时曾说:"所以我更喜欢夸耀自己的软弱……因为我什么时候软弱,什么时候就刚强了。"——译者注

拉德斯和奥瑞斯特斯*的对话来形容我们的关系：

奥瑞斯特斯：慢慢儿走，请领着我前进。

派拉德斯：我的责任使我非常高兴。

欧里庇德斯**的“奥瑞斯特斯”***

在另一处：

把手伸给援助你的朋友，

你搂住我的脖子，我领你走。

欧里庇德斯的“赫克拉斯·费伦斯”****

因为他们并不认为，我由于这个不幸事件已完全变成一个没有用的人，同时也不认为一个正直而通情达理的人所具有的一切，都集中在他的两只眼睛上。此外，我自从双目失明以后，并没有懒惰下来，我并不迟钝，仍然很敏捷，仍准备随时同走在最前面的人一起为自由而斗争，因此，甚至连国家的第一流人物都没有抛弃我。相反，这些人尊重人道原则，给我隆厚的眷顾和恩惠，他们欣然免除我应尽的义务，要我退休；但是并没有撤去我过去所担负的任何公职和剥夺我的尊严地位，没有抹杀我在那次特殊任务中所获得的成就。他们虽然明知这是对一个用处不大的人施恩惠，但是认为这是他们应有的仁慈行为。事实上，他们就像古代的雅典人一样，以元老的荣誉待我。既然我在失明之后，能得到上帝和人

* 按希腊神话，奥瑞斯特斯（Orestes）是阿加梅努恩和克莱特尼斯特腊之子。他的父亲被他的母亲和情夫阿吉萨斯所杀，奥瑞斯特斯长大后，为父报仇，杀其母和阿吉萨斯。派拉德斯（Pylades）是他的朋友，经常和他在一起。——译者注

** 欧里庇德斯（Euripides，公元前480—前406），希腊的著名悲剧作家。——译者注

，* “奥瑞斯特斯”和“赫克拉斯·费伦斯”是欧里庇德斯所著的两个剧本名称。——译者注

类的安慰，那么谁也不必为我在一场光荣的斗争中失去了眼睛而难过；我决没有为它感到懊丧，我以豪迈的气魄傲然地蔑视那些骂我瞎眼的人，或者说，我以宽宏大量的胸襟毫不介意地原谅他们。

至于你，不管你是谁，你对我的看法前后是矛盾的，一会儿看我是侏儒，一会儿看我是英雄安泰*。但是最后你毕竟说出了一个愿望："对荷兰联合省来说，这场战斗最好能顺利地得胜，就像撒尔美夏斯将要结束和弥尔顿的战斗那样。"我认为，同时我也愿意欣然承认，在你这个愿望中，对于我们的成功以及英国的斗争我既没有预见到不利的朕兆，也不希望有什么不利。

可是，听！又是一阵格格地怪声乱叫！我想这一定是一群从别处来的振翅乱飞的鹅！哦，现在我可发觉是什么东西了。这原来是一幕悲剧的叫嚷声。合唱开始了，我们看到两个打油诗人；不过，到底是一个还是两个还不能肯定，反正有两个形象不同、颜色各异的东西。我应不应该叫它是一个女面驴颈、满身杂毛、从不同野兽那里借来四肢的怪兽或贺拉斯[①]诗中所描绘的那怪物呢？他就是这样的东西，一个狂诗人，披着百衲衣和羽毛。至于他是一个还是两个仍值得怀疑，何况他也没有一个名字。我对真正称得起是诗人的人是热爱和尊敬的；听他们吟诗是我经常享受的最大乐趣。此外，如果我们从最早的诗人直到现代的蒲加南[②]作一番检

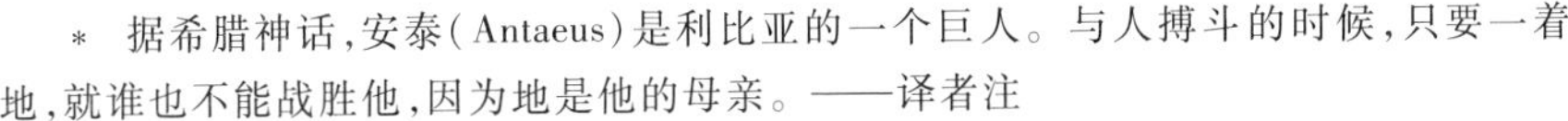

* 据希腊神话，安泰(Antaeus)是利比亚的一个巨人。与人搏斗的时候，只要一着地，就谁也不能战胜他，因为地是他的母亲。——译者注

① 贺拉斯(Horace，公元前65—8)是罗马最伟大的诗人。

② 蒲加南(Buchanan，1506—1582)是苏格兰的拉丁文诗人。

查,就可以知道大多数诗人是和暴君势不两立的。可是这些诗贩是谁也不能容忍的,因为他们是最愚蠢、卑鄙、堕落、谎话连篇的人。他们对于一个人根本不加以选择、区分、判断、衡量,就去歌颂或谴责。不管是王孙或庶民,有学识或没有学识,正人君子或无赖之辈,都成为他们反复无常的褒贬对象。他们在酒肉、金钱或狭隘偏激的狂热刺激或煽动下,到处强拉硬拽一些矛盾百出的词句和事件,勉强把它堆砌起来。这些东西腐朽透顶,韵调失谐,远不如让被歌颂的人默默无闻为佳,或像一般人所说的,宁可受人嘲骂也不愿接受这样的恭维。恰恰相反,他们的痛骂倒大可以成为受痛骂者的殊荣,因为他究竟不是这些愚蠢而又一文不值的无赖汉的宠儿。如果打油诗人果然是两名的话,我真不知道该把前面的那一位叫做诗人还是叫做泥水匠,因为他把撒尔美夏斯的为人乱七八糟地涂抹了一通,就好像在一面洁白无瑕的墙上乱涂一阵一样。他把撒尔美夏斯描绘成一个坐在"凯旋"车上的身经百战的了不起的英雄人物,身穿不知叫什么名称的有名无实的盔甲,挥舞着"刀枪";在他的后面远远地跟着一群徒步的博学之士。看来俨若"在大难临头出现的拯救世界的上帝,因为他认为现在已是用这种作为权利和统治根源的盾牌来保卫国王的难逢时机。"的确,当撒尔美夏斯接受这种令人作呕的颂辞,并尽快把它付印时,他必然癫狂得像个小孩。那位诗人也必然是个无耻之尤,根本不加考虑,竟就用这种言过其实的颂辞来恭维一位文法学者,其实从来文法家都是诗人的助手。另外的一位,根本不是在作诗,而是在发疯;他是捧场人中最疯狂的一个,他甚至疯狂到使其他捧场人也受了害。他好像是赛勒斯或达马的儿子,要杀撒尔美夏斯一样,口中念

念有词地煽动了一批打手和卡德马斯*,然后又吃了一剂泻药,泻了一堆仰仗财神爷的帮助而从一批奴才和骗子的嘴里搜集来的臭气熏天的滥调和腐词。你以为他说的是奥斯克话,而不是拉丁话,或者以为他像一只在沼池里游泳的青蛙在咯咯乱叫。他以为卖弄自己是个短长格诗的名家,竟弄颠倒了两个音节,应该是短的他把它变长了,而应该是长的却变短了:

Hi trucidato rege per horrendum nefas。

(他们用可怕的罪恶手段砍掉了国王的脑袋。)

你这头笨驴,丢开你那副"空空如也"的驮筐吧!要是你还能做到,要是你那个笨脑袋还有一点常识的话(哪怕只是一会儿工夫也行),那就请你像一个头脑清醒的人那样说三句人话吧。现在我把你交给你们自己的学者,请他们像奥壁里厄斯**一样地揍你一顿。骂吧,就这样骂下去吧,在你的心目中,我比"克伦威尔还坏",而事实上,你简直把我捧上天。我究竟应该把你当成一个朋友、笨蛋,还是当成一个阴险的敌人呢?你不是朋友,这一点是可以肯定的,因为你的话证明了你是敌人。可是你怎么笨到这种地步,竟放弃了那些伟大的人物,而选择我作为"控诉"的对象呢?还是认为你感到糊涂的事情,我也会同样莫名其妙呢?难道我不理解你愈说恨我,便等于宣扬我对共和国的功绩愈大吗?难道我还不懂得,从我们自己人来看,你的花样翻新的谩骂只不过是在歌

* 据希腊神话,卡德马斯(Cadmus)是把字母传入希腊的人。他曾杀死一条龙,龙齿化成一群武士,相互厮杀,直到只剩下最后五个人。——译者注

** 奥壁里厄斯(Orbilius),罗马诗人贺拉斯的严师,贺拉斯说他喜欢打学生。——译者注

颂我吗？因为，如果你恨我的程度超过所有的人，这正好说明，在所有的人中间，我伤害你最厉害，我把你贬得最低，我打击你的“控诉”最有力。如果这些都是事实，那么我就是应该得到国人的最高评价的人了，因为敌人的证明或判断虽然在某方面来说，并没有什么价值，但在使他感到为难的问题上却具有极其重要的意义。当厄甲克斯*和尤力色斯**为了死去的阿喀琉斯的武器发生争论时，荷马安排他们接受纳斯特***的劝告，不从自己的同胞希腊人中，而从敌方的特罗伊人中选择仲裁人，你还记得吗？

就让公平的特罗伊人来评判这场竞争吧。

隔不多远又说：

现在他们就要宣布公正的裁判，
他们对哪一个也不会偏袒；
因为他们对希腊人一律憎恨；
心里默念着被毁坏的家园。

荷马的诗就援引到此为止。从这里可以推想出，你一定在等待机会，企图挖空心思来颠倒和歪曲对方从来是公正而诚实的断语，以引起人们对我的反感；你企图用卑鄙的手段，来进一步伤害我。可见，你不仅是最堕落的人，而且是最堕落的敌人。可是，我的好人，我决不破坏你苦心搞出来的鬼花样，尽管我也许迫切希望自己成为尤力色斯，就是说，我得到全国同胞的最高评价，但是我

* 厄甲克斯（Ajax）：荷马的伊利亚特诗中的英雄。——译者注

** 尤力色斯（Ulysses）：荷马的伊利亚特诗中的希腊领袖。以智谋和雄辩著称。——译者注

*** 纳斯特（Nestor），伊利亚特诗中的人物，以经验丰富著称。——译者注

对别人想在斗争中得到的阿喀琉斯的武器或画有天国的盾牌，并不存有妄想，因为我并不稀罕这些东西。我所努力的是负担起真正的而不是渲染出来的重担；我宁可由自己来承担这个重担，而不让它落在别人身上。事实上，就私人来说，我对任何人都没有恶感或仇恨；同时我知道，任何人对我也没有恶感或私恨，因此我对那些相继而来的没完没了的谩骂和污辱，能够处之泰然，因为我并不是为自己而忍受这些辱骂，而是为了共和国。而且，我尤其没有由于受到的辱骂过多，取得的报酬太少而抱怨。我认为我所做的事情本身就很光荣，而事实上我也无所祈求地做了一些事，我对于自己的一切行为都很满意。我根本就没有接触过那些你用来辱骂我的“宝贝”和“那笔款项”，同时也没有由于有了那个名义而多收入半文钱，这正是你攻击我最厉害的地方。这些事别人应该搞清楚，而你本人却是早已心中有数的。

在第二封书信中，莫鲁斯又开始谈起写作的动机来。试问这是写给谁的？这位偷偷摸摸搞女人的淫棍莫鲁斯是给“基督教读者”写的。你想使我们相信它是一封真正虔诚的信，好吧现在让我们听听你的动机吧。“弑君者激怒了欧洲人民和我们法兰西大多数新教徒的心灵，他们认识了弑君者及其党徒”等等。法兰西人，甚至包括新教徒在内，已经对国王展开了战斗，如果他们曾得过像我们一样的胜利，他们将会进一步做出什么事来，现在是无法知道的。但是可以肯定地说，如果事实的记载是确切可靠的，法兰西人的国王惧怕法兰西人的程度并不下于我们的国王惧怕我们。只要法兰西人考虑一下那些宗教改革家的大批文件，以及他们怎样常常发展到威胁国王的地步，就可以知道这种说法并不是毫无

根据的。因此,不管你怎样掩饰,他们依然不愿过分乐观,不会对我们有不公正的看法。莫鲁斯接着讲自己的理由,“老实说,这就是我和素负盛誉的英国人亲密交往的习惯”。但在你的眼里看来那些素负盛誉的人在重德行的人眼里却是声誉扫地。“我可以说我从内心和外表都彻底了解那些人类的败类。”我本以为你除了姘妇和娼妓以外,谁也不了解,原来你也彻底了解人群中的败类。“那些和我有来往的英国人很容易地说服了我,叫我把名字隐匿起来。”事实上,这倒是一个狡猾的办法,因为这样一来,他们就可以更广泛地利用你的无耻伎俩,同时也可以使你们的“控诉”,不至于因你已经败坏的品德而蒙受不利。因为他们知道你的底细,知道你曾经是十分能干的园丁,知道你现在虽然是剃度一新,打扮得漂漂亮亮的牧师,却仍然连带发的庞蒂娅*也不肯放过。这的确是有理由的,因为我们假定一名刽子手是由于善于杀人而得来的,那么,你为什么就不能认为由于处理庞蒂娅的干脆痛快,应该从牧师一跃而成为主教呢?尽管你本人很清楚这些事情,对于别人已不是什么秘密,但是你竟敢抱着不足信任、应该受到咒骂的不敬上帝的心情,公然宣称“你所追求和辩护的只是上帝的荣誉”,而且正当你迷醉于无耻透顶的情欲时,竟敢指控别人“用敬神的假面具来掩盖罪恶”,可是在这一点上,你的罪恶比任何人都更明显,更可耻。“为了事物的常理(你说),你得到了其他作者的大力支持,特别是得到了‘英国最近紊乱一瞥’这本书的支持”。你确

* 按古代习俗,妓女都剃光头,这里讽刺莫鲁斯连一个下流丑陋的使女也要染指。——译者注

实是一个微不足道的小人,尽管你大喊大叫了一阵,你却拿不出自己的东西来,只能抬出那些投靠保王党的作家以及那些态度暧昧的作者来反对我们。一旦这些人的信用扫地之后,你就再也无法讲下去了。因此,我们应该驳斥那些作家,如果必要,我可以分别来谈。根据实际的情况,我们不准备通过你来回答他们,而是要通过他们来驳斥你。你应该作好准备为你已经搬出来的属于你自己的东西作辩护;这些东西是一个主张无神论的显然不敬神的人提出来的,现在让一切笃信宗教的人来听听而为之震惊吧。"热爱上帝的心促使我们向上帝伸出恳求的双手,因为上帝神圣的名字受到了损害,这种最敏锐的感觉使我们不得不这样做。"收回去吧,收起你那双亵渎神的双手吧。像你这样受野心和色欲驱使的奴颜婢膝的人,竟无礼地伸出双手来,难道你胆敢用你那双早已玷污神圣宗教的手再来亵渎上帝吗?以后你必然会发觉,你鲁莽而荒谬地祈求加于别人身上的天谴必然会落到你那罪恶累累的头上。

我们前面所听到的只是控诉的前奏曲,因为"控诉"还有个主题,这才是这幕剧中的精彩部分。为了要使"控诉"上达天庭,现在你的嘴已经张到最大限度了。但是如果这个"控诉"果真能上达天庭的话,控诉得最无情的恐怕正是对控诉者莫鲁斯本人。既然"亘古以来,君主的威严是神圣的"等等。莫鲁斯,你卑鄙而恶毒地叫嚷着,拿出许多事情来反驳我们,可是都毫不切题,因为谋杀一个国王和诛戮一个暴君是迥然不同的。莫鲁斯,告诉你,这完全是两回事,两者之间相差十万八千里,而且只要人类具有辨别是非的感官和理智,这两者永远不会混同。这些事情我们已经说了

许多,并作了适当的辩护。既然你以往的恶毒谩骂没有损害我们分毫,那么,最后也不能让你所端出的乌七八糟的东西来伤害我们。你说过不少关于忍耐和虔诚的冠冕堂皇的话,可是:

你满嘴仁义道德,你满肚子男盗女娼;

你仍旧摇尾乞怜,心里可有什么恐慌?

"你说,所有的新教徒对于我们的所作所为都惊讶不置,尤其是法兰西人和荷兰人。"紧接着又说:"任何地方的善良人都不能自由地谈出他们的看法"。你说话自相矛盾本来是毫不足怪的,可是后面一句话的性质就非常无耻和残酷了:"和我们的邪恶相比(你说),犹太人把耶稣钉死在十字架上的罪行就微不足道了,不管我们是从人类的动机或罪恶的后果来考虑,都是一样。"你这个疯子!你这个基督的使者是不是认为不管什么"动机"或什么"后果",杀害耶稣的罪恶并不严重,以致居然宣称,杀死任何一个国王也和杀害耶稣的罪状相等吗?从最明显的迹象来看,可以肯定犹太人是认识上帝之子的,但是无论如何我们却不能不把查理当作暴君。为了减轻罪责而提出偶然巧合的结论是荒谬的。我在保王党分子身上始终看到这一点,他愈恶毒便愈加重视对于国王的诛戮,而不重视对耶稣所犯下的罪恶。尽管他教导说,我们之所以应该服从国王主要是为了耶稣,但他实际的表现却显然说明他既不是真正信仰耶稣,也不真正服从国王;他只是为了自私的目的,受包藏的野心和情欲的驱使,才对国王表示无比的殷勤和忠顺。"因此,伟大的文坛巨擘撒尔美夏斯就挺身而出了"。莫鲁斯,你用不着坚持用这种方式来称颂这人的伟大。尽管你重复一千次,也绝对不能说服任何一个有辨别能力的人相信撒尔美夏斯

是个伟大人物，相反地倒会使人认为莫鲁斯是一个最渺小的人，是一个贤愚不辨，一味滥用“伟大的”这类名词的一文不值的侏儒。这些文法学家和批评家最值得称赞的在于编辑别人的作品上，在于校阅版本的错误上，我们完全承认他们的勤劳和对语文学的知识，并给予一定的奖励，因为他们在一门不容轻视的学问上创造了成绩，但是我们却不把“伟大的”这个形容词送给他们。只有那些本身完成伟大事业，或是教导别人如何去完成这种事业的，再就是严正不阿，适当地阐述别人的卓越成就的人才配得上“伟大的”的称号。再者，只有那些为人生创造幸福，或在不违背诚实的原则下，至少做出能使我们得到安适的事情，或者是能使我们走向另一个更幸福的世界的事情，才称得起是“伟大的”。现在请问，撒尔美夏斯究竟做了哪些类似这样的事情呢？显然没有。他所教的和写的，又有哪些称得上是伟大的呢？他所写的反对教皇和主教的至高无上权力的文章也许可以称得起是伟大的，但是他以后的行为和所写的反对我们、拥护主教制度的文章就彻底地推翻了这一点。一个人如果始终没有写过任何伟大的著作，或者说，虽然写过了但又出尔反尔地否认了，他便不配称为伟大的作家。我同意他是个“文坛巨擘”，也同意他是个字母巨擘，但是在你的理解中，他不仅仅是“文坛巨擘”，同时他也是“足以承当起这样声名显赫的辩护委托人”的“国王辩护者”。你真是为国王考虑得无微不至，除了他们的一切响亮头衔之外，你还要为他们加上一个克劳狄乌斯·撒尔美夏斯的辩护委托人的头衔。如此说来，你们国王必须受文法学家撒尔美夏斯的庇护了，必须使权杖服从教鞭，才能不受任何法律的制裁。“千秋万世，国王都要感谢撒尔美夏斯为国王

的尊严和安全辩护的恩惠。"请听听吧,国王们呀! 这个为你们作辩护的卑鄙已极的人,在说你们的尊严和安全全都依靠他呢! 事实上,他根本就没有为你们作辩护,因为谁也没有提出过控告。这就是那些从一撮蛀虫和书蠹之中找到的这个目空一切的文法学家为国王作辩护的人的全部收获。"教会蒙受他的恩惠也不在王室之下。"他背叛了教会的宗旨,因而教会欠他的并不是歌颂,而是他罪有应得的臭名。现在你又要为"王室的辩护"歌颂一番;你敬佩他的"天才、学问、对于事物的透辟认识、对于宗教及世俗法的渊博知识、语文的富丽典雅、气势、辩才、那部黄金作品的魅力";但是我却认为他根本就不具备这些优点。撒尔美夏斯怎能与辩才联系在一起? 至于说那部作品是"黄金作品",我倒是完全承认,因为查理给了他许多金币,更不必提奥伦治王对同一作品所赏给的金币了。"从来没有一个杰出人物比撒尔美夏斯表现得更伟大,而他本人也从来没有比现在表现得更伟大。"的确,他是非常伟大的,所以他才弄到身败名裂,他究竟是怎样伟大,我们在他的那部作品中,已经领教过了。如果像有人报道的那样,他死后还留下任何作品,那么我们也许还要领教一番。不错,在那本书出版以后,撒尔美夏斯成了人们的谈话资料,使保王党分子兴高采烈,"他得到最尊严的瑞典女王的邀请,并且受过重赏",不仅如此,在整个论战中,撒尔美夏斯得到各方面的支持,而我几乎遭到各方面的反对。首先,人们对于他的学识的评价,已达到无以复加的程度,许多年以来,他写了许多洋洋大观的文章,选题不是一般应用的,而是极抽象的,其中旁征博引了许多名家的东西,因此立即震动了文坛,获得极高评价。与此相反,我究竟是何许人,在那些地区几乎就无人知道。其次,他在这部作品上下了很大工夫,并且由于论题很重要,所以能引起人们对他的瞩望,而我却不能引起任何人的期待。相反地,许多人看到我这个初出茅庐的人要跟一位老将交锋,极力劝阻,叫我最好不要承担这项任务。原因可能一方面是出于嫉妒,唯恐和这样一位名满天下的对手论战,不论结局如何,我总会得到荣誉,另一方面也许是为了替我的声辩和我本人担心,唯恐我败下阵来,使两者都蒙受莫大耻辱。最后,从撒尔美夏斯控诉的性质看来似乎理由很冠冕堂皇,而一般人民的观念(说它是迷信也许更恰当些)又不易转变,再加上崇拜国王这个头衔的偏见,这样就特别助长了撒尔美夏斯的气焰和威风。这也就说明我是处于不利环境的。不过不久以后,我们的声辩问世时,大多数人都以先睹为快的心情争相阅读,他们怀着好奇心理,要看看究竟谁这样鲁莽,竟敢和撒尔美夏斯来较量一番。而最使人惊讶的是,这个声辩竟使许多人大感惬意,足见人们所尊重的并不是作者,而是真理本身。不久以前尚高踞荣誉高峰的撒尔美夏斯这时就像被扯下了假面具一样,马上名望信用扫地,尽管他想竭力挽救这种颓势,终于没有成功而一命呜呼。

最尊贵的瑞典女王!在您的聪明睿智面前,撒尔美夏斯的欺骗伎俩不能继续得逞。您就像降自天上的(假如我可以这样说的话)维护真理反对党争的先导和创造者。您虽然邀请了当时以学识渊博、为王室控诉而名震一时的撒尔美夏斯,并赐予种种荣誉。但是当我们的答辩一问世,您平心静气地阅读之后,就发觉了撒尔美夏斯的胡说八道、颠倒黑白的荒谬行为;您看出了他许多不切实际、无中生有、荒诞不经的连篇鬼话;您看出他前后矛盾出尔反尔

的意见。据报道说，当您召见他时，他对于一切都没有能说出令人信服的道理。因此，您对他的印象起了显著的变化，从那时起，人人都看出，您已不像过去那样器重他，也不再重视他的才华学识了。甚至完全出乎意外的是，您竟明确表示了赞成他的对手的倾向。这说明您否认所有反对暴君的说法跟您有关；这一点使您取得了良心正直无私的收获，并且在广大人民中间留下了良心正直无私的美名。您的行为充分说明了您不是一个暴君，从您公开发表的言论中更清楚地看出您根本没有意识到竟有暴君这种人。这使我多么高兴啊！高兴得简直出乎任何想象之外！因为我所夸耀的并不是雄辩，而是伴随着真理的信念。当我身逢国家多事之秋，不得不冒艰难、遭猜忌进行斗争，以致使人以为我在攻击所有的王权时，竟得到了一位这样著名、这样尊贵而可靠的证人和解释者，来为我的诚实作证并进行解释，来证明我所讲的每一句话都不是反对国王，而是反对国王的危险敌人和害虫——暴君。您具有这样神圣的德行和智慧，您是多么的圣洁和高贵，又是多么持重而得人心啊！您不仅以静穆稳定的态度，光明磊落的胸怀，和颜悦色的神情来阅读看来好像是反对您的权利和尊严的东西，而且还采纳了在实质上是反对您的拥护者撒尔美夏斯的意见，甚至使一般人认为您向他的对方伸出了奖掖之手！我要用多么崇敬而景仰的心情来永远纪念您啊！您奖励美德和伟大精神，不仅使您本身光荣，同样也使我受惠而感到十分荣幸，您已在所有的国王面前把我从怀疑和耻辱中解救了出来，这个显著而不朽的恩惠，使我有永远拥戴您的义务！您所关心的事情以及您的权威似乎是这次论战的主题，当外国人和您的臣民看到您丝毫不动感情，泰然自若，就像您

过去判断人民的权利一样来判断您的权利时,外国人是怀着多么爱戴的心情来看您的公正无私,而您的臣民又是怀着多么爱戴的心情来回想和信赖您的公正无私啊!此外,您从各地大量搜集学术文献和选集并不为了消遣!并不是为了自己从其中得到什么教益,而是使您的臣民通过它学会如何来认识您,使他们向往您的绝顶的美德和智慧。智慧女神的形象必然存在您的心灵深处,她必然以一个可以目睹的形象经常出现在您的眼前,要不然仅从书本当中,绝不能使您成为一个热爱智慧的人。这使我们更加敬慕您这绝尘超凡的心灵活力,它就像一股来自天庭的灵气降落在那遥远的地区,阴霾密布、寒冷彻骨的气候既不能消灭和损害它;崎岖险峻使居民冷酷无情的土地也不能在您的心灵深处留下任何坎坷而粗俗的痕迹。恰恰相反,这块蕴藏着各种金属的土地,对于别人虽然是个寡情的晚娘,对于您却是个体贴入微的亲生母,她好像在竭力使您完全变成一个金人。克里斯蒂娜*,如果您不是像智慧胜过武力、和平的艺术压倒战争的韬略那样地超过您父亲阿道费斯,那我只能称您为这位不可战胜的贤明国王的唯一女儿和后裔。从此以后,南方的女王**不将是记载上受到歌颂的唯一女王。在北方也有了它的女王,而且也同样得到推崇。她不仅会去请教最聪明的犹太国王***或去请教任何像他一样聪明的人(如果有这样

* 弥尔顿歌颂的瑞典女王的名。——译者注

** 此处指的是巴勒斯坦南方的示巴(即今阿拉伯南部也门一带)女王,她听到所罗门王的智慧之名,便去拜访他,欲用难题难倒他,但所罗门王均能一一完满答复,使示巴女王心服。见旧约列王记上第10章。——译者注

*** 指所罗门王。——译者注

人出现的话),而且她本身就是一个受到人们请教的女杰。各地的人会群集在巍巍圣德的光辉榜样前面,承认世界上没有任何权威能与她的美德和功绩相媲美,从这些美德和功绩,他们看出她不仅仅是一国的女王,而且是许多民族的君主。但是,她本人却不夸耀自己的任何荣誉,而去考虑远比统治更伟大更崇高的事业,仅就这一点来说,她的声价就超过了任何国王。她证明自己不仅足以做瑞典女王,而且也足以做世界的女王;因此她虽然可以放弃她的王国(如果有这样不幸的事在等待瑞典民族的话),但她决不可能剥夺自己当女王的权利!

我相信,我离开了正题去歌颂一位特别值得歌颂的女王,决不会受到任何非议,反而会得到人们的一致赞许。别人尽可以保持缄默,但我如果不谈,将会受责骂,说我忘恩负义。因为在人群中我虽然最急于找一位公断者,可是希望却又非常渺茫,然而终于在最辽远的地区找到一位卓越、公正、对我有恩惠的公断者,尽管我并不知道是通过什么机缘(当然是最令人高兴的机缘)、什么默契、什么星辰、神灵或事物的指点才找到她的。

现在我们必须回头谈谈控诉的其他部分,虽然它的性质和上面所说的截然不同。你说,“在我们听到王族控诉的消息时,非常骚动不安,到处张罗,想找一位被生活所迫的骚人墨客,用他那支贪财的笔为弑君者辩护。”这是根据你的臆想,从你那毒恶无比的心坎中捏造出来的。难道你忘了,保王党分子在为制造他们的谎言和诽谤而到处物色控诉者时,便起用了这位文法学家撒尔美夏斯,他如果不是挨饿,至少对于黄金是垂涎三尺的,他不只把他仅有的知识全盘卖光,而且把未来的善良意图(如果他有一点的话)

拍卖尽净。请你别忘记,这位现在已声名扫地的撒尔美夏斯,当初不惜使用一切手段企图找一个人来帮助他挽救那已贬低和动摇的名誉,竟倒霉地看中了你,而你这时已再不是日内瓦的牧师了。你从那里被赶出来,你已是兰普萨克*的主教了,换句话说,你由日内瓦花园的普赖阿卜斯**变成了撒尔美夏斯之家的玷污者。从此,由于他讨厌那俗不可耐的肉麻歌颂,并蒙受了莫大的耻辱,对你来说,他由朋友变成一个不可调和的敌人,而且临死还不绝地痛骂你这位歌颂者。“他们找到了一位名叫约翰·弥尔顿的人来对付撒尔美夏斯,无疑,此人是位了不起的英雄好汉。”我并不知道我是个英雄好汉,但我却知道你可能是淫荡的女英雄的儿子,因为你是个彻头彻尾腐败堕落的家伙。你说我是唯一被找出来为英国人民作辩护的人。如果为共和国的利益着想,这是我感到非常遗憾的事;如果从荣誉去考虑,我却又不愿意与别人来分享它。你说,我是谁,从哪里来的,还值得怀疑。你要知道,古时谁是荷马、谁是狄摩斯提尼,也同样有人怀疑过。其实很久以来,我就打算沉默无言,节制写作,而把见解默默地保存在自己的胸怀里。这是撒尔美夏斯绝对做不到的。如果我一直选择了著书立说的途径,那我早就有了名气了。但是我的举止审慎,并不热衷于这一点,如果不是给我这个适当机会,恐怕连这些东西也决不会发表出来;而且,纵使人们忽视了我这由于自觉而做出的工作,我也毫不在意。不论何时何地,我所关心的并不是个人名誉而是大众的利益。因

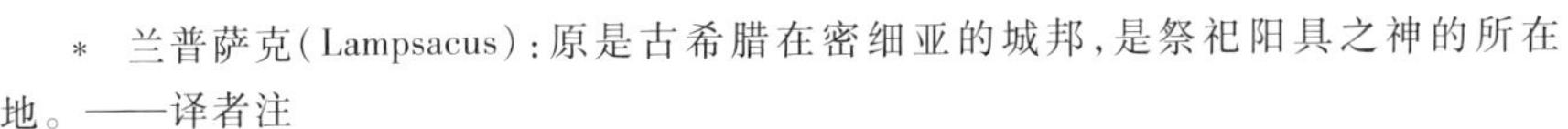

* 兰普萨克(Lampsacus):原是古希腊在密细亚的城邦,是祭祀阳具之神的所在地。——译者注

** 普赖阿卜斯(Priapus):按古神话,是阳具之神。——译者注

此，在撒尔美夏斯还没有了解自己以前，就有许多人认识了我；而现在，比驮马安德里蒙还更有名。“不知道你是一个人还是一个蛆虫。”说老实话，我宁可做一个蛆虫，也不愿把你那个死不了的蛆虫存在我的心里，大卫王曾说过，他愿做个蛆虫*。你接着说：“据说，这个人由于行为放荡，被剑桥大学开除，感到耻辱而出了国，移居于意大利。”从这一点就可看出，那些人提供你关于我们的材料是多么“真实”啊，因为凡是认识我的人，都知道你和他们特别是在这个问题上犯了最无耻的捏造罪，关于这个问题我目前要较详细地谈一下。现在我倒要问问你，被剑桥开除以后，我为什么要移居意大利，而不到法国或荷兰呢？你这个传播福音的牧师就在这两个国家里干过无数丑行，但是你不仅能平平安安地住下去，而且还能传教。这真是那个教会的莫大耻辱，连神圣的牧师职务也被你那双肮脏的手亵渎了。莫鲁斯，你知道我为什么要到意大利去呢？我想，我像另一个任意非为的人，跑到拉提乌姆去找一个藏身之所吧！我去意大利并不像你所想象的那样，去找一个隐蔽的角落，或是到浪荡子的避难所去，而是因为我知道，并且过去也发现那里是一个学术风气浓厚、可以进德修业的文化之邦。“他回来以后，就写了一本讨论离婚问题的书。”可是，我所写的，并没有越出在我以前的布塞尔**泛论基督王国的范围，也没有越出费格厄斯所写的关于申命纪和伊腊兹马斯***所写的关于哥林多

* 见旧约诗篇 22 章。——译者注

** 布塞尔（Bucer，1491—1551）是德国新教改革家。——译者注

*** 伊腊兹马斯（Erasmus，1466—1536）是文艺复兴时期的杰出人文主义者，生于荷兰。——译者注

书的范围。这本书是为英国人的特殊利益而写的，正如同许多著名人物为人类的普遍福利而写的书一样。从来没有人指责他们写这类书不对，为什么单单要把这本书当成一个过错来攻击我，这是我所不解的。我只后悔当初没有用本国文字写这本书，因为我没有打算攻击本国的读者。一般说来，他们都没有体会到自己的幸运，而是把别人的不幸当成笑柄。但是你这个卑鄙的色鬼是不是够资格大喊大嚷来讨论离婚问题呢？你遗弃了使女庞蒂娅，是所有离婚事件中最残酷的罪行，因为你和她订了婚，并用这个钓饵诱奸了她。但是，据说这个撒尔美夏斯的女仆是个与保王党有密切联系的英国妇女。你这个登徒子当初像爱保王党一样地爱她，后来又像恨共和国一样地遗弃她。但是你得当心，不要让人发觉你是造成她改变信仰的人；我说你得当心，不要把撒尔美茜的统治完全推翻，而使她倒向共和国这一边来。你虽然是个保王党分子，但是，据说事实上就是由于你用这种方式在同一城市里促使许多人拥护共和国，或者是在别人说服了他们拥护共和国之后，由于你的行为更坚定了他们的信仰。你的离婚（你宁可称它为分离）就是这么一回事，你就根据这一点对我这个像克里厄斯[①]一样的人进行攻击。现在再谈你的谎言，“当阴谋者骚动起来要杀国王还在犹疑不决的时候，他写信鼓动他们去干这件可怕的事。”我根本就没有给他们写信，我也不可能鼓动他们，因为他们早已对这事作出决定，根本就没有打算和我商量。可是，我倒愿意谈谈我就这件事所写的东西，并讲一下“偶像破坏者”的问题。

① 克里厄斯（Curius）原是罗马人的名字，后来变成大胆而又能自制者的通称。

既然这个人(我很怀疑应该把他当作人,还是当作人的渣滓)根据自己诱骗使女的堕落行为污蔑真理,用无数的谎言向我进攻,并尽力在外国人当中破坏我的声誉。如果我以往所谈的关于自己的事超过我想谈的,如果我将来也这样谈了,那么,我很希望我未曾被人误解,未曾激起任何人的恶感和伤害任何人;如果我不能治好我的眼睛、使它重见光明,不能挽救我的名誉、使它不被埋没或中伤,我很希望至少我能够在光天化日之下,把我的生命从那堆污浊所造成的混淆不清的环境中挽救出来。对我来说,这样做是必要的,其中原因还不止一个。首先,在所有的邻国里,有许多杰出的学者在读我的著作,并且给我很好的评价,他们也许不至于为我而感到懊恼和羞耻。他们也许相信我并不是一个言行不一、挂羊头卖狗肉的人,同时也可能相信我的生活始终在上帝的指点下,和卑鄙的习气和放荡的行为相去很远的。其次,是为让那些卓越而值得歌颂的人知道,我认为最大的耻辱莫过于我本身不道德,应该受到谴责,但又去赞美他们。最后,不管是由于我的命运还是由于我的责任,我是在英国人民的美德敦促下而为他们辩护的,我要让他们知道,我的生活始终没有沾染过任何耻辱和不荣誉,因此我的声辩也决不会为他们带来羞耻或侮辱,至于是否能为他们增添声誉和光荣,那就不得而知了。现在我要谈一下我是谁,以及我是从哪里来的。

我生于伦敦,父母都是敦品重德的人。父亲为人正直不苟;母亲是个贞娴幽静的妇女,尤以乐善好施闻名乡里。我从孩提时起,父亲就决定要求我读书习礼,而我也能勤恳就学,十二岁以后,夜读总是直到深更。后来证明这是第一件有害我眼睛的事,除了眼睛的先天虚弱以外,我常常感到头痛。但是这一切并未减低我对学习的本能爱好。我除了在普通文法学校受教育外,父亲又为我请了几位教师在家授课。这样在学会几种不同语文和初窥哲学门径之后,父亲就把我送到剑桥去,这是两个国立大学中的一个。在那里,我远远地避开一切荡闲逾分的行为,在所有的良师益友的奖掖下,按照一般的纪律和科学教程,读了七年书,直到在欢庆声中得到当时所谓的硕士学位为止。毕业以后,我并不像这个无中生有的无赖汉所捏造的那样,逃到意大利去,而是按照我个人的意愿,离开大学同学回到家里,大多数同学对我的别离并不是一般的道别,而是情深意切的惜别。我在父亲的乡村庐舍悠闲读书,而父亲也在这里欢度退休的晚年生活。我倾全力阅读希腊和拉丁作家的著作,有时我也离开乡下暂时到城里去调剂一下生活,不是去买书,便是去吸取一些数学和音乐上的新知识,这些是我当时最感兴趣的东西。我就这样度过了五年;母亲死后,我出于好奇,想去外国观光,特别是想看看意大利。我征得了父亲的同意,便带一名仆人登上旅程。在我动身时,亨利·沃顿爵士以殷切关怀的盛情接待了我,他是詹姆斯王多年驻威尼斯的大使,他不仅祝我一帆风顺,而且在一封雅致的信笺中,题赠对于一个出国的人有极大帮助的格言。通过别人的推荐,我在巴黎受到高贵的斯立哥子爵托马斯·斯卡达莫尔的最殷切的招待,他主动地在几位侍从的陪伴下,介绍我和学问渊博的休果·格劳修斯相识,当时他是瑞典女王驻法王宫廷的大使,也是我很想攀识的人。几天以后在我首途去意大利时,他给了我几封致旅伴英国商人的信,请他们尽力帮助我。我在威尼斯上了船,首先到达热那亚,不久,又到达里伏诺和比萨,

然后又从那里去佛罗伦萨。在佛罗伦萨城,我一直住了两个月左右,我始终认为这里人的谈吐和才智之高雅在各城市之上。在这里,我很快就结识了许多以地位和学识闻名的人,经常到他们的私人学院,这是一个值得特别赞美的制度。可以使学识和友谊同时获得交流。对于这一段愉快而令人兴奋的记忆,我依然可以向你们提起詹姆斯·加的、查理·达蒂、弗拉斯科巴第、科特林罗、庞马萨依、克列门的罗、弗朗昔尼以及其他许多令人难忘的人。我从佛罗伦萨到了塞纳,然后又去罗马。这个城市的古迹和悠久的名望使我流连约达两月之久,不忍离去,同时我在这里也愉快地和卢卡斯·霍耳斯坦尼以及其他许多卓越多才的人物交往。接着我便去那不勒斯,经一道从罗马旅行的某位隐修士介绍,结识了维拉的侯爵约翰·巴普蒂斯塔·蒙索,他是最有权威和地位的人,意大利的名诗人托奎托·塔索曾在他的书中歌颂他的友谊。当我在那里逗留时,他以诚挚的友谊招待了我,他亲自陪同我周游了市城并晋谒了总督的邸第,而且不止一次地到我的寓所来看我。在我离开那不勒斯时,他再三为对我关照不周表示歉意;并且解释说,他虽然极希望对我多加照顾,但是在那个城市里他却办不到,因为我认为在宗教问题上予我以更多的照顾是不恰当的。我还准备到西西里和希腊一行,但是这时从英国传来的令人忧虑的内战消息使我不能前往,当时我认为,当同胞们在为自由而战斗时,我却自由自在地在国外旅行,即便这种旅行是为了进德修业也是太卑鄙了。我正要回罗马,英国的商人给了我一个通知,说他们从信中获悉,英国籍的耶稣会会员为了防备我再去罗马,已经设下了阴谋来对付我,因为我在宗教问题上说话太随便了。于是我便对自己立下一条规约,决不在那些地区谈宗教问题,但是如果有人询问我的信仰,不管后果如何,我也决不掩饰自己的任何意见。因此,我仍然回到了罗马,任何人问我信仰哪一派宗教,我就坦率地答复他;如果我受到了任何攻击,便和过去一样以公开的方式捍卫正统的信仰。我就这样又在最高权威的教皇的城市里住了将近两个月。在上帝的庇护下,我又平安地回到佛罗伦萨,又去拜访了那些渴望再看到我的人,受欢迎的盛况并不下于回到自己的祖国;除了我到卢加去游历的几天以外,我又在那里高高兴兴地像过去一样住了两个月左右。我越过亚平宁山,迅速地穿过波诺尼亚和菲拉拉,赶到威尼斯。我在这个城市过了一个月,一面游览市容,一面把我在意大利搜集到的书装船运出。我顺着维罗那、米兰、平宁、阿尔卑斯山这条路,沿着日内瓦湖而到达了日内瓦。谈到这个城市使我想起了以诽谤为能事的莫鲁斯,因而我再度请求上帝作证,在所有这些充满声色利欲诱惑的城市里,我的生活始终没有沾染过放荡下流的行为。我始终相信,即使我能逃避人的耳目,也决不能逃避上帝的眼睛。在日内瓦,我每天和学识渊博的神学教授约翰·迪奥达蒂往还无间。接着,我又顺着以往走过的老路,通过法国,在一年又三个月左右以后,回到了自己的祖国。我回国时正好接近查理破坏和约,重新挑起和苏格兰人的战争。这就是所谓的主教战争;战争中,王军一触即败。这时查理看到整个公正的英国人民都愤怒起来了,而且完全在反对他,于是不久以后便召开议会,不过这并不是出于他的本意,而是迫于时势。在这个纷扰动荡的局势下,我在城里到处找安身的地方,后来终于为我和我的书籍租到一所相当宽敞的房子。在这里,我又非常愉快地继续了曾经中断过

的读书生活，顺利地让那些受人民委托的人、特别是让上帝去处理当前的问题。这时，议会正生气蓬勃地进行工作，而骄傲自满的主教也开始丧失他们的声势了。在言论自由开放以后，人人都立刻以舌剑唇枪攻击主教。有些人抱怨主教们的邪恶行为；有些人则在指责主教制度。他们说，唯独主教要和一切经过改革的教会不同这是错误的；教会按照兄弟教会的榜样治理，特别是按照上帝的话来治理是有好处的。我逐渐了解了这些事情；看清了人们已经走上通往自由的康庄大道；认识了如果能够把起源于宗教的戒律普及到共和国的风俗和制度上去，那么就可以从这个开端，按照这种步骤，直接走上把全体生命有限的人类从奴役境域里拯救出来的道路。从青年时代起，我就致力于研究法律，不问是神法或是世俗法，都把它放在一切事物的前面，因为我考虑到，不管我能否起作用，都应该随时准备为国家、为教会、为那些为传播福音而出生入死的人们服务。因此，当时我的思想虽然还集中在其他问题上，但我决心把全部精力转移到这些事情上来。于是我首先写了两本题名为“关于英国教会的改革”的书，献给一位朋友。其次，由于有两位声名很高的主教坚持自己的观点，反对居领导地位的某几位牧师，同时由于我深信，为了尽一个基督信徒的责任，在一个为热爱真理而曾研究过的问题上，我所写出的东西可以比那些为自己的利益和不法的统治而喋喋不休的人来得好，于是我写了两本书来答复这两位主教中的一位，一本题名为“关于高级教士的主教制度”，另一本题名为“关于教会统治的理论”。而对于另一位，我则写了一些谴责性的文章加以质询，随后不久，又写了一篇“辩护”。据说，这些文章都能适时地支援了那些在反对主教的辩驳

理论上曾有过一些困难的牧师;这时,我也作好准备,防备他们反击。人人矛头所指的主教终于垮了台,就对他们的问题来说,我们已经可以安闲下来了,这时我就把思想转移到另一问题上去,考虑用什么方式可以对进展中的真正而可靠的自由作出贡献,我认为自由必须从内部,而不应从外部去追求,同时它主要是依靠公正的节制和适当规矩的生活行为,而不是依靠战争去获得。因此,我想到,必须有三种自由,即宗教自由、家庭或个人自由以及公民自由,没有这三种自由,人们简直就不可能愉快地生活下去。我已就第一种自由,写出书来,同时我看到政府当局正不倦努力从事第三种自由的工作,于是便针对剩下的家庭自由问题从事写作。家庭或个人自由看起来也有三方面,即婚姻问题是否得到正确的处理、孩子是否有适当的教育,最后,我们是否有言论自由。我对婚姻问题不仅就合法结婚发表了意见,而且也就在必要时的离异问题上申述了个人的见解。我是根据耶稣从未废除的神律来写这篇东西的,因为他再也没有给任何人一部高于全部摩西法的世俗法令。我也以同样的态度就“奸情的唯一例外”* 应作如何解释,表达了个人以及别人的意见。我们的著名的塞尔登在两年左右以后出版的“希伯来籍的妻子”一书中,也不厌其详地阐述了这个问题。此外,我认为,一个男人如果在家里受低于自己的女性的奴役——所有对男人的奴役中最可耻的一种——在议会和法院里高谈自由是没有什么用处的。因此,我就这个问题出版了几本书,因为夫妻每

---

* 耶稣在回答法利赛人提出的休妻问题上曾说过,凡是休妻另娶的如果不是为了妻子与人有奸情,那就是犯奸淫罪。见马太福音 19 章。——译者注

每成为最不相容的冤家对头，这时男人往往在家照顾孩子，而孩子的母亲则在敌人的阵营中，威胁要杀害和毁灭她的丈夫。在另一本小册子里，我讨论了教育孩子的问题；这篇文章诚然很简略，但是我认为就那些对于这个问题具有一定热忱和勤勉的人来说，它还是相当详尽的。就抓住时机向人类灌输美德（内在所感受的真正自由就是从这里产生的）来说，就共和国的贤明管理来说以及就巩固共和国的基础来说，再也没有比这个问题更重要的了。最后，我用演讲稿的形式，写了“论出版自由”一书，我认为决定真与假、什么应该出版和什么应该禁止的权力不应该放在少数检查图书的检查者的手里。一般说来，他们都是没有学识、判断粗俗的人；由于他们的放纵和任性，以致没有人能出版任何越过他们的平凡的理解力的书籍。最后剩下没有讨论的就是公民自由，因为我认为它已引起政府当局的相当注意了。在议会没有宣布国王为人民公敌以前，在国王还没有在战败以后作为一个俘虏受到法官的审判，并被判处死刑，丢了脑袋以前，我并没有写过有关国王权利问题的东西。但是，以后某些原来反对查理最坚决的长老派牧师们，看到独立政党现在比他们更受人民欢迎，在上议院影响更大，便感到坐卧不安，于是便叫嚷起来，反对议会对国王所作的判决（虽然他们并不反对这件事，只是恼恨没有由他们来执行死刑），他们尽一切力量，企图策动一次骚乱。他们竟厚颜无耻地宣称，新教徒的教义以及一切经过改革的教会对于违反所有国王意志而作的这个残酷判决都大为不满。这时候，我感到的确有公开驳斥这一无耻透顶的谎言的义务。纵使在这个时候，我并没有就查理问题写过任何东西，或作出任何建议，只是简单而概括地指出什么是反对暴君的合法行为。我引证了许多最卓越的神学家的理论根据来证实我的话,同时以传教士的热诚痛骂了那些好话说尽的愚蠢与无耻透顶的人。这本书在查理王死后才出版;这本书与其说是旨在解决任何与查理有关的事情,倒不如说是旨在安定人心。关于查理的问题是政府当局的事,而不是我的事,这些我已经说过了。我在私邸里完成的这些著作,有时是无代价地献给教会,有时是无代价地献给共和国;而共和国或教会除了保障我的安全外并没有给我任何报酬。的确,我在一切善良的人们中间,得到了一个好印象和好名誉,同时事实本身又给了我光荣的说话自由。不过有些人得到了好处,又有些人得到了荣誉,但他们并没有做出什么贡献。始终没有人看到我为升迁而奔走,以及任何为个人目的而出入于议会大门,或出现于下议院,企图通过朋友提出什么要求。虽然在国内政局动荡的时候,我的大部分财产都被扣押,同时又要缴付一份不合理的税款,我还是照样静居家中,靠自己的财产维持俭朴的生活。把这些作品处理付印之后,我想到将来我会有充裕的时间,于是开始从事研究英国民族史,如果能够做到,我打算从最早时期开始一直到我们的时代为止,用一条不断的线索把它贯穿起来。这时查理的王国已经变成共和国,而我在民族史方面的写作已经完成了四卷。不想这时首次由议会成立的枢密院竟邀请我参加它的外交方面的工作,这是我从未想到的事。不久以后,为国王查理写的书第一次出现了;它对议会当然进行了极其恶毒的攻击。我受命草拟答复,我并不是像你所说的那样"在侮辱国王阴魂这一点上"用"偶像破坏者"来打击偶像崇拜者,而是用我们应该服从真理反对查理王的道理来反击他们。我预料到某些谩骂

者会用这一点来诽谤我们，于是便在序言和其他适当的地方尽力防止这种责骂。接着出头露面的便是撒尔美夏斯。正像莫鲁斯所说的那样，这时他们立刻要找一个人来答复他，于是一致动议提出我来，当时我正在枢密院。莫鲁斯，我主要是为了那些原来对我并没有什么认识的善良人士，才作了自我叙述，以便堵住你的嘴，揭穿你的谎言。你这个肮脏的牧师，我告诉你，最好还是住嘴吧，因为你愈骂我，愈使我不得不把我的行动解释清楚。你从这里除了得到个捏造事实的责骂以外，是得不到什么东西的，何况这种责骂早已使你忍受不了；同时你这样做，将给我开辟一个表扬自己忠信的更广阔的园地。

我已经驳斥过那位远在外国，身为外国人而干涉我国事务的撒尔美夏斯。而你却坚持说："这个辩护关系到那些与英国无关的人。"这是为什么呢？"英国人（你说）也许是受了强烈的党派影响；而法国人对这个问题很可能比对人更重视。"对于这一点，我要像过去一样加以驳斥：任何一个相距很远的像你这样的外国人是不应该卷入其他国家的事务漩涡中去的，尤其是当事情处在混乱状态的时候，如果他受了贿赂，那就另当别论了。我曾经指出撒尔美夏斯受了贿赂；看来你也通过撒尔美夏斯和奥伦治党的说项，获得了一个教席；更糟的是，你欺骗庞蒂娅，接着又向议会进行攻击。但是，你所提出的为什么这些事情牵涉到外国人的原因是非常荒谬可笑的，因为如果英国人受了政党的影响而感情过于激动，那你们这些只是跟在后面的人除了感受到他们的热情之外，又会受到什么影响呢？如果英国人在自己事情上的那些行为都没有人相信，那你们的行动就更无法令人置信了。因为你们根本就不了

解我们的事,或者除了从上面那些英国人中听到的以外,就不相信任何事,而这些人在你们的眼光里又是没有信用的。在这里,你忽然又对撒尔美夏斯称颂了一番,说他如何伟大。对于你来说,他确实是伟大的,你曾利用他拉皮条获得他的使女。不过不管你怎样捧他,他却没有捧你,而且人人都知道他在死前非常憎恨你,曾千百次地悔恨自己不听那位年高德重的斯潘黑姆的话,因为他曾警告他说,你是个不可靠的家伙。这时你忽然大怒,好像把理智抛到一边似的:"撒尔美夏斯"似乎"在理智上早就死掉了"。你所要完成的任务只是在控诉和叫嚣那一部分,而首先被你痛骂的就是撒尔美夏斯,"并不是因为他的话荒谬绝伦,而是因为他是撒尔美夏斯"。好一个胡说八道的家伙!为了这些趣事,我认为我们得感谢生下小桑树的庞蒂娅。你从她那里学会了怎样巧妙地进行控诉,也学会了怎样用悲哀的腔调号啕;你吓唬我们的威吓方式也是从她那里学来的,"你们这些肮脏的畜生,叫你们碰碰我们笔锋的时候就要到了。"到底是叫我们碰碰你这个专会诱奸使女的登徒子呢,还是碰碰你那仅能向使女们逞威风的笔锋呢?任何人只要向你掏出一个萝卜头或一条小鱼,就能把你吓跑,没有把屁股打成两半,没有使你丢掉好色的笔锋就已经是万幸了。你说,"的确,我的头脑还没有空洞到想去做撒尔美夏斯曾经担任过的工作。"这就是说,除非你的头脑空无一物,是决不会担当这项任务的。这真令人笑破肚皮,这样说来,你是把伟大的撒尔美夏斯当作头脑空无一物的人了。"为王族向上天控诉","它"甚至"是没有知识的人的责任",我认为你是说这是你的责任。控诉吧,喊叫吧,咆哮吧;继续扮演伪君子的脚色,满口仁义道德,并在生活中膜拜普赖

阿卜斯吧！我告诉你，你多次向他呼吁的、爱憎分明的上帝总有出现的时候，而当他出现时，第一件事就是彻底消灭你这个罪恶累累的恶牧师！你是改革教会的害虫，你给教会带来难以启齿的耻辱。对于谴责撒尔美夏斯而受谩骂的群众，你答复说："对最可恶的魔鬼——弑君者就应该这样处理。"我得表扬你，因为你给了我们以武器，及时地告诉我们处理你和你们那伙人的最恰当的方式，同时你又使我们不再受责骂。你明知自己对于理论一窍不通，不敢纵谈撒尔美夏斯谈过的关于国王权利的一般道理，只是引证了从他那里找到的与理论有关的每一件事，因而，你在无理谩骂和大发雷霆之余，只好转到某些微不足道的叙述上去，尽管它没有丝毫道理，仅仅是继续重弹你当初的老调。你这些叙述一部分是从撒尔美夏斯那里搬来，经过改头换面的东西，一部分是从那个匿名的不值一驳的评论中抄袭来的，这篇东西的作者不但抛弃了祖国，连自己的名字也不要了。这些东西的要点，我不是在"偶像破坏者"一文中，就是在答复撒尔美夏斯的书中，作了相当详尽的驳斥。所以我认为在比一般史册要短的篇幅中，我不能再作更多的说明。难道在每一个下流之辈拿出相同的东西时，我都随时有重复老话的必要吗？我决不这样做；我决不这样白白浪费我的精力和时间。如果有人认为这些唯利是图的控诉、这些收买来的哭诉者故意造作的号哭、这些卑鄙无耻的大吹大擂——所有这些在和使女私通时捏造出来的东西，和私生子小莫鲁斯一道临产的东西——还有可以相信之处，我也不打算阻止他不去这样想，因为一个人如果这样容易被欺骗，这样不加思考，我也就没有什么可畏惧的了。不过，我准备谈一些能说明许多问题的事情，从这里你可以在三言两

语中弄清楚作者的为人，以及他说了些什么；同时也可以从这里得知其余的一切。

这个异教徒对于上议院和下议院合并成为单一院的问题（实际上有理智的人也并不完全反对这样做）说了一大堆废话，他说："国家建立了平等制以后，他们很可能把同样的制度应用到教会中来，因为直到目前我谈这个问题时，主教仍然留了下来，如果我们不把这种现象看成再浸礼论*，那就简直不可理解了。"谁能要求一个法兰西教会的神学家和牧师了解这个问题呢？他根本不懂什么是再浸礼论。除非他了解这一点，否则我真以为他连洗礼也不了解是怎么一回事了。可是，如果我们愿意用恰当的名称来称呼事物的话，国家的平等制并不是什么再浸礼论，而是民主制，这是一个具有悠久历史的制度，曾在教会中实行过，并且是使徒的戒律。你说："主教仍然留了下来。"不错，他们仍然存在。当日内瓦由于宗教上的原因开除它的主教（同时也是合法长官）时，主教们也仍然保留了下来。为什么这在他们是一件荣誉的事，而在我们就要被说成是耻辱呢？莫鲁斯，我完全了解你的用意，你想报复日内瓦人对你所举行的投票，但你到底是无耻地被日内瓦教会解雇的，还是被赶出教会的，这次投票还没有决定。因此，很显然你和撒尔美夏斯就成了这个新教会的叛徒，而倒向主教那一边。但不管你们倒向哪一边，是否会有任何影响，倒是很值得怀疑的。你说，"于是国家便过渡到我们教派中实行平等制的牧师手里，因为

---

* 再浸礼论是德国、瑞士和荷兰在宗教改革时期的一种教派的理论，主张在成年时举行洗礼。这一教派否认教阶制度，在宗教改革运动中属于激进派。它与英国的浸礼教派的主要教义虽同，但结论不同。——译者注

众所周知,当时流行的同样精神终于在第八年用残暴的弑君案结束了这件事。”可见,构成你们教派牧师的同样精神也造成了弑君案。你继续像开始时那样大放厥词,摆出了一副叛徒的嘴脸。

你说,“要求惩罚国王的请愿只有三次”。大家都知道,同时我也记得,这是完全不真实的。事实上,凡是能回忆起当时情况的人都知道,这一类请愿并不止三次,而是来自英格兰各郡的许多次,在将近一个月的时期内,一天就出现了代表军团的三次请愿。人民唯恐议会过分宽大,因而用无数次的请愿来要求议会采取果断行动,从这事实,你可以看出,议会在处理这个问题时,是多么慎重。你认为当时一致认为敦促议会采取实际上已在慎重考虑的措施是多管闲事或多余的,究竟有多少万人呢?我本人就是其中的一个,我的希望是什么,并不难了解。如果所有的人对于这等重大事件都惊愕不知所措,那又该怎么办呢?这样一来,议会在决定如此重大事件时是不是会更加犹豫不决呢?这件在慎重考虑中的重大问题是不是要等人民的同意来决定呢?事实上,受全体人民的委托去约制国王暴政的枢密院在根据国王公开破坏和抗拒和约的事实,把他战败捕获之后,如果仍然有义务再倾听人民的意见,接受人民的命令来惩治一个战俘,那么这些以无比勇气来复兴共和国的人的这一行动,事实上除了等于代暴君投环自缢(如果他有幸得到人民的宽恕的话)之外,又会起什么作用呢?或者说,在已接受了最高权力去解决那些十分紧急的任务,特别是那些超出一般人能力以上的事务以后,如果还必须回过头来跟那些自己感到无知,而把决定一切事务的权力委托给他们的群众(我不说人民,因为虽然他们拥有这种权力,但他们本身仍然是人民),那么这样

反复磋商的目的到底是什么呢？总之,在这样千钧一发之际,哪有从容不迫地进行商议的机会呢？在这些由许许多多神秘人物领导的请愿中,对动荡不定的社会组织,什么是解决的办法和安定时局的方针呢？如果他们要求让查理王复辟,那又将怎样办呢？我们必须承认,有一种请愿是由煽动分子操纵的,它的实质不是请愿而是威胁,他们痛恨的是一个人,而责骂的却是另一个人。这种现象大体上说来是荒唐的,含有敌意的。试问对这种人也应该加以重视吗？根据你的解释,这种人"为了要和国王举行一次会商,离开了家乡,成群地聚集在议会会场的各个门口,其中许多人被执行议会命令的军队残酷地杀害了。"你也提到了萨里的乡民,但事实上他们不过是庄稼汉,醉醺醺地在市区举行请愿游行,看来,与其说他们是请愿,不如说是狂欢。至于他们到底是受了别人的恶毒唆使,还是由于本身的放荡成性,才这样做的,我就不得而知了。不久,他们纠合在一起,以暴动的方式包围了议会的各个大门,把站在门前的兵士从岗位上赶走,同时在没有受到任何言语或行动的挑拨的情况下,在议会门前打死一个士兵。由于"闻到"他们酒气冲天,而断定他们不是为了"自由"而来请愿的,因此很可能就把他们赶走.并鲁莽地处理了他们,尽管如此,其中被打死的也不过是两三人。你到处说:"独立教派的最大力量不在于人数,而在于智谋和军队化的美德。"我认为正因为这样,他们才是公正而优越的,因为再也没有比"少数服从多数"这一真理更合乎自然规律、更公正、更有用或更符合人类的利益的了;同时我认为,多数和少数并不是数目和数目的对比,而是德行和德行、智虑和智虑的对比。依我看来,那些在审慎、经验、勤劳和美德等方面超过常人的

人，尽管人数不多，终能证明是多数，在人类的选举中必能胜过任何庞大的数目。

你说了许多关于克伦威尔的事情，这到底是属于哪一类性质的，我将在下面说明。其他问题已在驳斥撒尔美夏斯时答复过了。你也没有忘记陈述对国王所下的判决，尽管你的伟大修辞学家对于这一点已经期期艾艾地讲过了。你说，“贵族们，即国王的王公大臣们，大多数都恐惧地回避了，不敢审判国王。”这一点，我在另一部著作中已经指出它并没有什么重要意义。“接着，法庭的法官们被赶走了，因为他们回答说：审判国王是违反英吉利法律的。”我不知道当时他们回答了什么，但是我知道他们现在承认的和进行辩护的是什么。法官胆怯并不是什么新鲜事儿，虽然在所有人中他们的胆怯是最不应该的。“他们为这个卑鄙的万人唾骂的法庭选拔了一位合适的首席法官——一个卑贱的横暴的流氓。”我说，你犯下了无数卑鄙可耻的罪行，你只是集污浊和罪恶之大成，而不是其他任何东西。现在你的心里竟出现了这样一个毒瘤（如果你整个心不是一个毒瘤的话），以至在上帝看来，你只是一个无神论者和亵渎神圣礼法的人；而在人类看来，你是一个野蛮人，一个专门污蔑一切美德善行的诬告者。还有什么比你干的事更像出卖耶稣的伽略人和魔鬼呢？虽然在我们看来，你的谩骂是最高的赞扬，但对你所狂吠的对象——杰出的人来说，我可不能置之不理，尽管他除致力于共和国的事业以外，对你们这批亡命徒和莫鲁斯之流的无耻恶骂，始终毫不介意，但我必须驳斥你们，因为他是我朋友中最值得尊敬的人。

约翰·布莱德肖，这个名字在任何尊重自由的地方，自由本身

就要求人们永远纪念和赞美他。众所周知，他出生于高贵的家庭，早年兢兢业业地攻读本国法律。后来成了熟练而雄辩的律师和人民自由的可靠保卫者，因而担任了国家的重要工作，并且数度出任清廉的法官职务。最后，议会要求他出任审判国王的首席法官，他并没有拒绝这个繁重艰巨的职务，因为他除了精通法律以外，还具有自由的思想和崇高的精神，以及公正不阿、无可指责的作风。因此，这个史无前例的伟大而又令人惶恐的职务正和他本人一样就成了许多歹徒的威胁和投掷匕首的对象。他以无比的沉着、负责、尊严和坚定的精神执行了任务，完成了使命，他好像是奉上天之命来承担这项特殊工作的。这个举动是伟大而慎思的上帝预先安排好要在我们这个民族中演示出来的，他远远超过所有诛戮暴君者的荣誉，因为审判暴君然后定罪要比不经审判而诛戮暴君更人道、更公正和更尊严。他既不阴险，也不苛刻，而是温和而文雅的。他始终如一——就好像长期担任执政官一样——以一种宽严有度的尊严来支持他所承担的高尚事业，因此你会认为他并不单纯坐在法庭里审判国王，而仿佛一生中的每时每刻都在审判他。他的始终如一的审慎态度以及对公共事业的高度热忱，是任何人所不及的，因此他一个人相当于一群人。在家里，按他的经济情况来说，他是热情好客的；他是最忠实的朋友，不管处在任何境况里，都是最值得信任的。不管何时何地，再也没有人比他能更快和更乐于发现别人的优点，或以更大的热忱去对待别人的长处。有时，他帮助虔诚的教徒，有时又支援学者或有一技之长的人，而现在他以私人的财产接济那些从事军职而沦为穷困的勇士，如果他们无需接济，他也同样热情地尊重他们并友好地招待他们。他一贯颂扬别

人的功绩，而自己却从不居功；在政敌之间，不论任何人只要能回心向善，他总是乐于原谅他们的，许多人曾经受到这种待遇。但是，如果有弱小无告者的问题必须进行辩护，如果横行霸道的不法行为必须加以反击，如果公众对于任何有功勋的人有背信弃义行为必须加以谴责，那么这时任何人都会被他的辩才和坚毅精神所震惊；任何人也无法找到一个比他更能干、更刚毅、更善于辩护的律师或朋友。因为他已经找到了一个威武不屈、大公无私的人；威逼利诱既不能使他放弃责任和崇高的目的，也不能动摇他坚定不移的意志和气魄。这些美德，使他受到众人的爱戴，甚至他的最大敌人也不敢小看他。莫鲁斯，当你和你的同伙们被彻底打垮以后，他将把他在本国的伟大事业和名望远播海外和后世而永垂不朽。

我想谈谈正题。国王被判决上断头台。“为了反对这一暴行，几乎伦敦所有的讲坛都开始雷鸣起来。”你用这种敲打木板的假雷是吓不倒我们的，我们一点也不怕这批萨尔蒙尼厄斯，他们为放出这个假雷而受惩罚的日子一定会到来*。这批权威人士真可谓严肃而真诚，不久以前，他们在同一讲坛上，对于同时兼任几个教堂教职而不住在任职地区的教士曾发出同样可怕的霹雳声，曾几何时，他们在用雷鸣般的吼声赶走高级教士之后，便一个人独占三份或四份高级教士的圣俸，这样，毫无疑问，他们本身就成了不住在任职地区的教士，而犯下了他们曾大声疾呼反对过的同样罪

---

* 根据古代神话，萨尔蒙尼厄斯（Salmoneus）由于打假雷，受到主神的惩罚。——译者注

行，因此他们所放出的霹雳也就自然而然地打中了他们自己。但是他们并不以此为可耻。现在他们又在拼命维护什一税，如果他们果真如此迫切要求什一税，那我一定满足他们的要求，不仅让他们得到大地上十分之一的果实，也让他们得到十分之一的海涛。率先建议向国王宣战，就像反对一个要把一切都毁灭掉的敌人似的，正是这批人；而当我们逐渐把敌人（即他们常常指责为屠杀者和流血者的人）掌握在手中时，由于敌人是个国王而主张饶恕他的也是这批人。因此，在他们的讲坛上，就像在市侩的店铺里一样，不管什么货，不管什么废品都硬要向愚昧的穷人推销，而更加糟糕的是，他们抓住一切适当的时机，经常把已经卖出的东西又收回去。再者，“苏格兰人恳切地要求恢复国王的自由；他们提到，在他们把国王引渡给英格兰人时，议会所提的保证。”现在我可以从苏格兰人的自白中证明，在引渡国王的时候，根本就没有公众的保证。假如由英格兰开支的苏格兰雇佣兵要求没有一定的条件，就不肯交出英格兰人的国王，那才真正是英格兰人的耻辱呢。绝对没有这回事，议会在答复苏格兰人的要求时，已清楚地否认了在处理国王的问题上，曾作出任何保证。这个答复已在1647年3月15日公布。事实上，议会认为，如果只有在上述条件下，他们才能从苏格兰人获得自己应有的权利，那才是对议会尊严的莫大侮辱呢。但是“他们真诚地要求恢复国王的自由”。毫无疑问，这些仁慈的灵魂开始大发慈悲了，他们再也抑制不住他们的心灵对国王的依恋。但是，从大不列颠开始发生骚动时起，在议会里就国王权利问题不止一次提出动议的正是这批人。大约在1645年前后曾一致决议，根据三个主要理由，就可以剥夺一个国王的王位，即肯

定他是暴君，割让王畿和背弃人民。在伯斯举行的议会中，他们曾就一个显然与圣徒为敌的君主是否可以驱逐出教会问题，特别征询下院的意见。但在他们尚未对这个问题作出任何决定以前，由于蒙特罗斯率领的军队逼近伯斯城，大会就混乱起来。同是这批人在1650年答复克伦威尔将军时承认，对国王的惩处是公正的，只是审讯的方式不合，原因是没有邀请他们参加。可见，这件事之所以是万恶的，只是由于没有他们参加，如果他们能在这里占上一席，那么这件事就很光荣的了。这好像是与非得由他们来决定，正义和非正义必须以他们的指示作根据似的。我倒要请问一句，假定我们恢复了国王的自由，他们对国王的决定是不是会更宽大呢？但是"苏格兰代表过去曾接到英吉利议会的答复说，他们不打算改变英国政府的政体，后来他们又说，他们最初并没有这种打算，但是现在由于国家安全的需要，才有这种意图。"他们答复得很好。而你对这个问题是怎样说的呢？你说，"以这个借口推翻了所有的条约、互信以及共同的愿望。"看来它似乎只粉碎了你的愿望，因为你不知道无条件保证和条约义务之间的区别。关于政府的未来形式，英格兰人根据他们当时最正确的判断，作了坦率的答复，何况他们并没有必要向苏格兰人表示有关政府形式的看法。而现在，如果他们没有抛开对人民的信赖和庄严的誓言，为了国家的安全就需要采取不同的措施。试问你认为究竟哪一个是最神圣的义务：是对苏格兰委员们所作的关于政府的未来形式的无条件保证呢，还是由于必要而发出的誓言和对同胞所提出的关于一定要保证国家的安全的庄严保证呢？既然我们的任何主张在你的眼里都是再浸礼教的和荒谬的，那么，我非要你从西塞罗为普朗修斯作辩护的演说词中学习一下不可,因为议会或元老院有权衡得失、改变自己意见的自由。“我们应该把自己的位置看成是在共和国的某个圆周上一样,既然它在旋转,我们就应该选择它能使我们得到利益和安全的那个特殊点。”西塞罗接着说,一个人按照政治气候,像一条船调整它的航线一样来调整自己的观点,这并不是什么前后不一致的标志。“事实上,我曾从这个共和国和其他国家的最明智最卓越的人写的著作中,学到、看到和读到同一个人并没有始终维护同样一种见解的义务,但这也许是由于国家的形势,时代的潮流,以及团结的愿望所需要的。”*玛尔库斯·图里乌斯(西塞罗)的看法就是这样,可是你莫鲁斯则会附和荷尔田修斯**。这就是若干世纪来的准则,它大大地繁荣了文明的智虑,而依我的判断,要是再浸礼论者能遵循这个准则,那么他们就是聪明的。关于被这些废物牧师以及他们的撒尔美夏斯谴责为再浸礼教的事是举不胜举的;如果我们不咬文嚼字,只就事论事,那撒尔美夏斯就完全是一个不学无术的人。你又说:“最强大的荷兰联合省已尽了它最大的努力,他们排除万难,通过他们的大使,一面恳求,一面许下酬金,企图赎取国王的神圣脑袋。”企图用不义来贿赂正义,这和不希望国王获救毫无二致。他们毕竟发觉了人们并不都是逐利的市侩,而英吉利议会也并不这样热衷于传神阿堵。对于国王的判决,你说道:“查理有若干方面都和耶稣受难时相似啊!士兵们

* 这里的两段话引自西塞罗的“为普朗修斯辩护”第93页和第94页。——译者注

** 克温图斯·荷尔田修斯(Quintus Hortensius,公元前114—前50年),罗马的演说家,黑律师。以经常为行贿和侵吞公共财产的案件作辩护而出名。——译者注

不断地嘲笑他。"事实上,耶稣受难时和罪人相似的地方比跟查理相似耶稣的地方还要多。到处都传播着这类事情,这是那些想利用这件事来激起群众敌意的、专以捏造和贩卖谣言为业的人干出来的勾当。我们假定一般士兵果真表现蛮横无礼,这也并不能直接说明,是由于这事件本身的原因所造成的。"有一个人由于当国王走过去的时候,祈祷上帝怜悯国王,就立刻被杀死在国王的脚下。"这是我从未听到的事,我也从未遇到听到过这件事的人。为了这件事,我访问过在整个行刑期间指挥警卫,并一步也没有离开国王身旁的上校,他斩钉截铁地说,他从未听说过有这件事,他确信,这完全是无稽之谈。从这里我们可以看出你的叙述如何难以令人置信,在作品的其他部分,你能令人信服的基础又是什么呢?因为当你为死后的查理祈求冥福甚至表示崇敬(如果你能得到它们的话)的时候,人们会发现你并不忠于事实,而只是不择手段地企图挑起对我们的仇恨。你说,"人们听到国王临死在断头台上曾两次向伦敦主教说,记住! 记住!"这当然使审判国王的法官急于要知道,这一再重复说出的最后遗言究竟跟什么事有关,根据你的报告,我们把主教叫来了,以威胁的口吻命令他说出这个一再重复的"记住"是什么意思。正如预先约好似的,开始时他似乎很惶恐(这倒很合乎小说体裁),拒绝坦白,好像这是一个什么大秘密。但是经过一再催促,他终于费了很大力气,说出了事实上他会在任何代价下就泄露出来的话,但他说话的方式却好像出于不得已,违反了自己的意志被逼出来似的。他说,"国王命令我,要是我能和他的儿子见面,一定要把临死的父亲的最后命令传达到:如果他能恢复王位和权力,必须宽恕你们这批置他父亲于死地的人。这就

是国王一再要我记住的话。”这位主教竟如此容易地被人说服而泄露了在断头台上秘密托付给他的事情,我可以说国王也太忠厚了,或者是说主教太容易泄露秘密了!这样沉默寡言是多么不可思议啊!在“神圣君主的偶像”*一书中,连同其他训谕,查理早就把这件事托给他的儿子了。很明显地可以看出,写这本书的主要目的,就是企图在查理死后不久用一切力量和捏造这件事的同样虚伪伎俩,出人意外地向我们泄露那个秘密。但是我清楚地看出,你们处心积虑要欺骗没有经验的人,你们不是用这位斯图亚特来欺骗他们,就是用神话中某一位北方乐土的、集全部美德于一身的、可以随你们的意思虚拟假托和绘声绘色的查理·斯图亚特来欺骗他们。你们就是这样异想大开地捏造出这个荒唐的故事,好像要在舞台上演出一样,大胆地装扮起来,想用对话和简练的词句做钓饵来引诱和迷乱一般人的视听,至于你们要模拟的是谁,我却不知道。这里,我并不否认委员中的这一位或那一位很可能偶然就这一点问过主教;但我却没有发现枢密院或担任审判的法官们怎样格外注意这一点,而把主教请来,好像他们很担心,或急于要询问这件事似的。现在让我们来谈谈这件事吧。查理在断头台上,说出了最后的命令,要主教传达给他的儿子,应该宽恕置他于死地的那些人。在这一点上,他所做的和其他遭到同样下场的人所做的有什么不同呢?那些在断头台上感到人世空虚而行将结束

* “神圣君主的偶像”(Icon Basilike):是1649年查理一世被处死十天以后在伦敦出版的一本书。一般人都以为这是查理的日记,直到宗教改革后,武斯特主教约翰·戈登才承认这本书是他写的。——译者注

梦幻般的人生的人中，谁又不做出同样的表示呢？谁又不心甘情愿地或至少假装心甘情愿地在退出舞台前，表示放弃自己的仇恨、愤怒和敌意，而给人留下一个同情的印象，或使人相信他的无辜呢？查理是假装的，他给他儿子的命令“应该宽恕置他于死地的那些人”决不是发自他的内心，决不是他心灵中的真正用意；或者说，如果他公开地说出这个命令，他暗地里必然又发出另一个不同的命令。这一切都可用严肃的论证加以证实。毫无疑问，查理的儿子在其他方面对于他父亲是维恭维谨的，在这件事上更应该服从这个在主教极其虔诚的关怀下转达的最后而又最庄严的命令。可是，他是用什么方式来服从这个命令的呢？我们驻荷兰与西班牙的两位大使，不是由于他的命令就是由于他的权势遭到杀害了吗，后者甚至连丝毫附和判决国王死刑的嫌疑都没有。最后，他不止一次用书面公开宣称，让人们都知道，在任何情况下，他都不能宽恕那些处死他父亲的人。你这段冠冕堂皇的叙述，可以说愈赞美父亲，就愈丑诋儿子，因此，请你自己说说，你怎能希望别人相信它呢。

现在你忘记了你的主要目标，你所捏造的控诉已不是为王族向上天呼吁，而是要人民来反对议会。你是仅次于撒尔美夏斯的干涉其他民族事务的最丑恶的讼棍和好事者；在国内是没有人这样卑鄙地对待自己的事情的。你这个污浊不堪的东西，任何一个清白的人闻到你那染有性病的气息，都会掩鼻而过避之唯恐不及，你想人民会用你这嘶哑的嗓子来为他们辩护吗？你把卑贱的亡命者的声音当成人民的声音，你在人民面前就像一个走江湖的骗子，只能学最不足道的野兽号嗨乱叫。谁也不否认，有时往往会发生

这样的事,大多数公民失去理智,离开议会比较明智的人,而选择喀提林或安东尼来做他们的领袖。但是正由于这个原因,善良的公民更有义务和他们进行斗争,更应该格外重视自己的责任,而不考虑人数的多寡。因此,为了我们的人民,我愿奉劝你,把你这篇漂亮的演讲词塞进"伏留修斯的年表"* 里去,以免浪费笔墨吧。对我们来说,我们并不需要如此下贱、淫荡和猥琐不堪的雄辩家。

接着,他们攻击我们损害了教会。"军队是一切异教的勒纳"**。但是那些崇敬我们军队的人,却承认它不但是最勇敢的,而且也是最谨慎、最虔诚的。一般军营通常都以迷于酒色、掠夺、戏谑、咒骂、欺骗等恶行出名;而在我们的军营中,只允许用闲暇时间追求真理,勤恳研读圣经;并且没有任何人认为消灭敌人比用天国事件的知识来教导自己和别人更光荣,或从事武装的战斗比从事福音的战斗更光荣。的确,如果我们考虑到战争的真正目的,对士兵来说,还有什么比这些更恰当的呢?他们参加和献身军队的明确目标就是穿上戎装,做法律的保卫者、正义的监护人和教会的战士。除此以外还有什么能更使军队更谦恭、善良,而不是野蛮、残忍呢?军队的责任不是在散播战争和收获战争,而是为人类培植和平与安全,因为这才是他们不辞劳苦的真正目的。如果有人立志要达到这些崇高的理想,但又由于别人的错误或自己的懦弱而误入歧途,我们就不应该怒火冲天地用刺刀来对付他们,而应该以理智、以忠告和他们相周旋,同时应该不断向上帝祈祷,因为只

* 按谚语,罗马伟大的抒情诗人卡图尔称肮脏的书册为坏的"伏留修斯的年表"(Annals of Volusius)。——译者注

** 按希腊神话,勒纳(Lerna)是赫尔克斯所杀死的怪物藏身的沼泽。——译者注

有上帝才能驱除心灵中的错误,按照自己的意志,向他们显示神圣的真理之光。不过,我们并不承认所有已被正确地称为异端邪说的东西,我们甚至不能容忍它们,我们希望根本消灭它们。但是消灭它们必须通过适当的方法,也就是说,得通过教训和正确的教义,因为这些东西存在于心灵里,不同于存在身体上的东西,可以用战刀和皮鞭来消灭。再说,"我们的另一个同样严重危害就在于为俗务动用教会基金。"我们可以问一问荷兰人,甚至日耳曼的新教徒,当奥地利皇帝不假任何借口,只是用一道命令就要恢复教会财产而和他们作战时,他们是否对教会的财产始终不予染指呢。事实是,那些财产并不是教会的财产,而仅仅是教士的财产。在这个意义上,他们尤其应该叫做牧师,而就他们掌握整个教会财产来说,更应该叫做"总管牧师"。事实上,他们中的大多数人应该叫做狼,而不应该叫做其他任何东西。说得更恰当一些,这批狼的财产是多少世纪以来蝇营狗苟,利用过去时代的迷信,所聚敛的赃物,试问,当为维持由这批狼所挑起的一场战争的浩繁费用而筹措无门时,把他们的财产挪作战争之用,这有什么罪恶呢?但是,"有人希望,制定一条法律,把从主教那里榨取来的财富授予牧师。"我知道他们妄想,所有的财富都源源不断地向他们滚去,那些贪得无厌的牧师是欲壑难填的。在其他地方,牧师们也许有食用不足的,但是我们这里却是供应无缺,而且还超过了实际需要。说得更恰当一点,他们应该叫做羊,而不应该叫做牧人,因为人们喂他们的比他们所还于人们的要多。他们的一切通常都是绰有余裕的,连他们的才智也不例外,因为一般教会所不允许的什一税把他们纵容坏了,他们不信任上帝,宁可利用行政长官和武力从教徒身上榨取什一税，也不遵循神意或依靠教会的仁慈和恩惠来过活。除此以外，他们经常和男女门徒宴饮无度，以致不知道家里早晚吃喝些什么东西。与其说他们大多数人的生活有匮乏之虞，倒不如说他们是奢侈过度；他们的妻子儿女居然与富人的妻子儿女炫奇耀异、竞夸奢华。新的巨大财富造成了这种挥霍无度的奢靡风习，这种风习对于教会的为害甚于鸩毒和瘟疫。在古代君士坦丁大帝治下，来自天国的声音曾为这种瘟疫悲痛过。下面我们要说明一下你所谓的对上帝污辱的三点，即我们对上帝支援的信任以及“我们的祈祷和斋戒”。现在我就要用你这个堕落已极的家伙嘴里的话来痛斥你，并用你曾引用过的保罗使徒的告诫来反驳你：你是谁“竟论断别人的仆人呢？”* 在我们自己的主人面前，我们服从也好，反抗也好，你根本管不着。我还要补充一句大卫先知所说的话：“我哭泣，以禁食刻苦我心，这倒算为我的羞辱。”** 在这个问题上，我如果详细地驳斥你的谁也不愿再读第二遍的其他胡说，我本身就要受到严重责难。你对于我们的胜利所说的一大堆废话，也同样离题万里。莫鲁斯，你要当心，你在和庞蒂娅一起出了汗之后，小心不要伤风感冒，或得鼻黏膜瘤。令人担心的是你可能像“伟大”的撒尔美夏斯有一次那样，在洗热水澡时受了凉。谈到我们的胜利，我要用这几句话来回答你，一件事情的好坏不能用我们的胜利来评定，我们希望不用结果来衡量我们的事业，而要用我们的事业来衡量结果。像你这样一个腐儒的奴才，现在居然处理起

* 圣经新约，罗马书，第 14 章，4 节。——译者注

** 圣经新约，诗篇，第 69 章，10 节。——译者注

政治问题来了,甚至扩大说我们污辱了所有的国王和人民。到底是什么污辱呢?因为在对我们的指控中始终没有这类东西。我们干的仅仅是我们的分内事,我们并没干涉过别人的事。如果我们的榜样在邻人中间起了任何好作用,我们并不因此而嫉妒别人。如果产生了坏影响,我们坚信这不是出于我们的错误,而是那些运用不当的人的错误。像你这样的卑鄙下流的人,究竟谁叫你来诬蔑我们污辱国王或人民的呢?事实上,当他们的大使和将军来枢密院谒见时,根本没有抱怨我们对他们有什么污辱,我常常听到他们(正好像其他人在议会中听到他们一样),自动地要求和我们友好并建立联盟,此外还用国王和元首的名字祝贺我们的事业,甚至为我们的昌盛祈祷,预祝我们富强康乐、基业永固。这些都不是敌人说的话,更不像你说的是那些仇恨我们的人说的话。因此,结论必然是:不是你在说谎,便是国王在故弄玄虚;说谎在你是微不足道的小事,而故弄玄虚在国王则是最不荣誉的事。你反对我们的文章,因为在这些文章里,我们承认:"我们立下了一个有益于全体人民的榜样,它使一切暴君知所戒惧。"无疑,你是叙述了一件重大的罪恶,它像有人说过的一句话差不多:

你们要认真地学习正义,尊敬神明。

还能有什么话说得比这更恶毒呢?"这是克伦威尔在登巴战役之后写给苏格兰人的东西。"对他和那个伟大的胜利来说,这些东西是值得写的。"弥尔顿的臭文章中也点缀着类似的芝麻和罂粟。"你老是把我和某些优秀的同僚连在一起,在这事上,你显然把我和克伦威尔等量齐观了,有时候甚至看得在他之上。如果任何荣誉的东西可以出自你的嘴,那么,我认为你用这个高于一切人的名字已使我变得无上光荣。你说,“但是,那些文章是奉议会之命,在巴黎由绞刑吏焚毁的。”这既然是议会的作品,我发觉它是一个城市官吏在某些教士的唆使下干的,至于他是否具有文官或非文官的身份,我倒不得而知。这批教士是最懒惰的野兽,他们为了自己的肚皮,而从影影绰绰的预兆中判断我所祈祷的事总有一天会落到他们头上。你以为我们不能反过来烧掉撒尔美夏斯的为王室所做的辩护吗?如果我认为对这种侮辱除了报以轻蔑外,还值得采取其他手段的话,那么我可以很容易地通过我们的行政长官去进行这件事。当你忙忙碌碌到处不断点火时,我在你所升起的巨大火堆前显得更加光明了。我们比较聪明,认为不应该使尸骨已寒的王室辩护温暖起来。使我惊讶的是;土鲁斯的人民竟变得完全不像他们的祖先(因为我发觉土鲁斯也烧了我的文章),焚烧自由和宗教的辩护,竟发生在这个城市里,而这个城市过去在雷蒙德的伯爵们的领导下,曾卓越地捍卫过自由和宗教。“但愿作者也被烧死!”你这奴才啊,这果真是你的愿望吗?你已经特别注意到我不会以同样的话来回敬你,因为长期以来,有好几堆熊熊烈火在烧着你。你的奸淫行为在烧着你;你的私通苟合在烧着你;你背信弃义地遗弃了为你用指天誓日的虚伪手段所欺骗而牺牲自己的荣誉跟你订婚的妇女,你这种起伪誓的行为在烧着你。你这个堕落已极的家伙在觊觎圣职当了牧师之后,又用你那双专干通奸勾当的手去亵渎圣洁的圣体,你这种无法无天的疯狂行为在烧着你。你在这篇“控诉”中,虽然又在神圣的幌子下面,诋毁一切对神圣的假冒者进行猛烈攻击的事物,可是你那个万恶的头颅终必会自投于你自己所设的罗网,变成你自己咒骂的对象。所有这些

丑行和罪恶都在燃烧着你;你在这些烈火中日以继夜地被烧着。你受到我们加于你的惩罚,再没有任何敌人能使你受到比这更无情的惩罚。同时,这些燃烧你的火却挨不着我,伤害不了我;我有许多使我心灵感到愉快和感激的东西来对抗这些肮脏事。在不利的环境的影响下,我的著作被一个法庭烧了,也许是被一个巴黎的刽子手烧掉的。但是,尽管如此,在整个法兰西有多少优秀而博学的人士在阅读、称赞和拥护这部著作啊!在辽阔的俨然是自由出生地的日耳曼,以及在其他还可以看到自由痕迹的地区,有多少人在阅读、称赞和拥护我的著作啊!甚至希腊本土和希腊的中心雅典,也似乎又一次复生了,通过它的一个儿子——高贵的费拉拉斯——向我的著作喝彩。此外,老实告诉你,当我们的辩护一出版,而受到所有读者密切注意的时候,驻在这个城市里代表所有国王和国家的大使,没有一个不在偶然相遇时向我祝贺,没有一个不希望我成为他的座上客,或到我的寓所来拜望我。如果我忘记了已故的艾德里安·保罗,便是一个损失,因为我虽然始终没有见过他,而他却以大使的尊贵与荷兰的荣誉,常常写信给我,热切地向我表示伟大而深厚的眷顾。我也常常喜欢回想,虽然我的作品似乎是反对国王的,但是我却得到了王权本身的默许及其近乎神的明证,它证实了我的见解是诚实、优越而合乎真理的。我深信,如果不是由于上帝的特殊恩眷,这件事是决不可能发生的。我为什么要顾虑,而不像我经常想到那位受大众赞美的最尊严的女王那样,常常提起这件事呢?事实上,我认为辟昔英本人对那位雅典最聪明的人所下的评语,还不如女王对我的评语使我更感到光荣,不过我并没有和那位最聪明的人相比的意思。如果我在青年时代就写出了我所写出的东西,同时演说家又具有像诗人那样的自由,那么我的确一点不犹疑,宁可选择自己的命运,而不选择某些神明的命运。因为他们虽然身为神明,但在一个凡人的仲裁者面前,却只能以美丽或音乐比高低,而我虽然是个凡人,却有一位女神做我的仲裁者,在一场极不平凡的竞争中获得了胜利。我得到了如此高贵的荣誉,除了一个刽子手以外,谁也不敢无礼对待我,不管这位刽子手这样做是受他人的指使,还是出于自己的意志。

这里你煞费苦心地想阻止我们引证荷兰人拥护自由的功绩来作辩护;撒尔美夏斯也曾为此绞尽脑汁而毫无所获。现在我要用过去驳斥他的相同答案来回答你:认为我们的斗争是效法任何人的先例是错误的,我们常常支持和鼓励荷兰人拥护自由的事业,但我们决不是模仿他们;假使为了自由,有需要我们勇敢地去完成的事,作为自己主人的我们,一贯是挺身而出从不后人的。你这个卑鄙的演说家,竟也利用和你的下贱人格极其相称的荒谬绝顶的论调,来煽动法兰西与我们为敌。你说"法兰西人的精神决不可能接受我们的大使。"但是,比接受我们的大使更进一步的是,法兰西的精神已经三四次地容忍了向我们自动派遣大使的事实。如此看来,法兰西人还是像以往一样的豁达,而你这个一贯造谣生事的卑鄙家伙,对政治问题却显得无知和荒谬。接着你又企图使人以为荷兰联合省似乎有意地大大拖延商谈的时间,他们既不愿和我们订条约,又不愿跟我们作战。荷兰联合省当然不能容忍他们的审慎措施被人作这样的解释;我认为,这是一个在他们那里找到庇护的日内瓦流亡者所捏造的。但是如果再容忍他,看来他不仅要奸污他们的使女,而且还要把他们的公共计划搅得一团糟,因为他

们本身都是真诚而友爱的人，而且符合每一个善良人的愿望，现在已经和我们重新建立了永久的和平。你说“看到那些绞刑架上的大使”，即英吉利的大使，“每天不仅要受来自英吉利保王党分子的，特别是来自荷兰人的嘲骂，还要和严重的危险相周旋，确是件令人称快的事。”如果长期以来我们仍没有发觉究竟是谁暗杀了我们的第一任大使道里斯留斯，并使继任的两位大使也受到危害，这事就是一个告发者，他甚至无中生有地告发自己的主人和支持者。荷兰诸君，你们能容忍这个人在你们那里待下去吗？他不仅是教会的淫荡无耻的牧师，破坏一切权利的残忍煽动者，而且在造成暴行之后，又是一个背叛主人的虚伪告发者。

指控的最后一项是“我们对改革教会的危害”。我们到底是怎样危害他们，而甚于他们危害我们呢？如果你引用我们的例子来造谣煽惑，我便要回答说，只要你检查一下记载，从华尔多派*和土鲁斯的人民，一直到罗舍尔的饥馑，你就会发觉，在一切教会中我们是最后拿起武器来反抗暴君的，但我们却是第一个判处暴君死刑的教会，事实上，这是由于我们是首先掌握了权力的教会。据我理解，如果他们得到同样的权力，他们会做出什么事来，连他们自己都很难预料。总之，我的意见是，一个人如果还能运用理智，就会认识到，我们把作战的对象看成是敌人，根据反对敌人的同一权利而处死他绝对是合法的；暴君不仅是我们的敌人，而且是全人类的共同敌人，根据用武力讨伐他的同一权利，也同样可以处死他。这并不是我个人的见解，也不是独创的新意见，古时，其他

* 即彼得·华尔多(Peter Waldo)创始的基督教的一派。——译者注

人根据智虑和常识，就提出过同样的意见。因此，玛尔库斯·图里乌斯（西塞罗）为拉伯里厄斯辩护说："如果处死萨特尼勒斯是不合法，那么拿起武器反对萨特尼勒斯就不可能是不犯罪；如果你们承认拿起武器反对他是正义的，那么便必须承认，处死他也是正义的。"* 这个问题，我在上面以及其他地方，说得都比较多；况且这事本身并不难理解。从这里，你可以判断，法兰西人如果有同样的机会，他们将会做出什么事来。此外，我要补充一点：不管那些用武器反抗暴君的人怎样不合理地企图说服自己或别人，他们都要尽一切力量去处死他，更何况他们已经处死了他。这个说法既属于我们，也同样属于法兰西人，而你却要免除他们这项"大罪"。试问弗兰克高卢如果不是从高卢来的，那么究竟是从哪里来的呢？人们认为是贝萨本人所作的书"反对暴君的剖白"是从哪里来的呢？骚纳斯所提到的其他一些书又是从哪里来的呢？而你却说："这正是弥尔顿绞尽脑汁、煞费苦心的一点，"好像只有我一人谈到这个问题似的。"他的万恶狂暴，我早就要按他应得的罪名加以审理了。"你这个恶棍，你早就要审理我吗？密德堡的教会不幸蒙羞竟有你这样的牧师，如果它按你的应得罪名来审理你的无耻放荡行径，早该把你送到魔鬼那里去；如果行政当局按照你的应得罪名审理你的奸淫罪行，也早该把你送上绞刑架了。老实告诉你，过不多久很可能要拉你来伏罪呢。最近我听说，密德堡教会已经严密地监视你，已经考虑到它本身的名誉，准备把你这个好色牧师，说得更恰当些，把你这个下流无耻的色鬼赶出去，让你进鬼门

* 引自西塞罗的"为拉伯里厄斯辩护"19 页。——译者注

关。为此，阿姆斯特丹的官方也为了你的行径而在你的讲坛上贴出禁令，禁止你那张无耻的脸再在那里出现，以免激怒所有的善良人；禁止你那张肮脏的嘴再在公众面前讲道。这时，你所剩下来的只是希腊文的教席，而这个职位也将很快被取消，给你留下的只是一句话——你将不再是一个教师，不久即将成为一个应受留级处分的劣等生了。这并非我在盛怒中的预言，我完全是从事情是否正确出发。我们完全没有因为你这样的谩骂者而感到激怒，相反地我们甚至希望经常有你这样一个谩骂者。我们深信，通过神的恩惠，那些最恶毒的谩骂对于我们显然不是耻辱，而永远是光荣，是喝彩，而他们的赞美才是十足的辱骂。既然你是个甘冒不韪的家伙，最近什么东西限制了你的疯狂呢？你说，“除非我果真谨慎小心，不侵入伟大的撒尔美夏斯的领域，把压倒强大敌人的主要胜利部分留给他。”既然你现在似乎认为我像撒尔美夏斯那样强大，你也许会发觉我的领域更难于侵犯了，特别是在撒尔美夏斯一命呜呼以后。只要真理是胜利者，我一点也不为胜利担心。同时你又继续喊叫说：“他们把弑君的行为变成一种教义，在改革教会的同意下，他们将乐于这样做，可是他们却不敢公开地倡议这事。弥尔顿说，在教会中首倡改革的最卓越的神学家也持同样见解。”这是我说的；关于这一点，我在用本国文字写的题为“论国王和官吏的职权”一书中以及其他地方，已经谈了许多。我对说过的话又来重复，感到很厌烦。在那本书中，我逐句引证了路德、祖英里厄斯、喀尔文、布塞尔、马特、帕腊厄斯，最后还有诺克斯的话。你说，诺克斯是“唯一在我们这一边的苏格兰人，他在这事上受到那个世纪的一切新教徒，特别是法兰西人的谴责。”恰恰相反，正如在那本书中所指出的，他本人断言，他明确地从喀尔文以及其他当代卓越的神学家引申了这个教义，而且他与他们交往甚密。在那本书里，就同一问题你还会发现有许多东西是从玛利和伊丽莎白统治时代的纯朴的神学者的著作中引证来的。最后你假惺惺地向上帝用一个营谋已久而应该诅咒的冗长祈祷作结束；把你那副淫荡丑恶的嘴脸献给天庭，这只能加重你的罪过。不打断你，容你祈祷下去，对我倒并不为难，因为你的亵渎不敬已经到头了。

现在得回到我准备要谈的问题上来，把指控克伦威尔的主要罪行公开出来，让大家看看这些罪行在没有归纳在一起以前是多么微不足道，而在归纳以后又是多么缺少分量。“在无数证人面前，他宣称要推翻一切君主政体，消灭所有的国王，这是他的阴谋。”你的叙述根本毫不足信，我们已司空见惯了。也许是一个逃亡者告诉你，克伦威尔曾这样说过；但在这无数证人中，你却说不出一个姓名来，因此，这鬼话本身就露了马脚，它丝毫没有根据。克伦威尔不是个夸张自己功业的人，始终没有人听他这样说过。而他对于那些计划要去实现的事业，同样也没有作过傲慢的保证和威胁，特别是在这样艰巨的事业上。事实上，向你说这一番话的人如果不是顽固的天生的撒谎大家，而是存心捏造，就无论如何不能编造出这一套与克伦威尔的性格风马牛不相及的瞎话来。你多次苦谏国王们要加小心，但当他们注意到自己的安全时，是没有义务去倾听任何搬弄是非的小人之言的；他们会轻视你这个无知的建议者，他们会听取合乎自己身份的，更能辨别自己真正利益的政策方案。你说克伦威尔的另一罪行是怂恿国王“秘密地隐避到崴特岛上去”。尽人皆知，由于种种原因，查理曾把事情弄得一团

糟,有三次就是因为逃走而弄得不可收拾。第一次他从伦敦逃到约克;第二次逃到驻在英格兰的苏格兰雇佣军中;最后逃到崴特岛。你说,怂恿他作最后一次出走的是克伦威尔。说得真妙;这里我不得不首先赞叹这些保王党分子。他们坚持说,查理是一个典型的审慎人物,而事实上他简直就没有意志。不管在朋友或敌人中,在宫廷或军营中,他几乎始终是听任摆布,有时听他妻子的摆布,有时听主教们的摆布,一时听朝臣的摆布,一时又听军队的摆布,而最后又听敌人的摆布。大多数情况下他听信谗言,宠信佞臣;他为人揶揄,受人欺骗,被人利用;恐惧侵袭了他,幻想蒙蔽了他;他像大众的牺牲品,既像是朋友,又像是敌人,到处受人驱使,被人牵着鼻子走。让他们把这些东西从他们的文章中抹掉吧,或者是停止吹嘘查理的贤明吧。此外,审慎精明固然是好事,但当共和国因党争而四分五裂时,具有这种长处也有不利之处,它使能力最强、经验最丰富的人更易受到双方的诽谤。这就是克伦威尔经常的遭遇。正是由于这个原故,他的敌人长老派每看到一些自认为对自己苛刻的措施时,总是迁怒于克伦威尔,而不归咎于总的议会;甚至当他们由于本身的不审慎而把事情弄糟时,也厚颜无耻地认为是克伦威尔的阴谋诡计。把一切错误都推到他的身上,使他成了众矢之的、动辄得咎的人。但是,不容怀疑的是,查理国王之出奔崴特岛,对于克伦威尔来说,正如当时在城里的议会议员一样,完全是事出意外。这时克伦威尔距城还相当远,他通知议会议员说,这是他绝未料得到的事,刚从信中才获悉这情况。事实的真相是,国王听到全军的怒吼,大为震惊(因为国王并没有由于军队的努力或保证而有所悔改,便开始要求惩罚他),为了自己的安全,决定随带两名侍从,乘夜出奔。参与他逃走的仅有这两个人。国王虽有逃走决心,但由于侍从的慌张胆怯,茫茫不知所适,于是便自动投靠了崴特岛总督哈孟,希望他能够秘密地给他一只船,以便顺利地从该岛逃到法兰西或荷兰去。我是从那些有机会了解整个事件真相的人听到国王出奔崴特岛的这些情况的。由于克伦威尔,"英吉利人获得一次压倒苏格兰人的伟大胜利"似乎又是一个罪行。莫鲁斯,英吉利人不是"获得"了,而是名正言顺、光明正大地为自己创造了伟大的胜利。你一提到这场战役时,连你那吓昏了的教师脑袋都不能不碰到普里锡英*的书桌上,试想,对于苏格兰人来说,这是一场多么可怕的战役啊!现在让我们进一步看看,在连续打了多年的崇高战争中,克伦威尔击溃了正在策划进攻,并决心以极大威力压倒英吉利人的苏格兰人,又是一项什么大罪。"在这一片混乱之中,克伦威尔和他的军队却不在场。"是的,克伦威尔并不在场,他受过长期围困,看到敌人深入英格兰的心脏,甚至威胁到议会,这时正在光荣地击溃和征服敌人,正在克服困难征服背叛的威尔士人,使他们就范。而这时长老派也"开始厌倦克伦威尔"——这倒是你的一句实话。当他冒着生命的危险,击退共同的敌人时,当他为那些在家里捏造罪行,控告他的人而参与战争,勇敢地在战场上作战时,他们却收买了一个名叫杭廷顿的队长,诬告他犯了死罪。这种忘恩负义的控告叫谁能听得下去呢!在同一伙蛮横无耻之徒的唆使下,许多商店的学徒包围了议会大门,大声喊叫和威胁,强迫议会按照他们的指挥行事,难道还有比

* 普里锡英(Prescian),罗马的文法学家。——译者注

这更大的侮辱吗?如果费尔法克斯将军没有想到他的无敌的代理者受到这种侮辱性的打击时是不能容忍的,如果受到同样忘恩负义待遇的整个军队,没有制止如此猖獗的行为,那么当这位最英勇的将军击溃苏格兰军之后胜利归来时,我们就会看到我们的卡米尔*被送去充军,或者受到天大冤枉的处分。因此,克伦威尔进城之后,很快地约束了市民,并且按照正理把敌对的苏格兰人党羽从议会里驱逐出去,于是其余的议员便不再受到店主的侮辱,废除了与逃亡在崴特岛的国王所订立的条约,这项条约的签订是违反议会的票决和公共宣言的。克伦威尔的控告者杭廷顿依然任其自由,没有受到处分,不过他终于忏悔,自动请求克伦威尔的宽恕,并且自动坦白了收买他的人。除了那些我在上面已经回答过的以外,这就是这位气宇轩昂的国家拯救者之所以受责骂的主要罪行。现在你们可以看到这究竟算什么罪行呢。

要是仅仅使人们以为这位伟大人物没有过错,那是不够的,他应该得到共和国的最崇高的评价。尽我的能力向各个国家、向各个世纪,说明他值得歌颂的卓越功绩,这不仅关系到共和国,而且特别关系到我自己,因为在同样受诽谤的情况下,我和他是密不可分的。奥利佛·克伦威尔生于一个门第高贵的家庭。他家的姓氏以善于协助历代君王处理公务闻名;由于正统教派和改革教派在我们之间同时建立是史无前例的创举,所以他的姓氏就更加显赫

* 卡米尔(Camillus,公元前365年卒),罗马的英雄和爱国者,任罗马执政官和独裁者。据历史传说,曾围攻伊特鲁里亚的城市维爱十年,并击溃侵入罗马的高卢人。——译者注

起来。他成长在退隐的家庭中，直到成年性格成熟以后，仍旧过着隐居生活，他严格而纯洁地皈依宗教，生活清白不苟，因而见重于人。在任何重要的情况下，他都潜心致力地培育对上帝的信仰，陶冶伟大的精神。当国王终于被迫召集一次议会时，他再度以他故乡的议员资格出席，并且立刻以见解公正、立论坚定而享盛名。当响起了武装起来的呼吁时，他经自己的选择，被委派到一队骑兵部队去；由于各地善良而热诚的人们都投向他的旗帜下，使他的力量大大加强起来，并因屡建功勋战果辉煌，很快就超过了其他伟大的将军们。这是不足怪的，因为他是一个严正的军人，而在立身处事的问题上，他最了解自己。所有潜伏在他心里的敌人——恐惧、幻想、欲望——他都能用自制力加以消灭或克服。他首先征服了自己，成了自己的主宰；正是由于征服自己这一点上，他学会了如何去战胜敌人。由此，他像一名完成了一切军事职责的老战士一样，从进入军营的第一天起，便去对付外界敌人。要在这篇论文中，严肃、详尽而适当地叙述他的攻城略地、杀敌致果的许多战功，是不可能的；而在那些具有极大意义的战役中，他向未败北，或被迫逃走，他以一系列的胜利，纵横不列颠全土。这一切胜利需要有一部正规历史巨著加以叙述，那似乎是另一个领域的工作，在那里才有足够的篇幅。克伦威尔的崇高而近乎神圣的美德，单单从这个标志上就可以看出来：在他身上有一种活力，姑不论这种活力是由于精神和天才而产生的，还是由于军事纪律和上帝神圣的教义所训练出来的，他能从各方面把许多善良勇敢的人吸引到他的军营——军事科学和笃信宗教的最完美的学校——中来，或以自己的榜样教育他们成为英勇善良的人；虽然有许多人反对他，但是在

战争期间,甚至有时在间歇的和平期间,他对处在千变万化的思想和环境中的官兵,却能用自己的权威和他们仅有的军饷(不是用犒赏和松弛军纪),使他们安定在岗位上,直到现在仍然如此。居鲁士*、爱帕米农达斯**或古代其他任何第一流名将常得到的颂扬也不过如此而已。没有人能比他在更短的时间内,培养出一支数量更大、纪律更好的军队,他们在任何情况下都服从命令,受公民的欢迎和爱戴。对于战斗中的敌人来说,他们勇猛异常,但在制服了敌人之后,则又成为敌人敬佩的对象,因为他们进驻敌人的战场和军营之后,完全没有压迫和虐待的现象。当对方回忆起保王党分子的狂暴、酗酒、不敬神以及贪婪时,对于目前的变化感到高兴,认为现在来临的并不是敌人而是保卫善人、打击魔鬼、鼓励一切美德和笃信上帝的客人。

费尔法克斯,我也没有忘了您,天性和神的恩惠使您兼有性格严谨,生活圣洁,胆识过人的美德。虽然您目前正过着退休生活,尽量不与世人见面,像古代的西庇阿·阿非利加***一样,但是由于您的功绩和权利,我得要求您接受这些应得的歌颂。您所征服的不仅仅是敌人,同时也征服了毁灭过许多最优秀人士的野心和虚

* 居鲁士(Cyrus,公元前529年死),古代波斯王,公元前558—529年在位,以军功著称。——译者注

** 爱帕米农达斯(Epaminondas,公元前420左右—前362年),底比斯的长于军略的将军和政治家。——译者注

*** 西庇阿·阿非利加(Scipio Africanms,公元前234—前183年),罗马名将,公元前190年与其弟共破叙利亚王。归国后因功受人陷害,说他被敌人收买。纪元前185年受审,因其女婿的力量幸免于难。从此他就退隐不复出,他的宽厚和高尚的人格是许多故事的中心内容。——译者注

荣。在你最愉快而光荣的退休生活中,您正以自己的德行和卓越的功业自愉。您的功业是人类最伟大的行为,是一切辛勤劳动的顶峰;您的退休超过了那些在征战中获得显赫功勋以后享受退隐生活的古代英雄,那些打算用诗歌来赞美您的诗人,由于找不出适当的尊严词句而感到苦恼,只好虚构他们进入了天堂,与神明同坐欢谈。不管您是由于健康不良(我特别认为如此)或其他动机而退休的,我深信,如果您没有看到您的继任者是怎样一位自由保卫者,是怎样一位坚贞而忠诚的栋梁,是怎样一位英国繁荣的堡垒,您是决不会放下您在共和国的职守的。因为,当您,克伦威尔,在安全的时候,他由于关心英国的富强,看到上帝非常宠爱您支持您,于是便把依赖上帝的心,转而信赖您了。然而现在您只剩下自己,而且还得参加新的战斗。

有什么必要话说得太多呢?如果可能,我将尽快地叙述一下您的主要功绩,就像你惯于迅速地完成您的功业那样。除了一个城市以外,整个爱尔兰都失守了,而您率领一支军队,一战就粉碎了爱尔兰人的战斗力量。当您每天都在迅速处理善后事宜时,又忽然奉召去苏格兰作战。您离开了爱尔兰,奋勇前往迎击苏格兰人,他们在国王率领下,正准备攻击英吉利。一年左右,您打败了他们,把一个王国划入英吉利的版图,这是八百年来,所有的国王始终没能完成的事业。他们剩下的装备优良的精锐部队在这绝望的情况下,向当时防卫空虚的英吉利进军。您率军急追,当他们深入华塞斯特时,您突然予以袭击,仅仅一战就打垮了他们,并且俘虏了他们国家的主要贵族。这时国内局势已完全安定,我们也就感到(这并不是第一次),您的高瞻远瞩并不次于您的作战艺术。

在议会里,您每天既注意到保持与敌人订立条约的诚意,也注意到,应该迅速推行那些对国家有利的决议。您发觉了,拖延决议的实行是有意识的;人人都重视私人的利益,而忽略公共的利益;人民抱怨所抱的希望落了空,受了少数掌权者的欺骗,于是您便停止了这些虽经多次劝告而仍然一意孤行者的专断权力。新的议会又准备召开了;把选举的特权只授予那些宜于有选举权的人,接着议员举行了会议,但是仍然毫无作为。他们各持己见,争论不休;其中大多数人都认为自己不适宜这种工作,不足以担负如此重任,于是便自动宣告解散。克伦威尔,我们被遗弃了,只有您留了下来,国家的最高权力归到您的手中,赋予了您。对于您的超人美德,人人莫不心悦诚服,只有那些才德不备,却又希图非分荣誉的人不在此例,他们心怀嫉异地看着荣誉落在才德高于自己的人的头上,或者不懂得,才德最高的人掌握政权才是人类社会中最能博得上帝欢心的,才是最符合理智和国家公正原则的有益的事。克伦威尔,我们全都承认,您就是这样的人,您的功绩说明了这一点。您是公民中最伟大、最光荣的人,您是公众智虑的指导者,您是军队最英勇的统帅,您是国父,所有善良的人一致以发自内心的声音自然地用这个称号来欢呼您。其他的称号,虽然在一般人看来,是伟大的,而且引以为骄傲,但仍不足以配称您的德业。因为称号除了说明一定形式的尊严以外,又能说明什么呢?您的成就甚至超过了敬佩的限度以外,更远远超过了每个光荣头衔;您的功业高高地在一般头衔之上,正好像藏在云霄里的金字塔的顶端一样。用一种人间的极限——也就是所谓的荣誉——给最崇高的美德划出一道界线、立下一个范围虽然并不能增加什么尊严,却是有好处的,因此,为了公众的利益,为了更大的尊严,您认为接受一个国父的头衔,而摈弃国王的称号是正确的,而且您也这样做了。事实上,接受这个头衔并不足以抬高您,反足以限制您的德誉,就好像把您限制在职级之内一样。您这样做是公正的,因为,如果您成为如此伟大的人物之后,被一个王号(以您个人来说,您是能压服它的)所俘虏,变成一个没有价值的人,这和在真挚的上帝庇护下,征服一个崇拜偶像的民族之后,您又把那些被您征服的偶像奉为神明,似乎是毫无二致的。因此,克伦威尔,继续保持您始终如一的豁达大度的作风吧;它非常适合您。您是祖国的拯救者,自由的奠基人和保卫者,您不可能再取得比这更尊严、更高贵的身份,因为您的功绩不仅超过王者,甚至也超过虚构出来的英雄们的功绩。要常常考虑,您的祖国委托您去捍卫的是多么宝贵、多么受人珍视的东西——自由!这是您的祖国过去期望于全民中最优秀的人物的事,现在希望通过您一人来实现。重视这个殷切的期望吧,这是您祖国的唯一希望。尊敬那许多在您的指挥下为自由而热烈战斗的英勇战士的容貌和伤痕吧,尊敬那些在斗争中倒下去的英灵吧。同时也应该重视外国对我们的视听和舆论,以及它们从我们的自由中吸取去,而希望自己也能实现的事情。自由是我们共和国以无比的英勇赢得的,它以无比的光荣生长起来;如果它的毁灭像它的发展那样迅速,就会为我们这个国家带来极大的诽谤和耻辱。最后,您应该自重,不能让您吃尽辛苦、历尽艰险所赢得的自由为您自己所破坏,或为他人以任何方式所损伤。事实上,我们没有自由,您本身也不能得到自由,因为这是自然的规律,凡是强占他人自由的人,必然首先丧失自己的自由,必然首先成为奴隶;再也没

有比这一点更公正的了。如果本人恰像一个捍卫自由的天才保护者，被推崇为最公正、最神圣、最善良的人，而最后又破坏自己所保卫的自由，那么对他本人这必然是毁灭性的致命危险，同时也必然会以某种方式破坏全部美德和虔诚的根本。荣誉和美德会黯然消失；由此，对宗教的信仰也会减退下来，而声誉也必然会成为不值一提的东西，继人类第一次创伤之后，加于人类的创伤不可能有比这更深重的了。您肩负起无比沉重的担子，它将彻底地考验您，检查您，剖示出您的内心；它将指出在您的天性中的基本特性是什么，您的力量是什么，您的顾虑又是什么；它将指出您是否真正具有敬畏神明、忠于人民、温文有度的光明心地，正是由于这些美德，我们才认为，您是超群绝伦的人，通过上帝的意志，应该受到至高无上的尊敬。您兢兢业业地治理三大民族；领导人民建立新政、移风易俗；及时注意巩固边陲地区；高瞻远瞩，不辞劳苦，摒除阿谀奉承，轻视权势和财富，这些都是难以完成的盛德伟绩，与这些事业相比，战争就成了游戏。正是这些会像暴风骤雨一样向您袭来，动摇您的根基；这些都需要一个得到上帝的保佑并得到近乎上帝意志的忠告和教导的人来承担它。我毫不怀疑，您经常在思考这些以及其他的事情，并专心致志地统筹擘画以期使这些伟大事业收到效果，使我们的自由得以巩固。在我看来，您完成这些伟业的最上妙策莫过于按您目前所做的，和那些一开始就和您同艰苦共患难的战友磋商。他们同样是以谨慎、忠诚和勇敢见称的人；他们所经历的无数死亡和屠杀，并没有使他们冷酷残忍，而是教会他们公正、笃敬上帝和热爱人类的命运；总之，他们为自由所冒的危险愈大，捍卫自由的斗志也就更坚强。这些人并不是人民的渣滓，或异邦人，也不是歹徒。他们大多数都是上等公民，有些人出身名门，家道殷实，有些人出身清白，家道小康。即使有些人出身寒微，那又有什么妨碍呢？他们并不是想乘机敛财而纠合起来的，而是当形势十分恶劣，并常常发生危险时，为了挽救时艰把共和国从暴君统治下拯救出来，才挺身而出的；他们不仅准备在安全地区或议会上发言指摘时弊，交换意见，而且也准备与敌人血肉相搏。除非我们要永远追求渺茫无据的幻想，而抛弃这批人，否则我看不出除了这些人之外，究竟什么人才能最后依赖和信任。关于他们的忠贞，我们从他们为了公众利益，纵使抛弃头颅、肝脑涂地也在所不惜的事实中，已经证实他们明确地实践了誓言。关于他们的笃敬虔诚，我们从他们经常谦虚地恳求上帝的保佑，而显然得到支持之后，成功不居地把全部荣誉归于上帝的事实中可以看到。关于他们的公正，我们可以从他们审判国王，并在判决后拒绝宽恕他的事实中可以看到。至于他们的持重谨慎，则是我们本身长期经历到的；此外，如果他们为自己所取得的自由因本身的错过而遭到破坏，他们也必然会首先感到由此带来的后患，他们的身体必然会首先受到创伤，而他们也必然会再度奋起为他们过去光荣所赢得的庄严事业和自由旗帜而战斗。至于他们的英勇，在恢复自由的战斗中，从来没有人表现过比他们更英勇，没有获得过比他们更伟大的胜利，同时我们也不能想象有任何人能比他们付出更大的努力来保卫自由。

我迫不及待地要祝贺那些因功勋而显名的人；首先是您，弗利特伍德，我知道您自从参加行伍直到荣获军功，晋升到仅仅次于第一位为止，在仁爱、温雅和宽厚上始终是一贯的；敌人公认您是无

畏的战士，最仁厚的征服者。您，兰伯特，年纪虽轻，但率领少数人竟能阻止住汉密尔敦公爵和他少壮的苏格兰精锐部队的前进，使他难越雷池一步。您，德斯博娄，和您，惠利，每当我听到或读到在这次战争中的最激烈的战役时，我总是希望，而且事实上也总是看到，你们出现在敌人最密集的地方。您，奥弗顿，这些年来，您的友爱态度以及我们相同的治学志趣使我们亲如手足地联系在一起；在那场值得记忆的马斯顿·穆尔战役中，我们的左翼被摧毁了，这时，溃退中的军官回过头来只见您左右尸体累累，可是您仍率领步兵坚守阵地，击退敌人的攻击。后来在苏格兰作战，当您率领的部队在克伦威尔指挥下，占领法伊夫海岸并打开通往斯特林的道路时，西部和北部的苏格兰人立刻就承认您是最人道的敌人，而遥远的奥克内岛人则认为您是文明的征服者。我还要补充几位以职位和致力和平而著称的人，您（指克伦威尔——译者注）已经指定他们做您的顾问，我是通过友谊或他们的声誉而知道他们的：怀特洛克、皮克林、斯特里克兰、西德纳姆、悉尼（一个卓越的名字，我很高兴他已经稳步靠拢我们这一边）、蒙塔古、劳伦斯（这两个人既有很高的才能，又有渊博的学识）。此外，还有无数的公民值得颂扬，他们以罕见的功续著称；有的过去在议会中出过力，有的在军队中效过劳。

毫无疑问，您大可以委托这些优秀而各有所长的人来保卫自由；因为委托或信赖其他人来保卫自由会更为安全是很难说的。我恳切地希望，您今后能不过问教会的事，明智地使自己和政府摆脱这个负担。它是您整个负担的一半，同时与您本身的职务距离太远。您不应该使教会的和世俗的权力混淆在一起，两者是截然不同的,从混合一起的虚假财富来看,表面上确是彼此加强了,但实际上,彼此都有损害,最后必然会同归于尽。我希望您能够撤销教会的全部权力;只要教会有钱,只要教会能以强迫方式从那些不愿出钱的人征集钱财,雇人来传播福音,它的权力是始终不会衰退的;钱是教会的毒药、真理的障碍。您应该把那些聚敛金钱的人从教会中驱逐出去,他们贩卖的不是鸽子*,而是圣灵本身。此外,我希望您所颁布的新法能少于所废止的旧法,因为在一个国家中,常常会发现一种热衷于制定各种法律的人,正像打油诗人爱写大量的诗一样。但是一般讲来,法律并不是好东西,法愈繁则愈糟;对于人,它们并不起告诫作用,而是起绊脚石的作用。您应该保留的只是那些必要的法律,同时也应该制定新法,但应制定的决不是那些善恶不分、一视同仁的法律,或是那些毫无原则地一面禁止无赖行为,同时也限制了诚实人民理应不受拘束的行为的法律。所应制定的法律只是为了惩罚实际罪行,而不是为了避免少数人的滥用就连合法事物的本身也禁止,因为法律的制定仅仅是为了制止恶行,而自由却是形成和增进美德的最高因素。其次,我希望您能为少年的教育和道德作出比目前更完善的规定;您应该感到,可教与不可教的、勤恳与懒惰的都用公共的经费来维持是不公正的;您应该把奖掖学者的奖金留给那些治学有成、德行昭著的人。此外,我还真诚地希望您给予那些敢于冒险进行自由探讨和发表个人见解的人以自由,而不暗地里进行任何官方检查,因为没有任何

* 耶稣去耶路撒冷,看见圣殿里有卖牛羊鸽子和兑换银钱的人,耶稣把他们全都赶出去,并对卖鸽子的说,不要将我父的殿当作买卖的地方。见新约约翰福音第2章14—16节。——译者注

东西对真理的发扬贡献更大;一切科学也永远不能用斗划一地衡量出来,然后再凭一知半解者的一时高兴赐予我们,姑且不论他们的检查是出于苛求、嫉妒、狭隘,还是出于对别人的怀疑。最后,我热烈地希望您既不怕听真理,也不怕听谎言,不管它们是哪一类的真理或谎言;但是您却应该尽量少听那些不去剥夺别人的自由便永远不说自己有自由的人的话。他们最热衷和渴望的事莫过于把暴政——自己恶行和思想的暴政——介绍到国家和教会中去,不仅要奴役同胞的身体,而且要束缚他们的灵魂。希望您永远和那些具有这样看法的人站在一起:不仅是自己的派系或政党,而是要所有的公民都同样享有平等的自由权利,才是公正的。如果有人认为这种可以由政府当局撤销的自由还不够自由,那么在我看来,这种人所考虑的并不是更广泛的自由,而是野心和叛乱;在人民受过许多党争骚扰的情况下,在大风暴过后波涛尚未平息的情况下,如果他根本拒绝承认事物的符合人心和完美,那么这种人的居心更不可测了。

至于你们,公民们,不管是争取自由或保卫自由,你们的态度如何是关系重大的。自由必须不是武力所能得到或抢走的,只有这种来自笃敬上帝、公正、自制,总之来自真正美德的自由才能在你们的心灵中立下深固而亲切的根基。除非你们的自由是这种自由,否则你们大可以相信,一个人甚至不用武力都不难很快地剥夺你们所炫耀的用武力得来的自由。战争使得许多人显赫一时,但和平又使他们黯淡无光。如果在战争结束之后,你们忽略了维持和平的措施,如果认为只有战争才是你们的和平与自由、美德和荣誉,那么请相信我,你们会发觉你们的最大敌人就是和平本身,和

平本身会成为你们最艰苦的搏斗对象，而你们所认为的自由便会变成奴役你们的桎梏。除非你们用对上帝和人类的真诚热爱（不是口头的、没有行动的爱，而是见于行动和效果的爱）把心目中由于不了解宗教的真谛而产生的迷信驱散，否则便不难被人当成牛马骑在你们的头上。虽然你们是战争的胜利者，他们却会把你们当作物品用与处理战利品不同的拍卖方式拍卖给出价最高的人，他们会把你们的无知和迷信变成争利的市场。除非你们把贪婪、野心、奢侈从思想中驱除出去，把浪费无度从家庭中消灭，否则你们将发现你们认为只有在海外和战场上才能有的暴君会出现在自己的身上和家里，而且这种暴君，更加残酷，他们时时刻刻在你们的心中潜滋暗长，使人难以克制。首先要征服这些东西，这就是和平的战争。诚然，这是很难获得的胜利，但它却无需流血，它远比动刀枪流血而得到的胜利更光荣。如果你们在这方面不是胜利者，那么实质上你们根本就没有征服最近在战场上所征服的敌人和暴君，或者是虽经征服而没有达到预期的目的。因为，如果你们认为，在一个国家里能够以巧妙的手段充实国库、以最快的速度装备海陆军、以作战的姿态对待外国使节、以机敏的步骤与他国结盟订约，比公正待民、比救援无告和受非法迫害的人、比授予人民以自由而不受束缚的权利更伟大、更有用、更明智，那么当你们一旦发觉那些所谓伟大的事情都靠不住，而你们现在以为无关轻重并加以忽略的事情却是致命之害的时候，那你们发觉自己的错误是如何严重也就太迟了。再者，军队和你们所信任的依附于军队的人的忠贞，只有在公正的统治下才是可靠的。就是大多数人所追求的财富和荣誉也很容易转移，因为美德、勤勉以及刻苦劳动在什

么地方最占优势,财富和荣誉就离开懒惰的人而汇集到这里来。一个民族正是这样压倒另一个民族的,或者说,一个民族较健全的部分赶走较腐败的部分的,而你们也正是这样赶走保王党分子的。如果你们甘心步其后尘,沾染同样的恶习,走上同样的追求虚荣的道路,实际上你们就是重蹈保王党分子的覆辙,轮到你们来受那些直到现在还在与你们为敌的同一伙人或另一批人的攻击。这批人将像你们当初一样,向上帝作出同样的祈祷,以相同的毅力、诚实和能力来制服你们这些腐败的,像保王党分子一样沉湎于声色货利的人。然后,你们会使上帝大失所望(这是很可悲的事),恰像一缕青烟在火焰中消逝,你们现在多么受人景仰,到那时也就会多么受人唾弃,而身后留下的仅仅是垂为永戒的有益于后世而不是有益于你们的教训:按你们的情况,如用巧妙伪饰出来的假仁假义就已经能完成自己所抱负的伟大功业,那么真仁真义所能完成的岂不更难预料。如果由于你们的经验不足、初志不坚、或缺乏原则,使如此辉煌的事业功败垂成,那么就这一点来说,将来在善良的人的手中,这些功业实现和成功的可能将很大。如果你们这样容易腐化堕落,那么克伦威尔和拯救国家的全体布鲁图斯*不是虽愿意东山再起,挺身拯救我们,而实际上无能为力,就是虽事实上尚有可为,而不愿意再为我们出生入死。在这种情况下,如果有人站起来捍卫你们,究竟是为了什么呢?是为了自由选举,好让你有特权选举你们所赞成的人回到议会去吗?是为了使每个候选人好在城市里酬谢他的同党吗?是为了你们可以选举那些不管称职

* 布鲁图斯(Brutuses),反对恺撒当皇帝和刺杀恺撒的主要人物。——译者注

与否但能请你们大吃大喝，或能在有选举议员权的城镇中，用大量酒肉招待乡野村夫的人吗？这样，为我们监护国家的人将不是由智虑和权威而将是由党争和钻营所产生的；我们议会的议员将是来自城市的商店老板，以及来自乡村的牧人村夫。这也就是说，公共的事务将要委托给那些无人愿以私事相托的人，国库和捐税将要由那些无耻地挥霍自己钱财的人来掌握，国家岁入将要由那些因私废公，犯侵吞国家财富罪行的人来支配。难道那些始终没有学习过什么是法律、理智、是与非、合法与非法的人都能同时变为一个国家的立法者吗？谁认为一切权力都包含暴力；所有的尊严都来自骄傲和自满呢？在议会中究竟是谁一开始就向朋友大开方便之门，并设法排斥异己呢？谁在各地委任自己的亲戚和爪牙去查定税额和没收财产呢？这其中的大多数人都是毫无价值和拼命搞钱的人，他们在自己事先安排好的拍卖中，当购买者，把获得的大量钱财变为己有，欺骗公众，多方掠夺以自肥；他们从昨日的穷困潦倒摇身一变而为脑满肠肥、自视甚高的人。谁能容忍这种代表主子的监守自盗的奴仆呢？谁能相信窃盗的主子和辩护人能够成为自由的适当监护人，或以为这批议员（按惯例，来自郡和镇的议员应该是五百名）能使自己更自由一些呢？因为这批监护自由的人中既很少有人知道怎样运用自由，也很少有人宜于享受自由。最后，不容忽视的是，那些不堪承当监护自由的责任的人，往往就是首先忘却我们拯救者的功勋的人。这时，谁又愿意为这种人的自由，而去战斗或甘冒危险呢？这种人不宜有自由；他们的命运也不该有自由。不管他们怎样大声疾呼地夸张自由，他们在国内和海外都是奴隶。不过他们自己却看不清这一点；最后当他们看到

这一点时，他们会像野马一样轻蔑这种束缚，并企图摆脱这种束缚，不过他们之所以这样做是出于骄傲和欲望而不是出于纯真地热爱自由（只有善良的人才能做到这一点）。他们可能不断利用武力来实现这个企图，但决不会得到进展；他们也可能改换自己的奴隶面貌，但始终不能摆脱它。在古罗马人由于奢靡无度而变得软弱怯懦之后，这正是经常发生在他们身上的事；而在后期罗马人，则更是司空见惯。经过一段长期的中断之后，他们首先在克里森提乌斯·诺门坦奴斯，后来又在尼古拉斯·伦提乌斯（他使自己被任命为护民官）的主持下，装模作样地要恢复祖先的光荣，重建共和国。应该知道，发怒并没有用，除了埋怨自己，不要去迁怒任何人；应该知道，得到自由和做到虔诚、明智、公正、节制、爱护自己的所有，不去染指别人的财物，从而做到宽厚和勇敢，恰恰是同一回事，因此，如果一切行为与此相反，便也和当奴隶是同一回事。一个不能有条理地治理自己，而甘受情欲奴役的民族，必然会违反自己的意志而受别人的统治，而且不管他们愿意不愿意，都得为新主人服务。这正是上帝常下的裁判，同时也是极其公正的报应。关于这一点，法律和自然本身都为我们作了规定：凡是不能自制的人，以及由于心智鲁钝或错乱而不能恰当地管理自己事务的人，并不是听其自便，而是像一个被保护人一样，必须受别人的指导，更不必提让他去管理别人的事，或国家的事了。如果你们希望继续保持自由便必须做到明智，或立刻悔改。如果体会到被奴役的痛苦而不愿当奴隶，那么就应该学习去服从理智，做自己的主人；总之，要远远地避开党争、私恨、迷信、不法行为、贪婪以及营私等。除非你们尽全力这样去做，否则上帝或人（甚至那些拯救你们的人)都会认为不应该把自由、共和国的政权,以及你们渴望取得的管理别人的权利委托给你们,因为这时正像一个未成年的民族,你们需要一个保护人,一个勇敢和忠于你们事务的监督人。

至于我自己,不管国家的事务如何变化,我已经愉快地完成了我认为对于共和国极有裨益的任务,我希望我没有徒劳。为了捍卫自由,我不仅仅是在我们自己的家门前舞动了我的武器,而且在一个广阔无边的战场上挥舞了它。把事情(决不是一般的事迹)的公正和道理在各民族和同胞间传播,所有善良的人无疑地将赞成它,而且将在同胞间留下崇高的荣誉,作为后世最光辉的榜样。如果后来的行动与开始的行动不一致,那只好由他们自己去负责了。我已经发表了一部不会很快就磨灭的文献,作为他们的一份证言;我几乎说出了超过任何颂扬的伟大而光荣的事迹;如果我没有其他贡献,我肯定是尽到了我的责任。如果一个叙事诗人严格地遵守既定的规则,不去描绘他准备在诗歌里加以颂扬的英雄的毕生事迹,而只是按照惯例,描绘英雄一生中的特殊事件,例如特罗伊城下的阿喀琉斯,或尤力色斯*的归来,或阿尼阿斯**在意大利,而省略了其余部分,这也同样说明我完成了我的责任,并可作为我不作过多叙述的借口,因为我至少描叙了同胞们的一个英雄事迹。至于其余的,我就略而不谈了,因为谁能把一个民族的全部伟大事迹作出公平的评断呢?在如此辉煌的成就之后,如果你们

* 尤力色斯(Ulysses)是特罗伊战争中希腊领袖之一。荷马所著"Odyssey"就描写他在归伊萨克途中十年漫游的事。——译者注

** 阿尼阿斯(Æneas),荷马的伊利亚特诗篇中安其塞斯和阿弗罗戴特的儿子。罗马诗人维琪尔所著"Æneid"即叙述他由特罗伊至意大利的旅行。——译者注

卑鄙地丢下自己的责任,作出任何不应做的事情,将受到后世子孙的责难,他们会下这样的评语:基础打得倒很坚固,开始,不仅仅是开始很完美;但是有人会以激动的心情追问,是谁修起上层结构,是谁完成整个建筑物!对如此伟大的事业和崇高的美德,缺乏守成的人,将多么令人悲叹。人们将会看到光荣的收获是无可估量的;有许许多多最伟大的事业在等待人们去完成,但是真正能够担当起这个伟大任务的人却无处可觅;至于能够提供明智意见、鼓动和激励人民、或以千秋万世的歌颂来描绘这些卓越事业和完成这些事业者的却大有人在。

图书在版编目(CIP)数据

为英国人民声辩/(英)约翰·弥尔顿著;何宁译.—北京:商务印书馆,2017
(汉译世界学术名著丛书:120年纪念版:珍藏本)
ISBN 978-7-100-14478-0

Ⅰ.①为… Ⅱ.①约… ②何… Ⅲ.①政论—英国—近代 Ⅳ.①D095.614

中国版本图书馆CIP数据核字(2017)第153286号

汉译世界学术名著丛书
(120年纪念版·珍藏本)
为英国人民声辩
〔英〕约翰·弥尔顿 著
何 宁 译

商 务 印 书 馆 出 版
(北京王府井大街36号 邮政编码100710)
商 务 印 书 馆 发 行
北京市十月印刷有限公司印刷
ISBN 978-7-100-14478-0

2017年12月第1版　　开本710×1000 1/16
2017年12月北京第1次印刷　　印张22¼
定价:110.00元